U0739610

TUERQIYU MINGCIHUA XIANXIANG YANJIU

土耳其语名词化现象研究

丁慧君 著

世界图书出版公司

广州·上海·西安·北京

图书在版编目（CIP）数据

土耳其语名词化现象研究：汉土对照／丁慧君
著.—广州：世界图书出版广东有限公司，2020.11
ISBN 978-7-5192-7980-6

Ⅰ.①土… Ⅱ.①丁… Ⅲ.①土耳其语—名
词—研究 Ⅳ.①H512.2

中国版本图书馆CIP数据核字（2020）第201779号

书　　名	土耳其语名词化现象研究
	TUERQIYU MINGCIHUA XIANXIANG YANJIU
著　　者	丁慧君
责任编辑	魏志华
责任技编	刘上锦
出版发行	世界图书出版广东有限公司
地　　址	广州市海珠区新港西路大江冲25号
邮　　编	510300
电　　话	020-84451969　84453623　84184026　84459579
网　　址	http://www.gdst.com.cn
邮　　箱	wpc_gdst@163.com
经　　销	各地新华书店
印　　刷	广州市迪桦彩印有限公司
开　　本	787mm×1092mm　1/16
印　　张	15.75
字　　数	340千
版　　次	2020年11月第1版　2020年11月第1次印刷
国际书号	ISBN 978-7-5192-7980-6
定　　价	55.00元

序言

　　《土耳其语名词化现象研究》是丁慧君几年来在土耳其语研究的道路上潜心探索的学术结晶。这部专著的出版，可喜可贺。

　　土耳其语在我国属于非通用语种。多年来，尽管国家对非通用语学科的建设高度重视，但由于种种原因，非通用语的教学与研究工作仍面临不少困难，从事该专业教学与研究的队伍力量比较薄弱，资料相对匮乏，科研之路艰辛，特别是语言研究，更属不易。丁慧君从教学工作的需要出发，知难而进，坚定地选择土耳其语言研究作为自己的科研方向，是值得赞赏和敬佩的。

　　丁慧君勤学好问，刻苦钻研，视野开阔，思维敏捷，为学兴趣浓厚，又有学术见地，既有扎实的专业基础，又有强烈的创新意识和力求完善的治学态度，有望成为我国土耳其语教学和研究方面继往开来的有生力量。

　　土耳其语中的名词化现象极为丰富，历来备受各国土耳其语研究者的关注。《土耳其语名词化现象研究》独辟蹊径，从名词化的界定与分类、名词化的主要认知机制，以及影响名词化识解的语境因素等三个方面对土耳其语名词化现象进行研究。扎扎实实梳理前人的研究成果，从最基本的语料工作做起，力图厘清土耳其语名词化现象这一语言事实，探索土耳其语名词化现象背后的认知机制。

　　这本专著的成果和创新点主要体现在以下几个方面：首先，将词汇名词化和句法名词化纳入同一研究体系，指出它们之间的连续性和相通性，从而对土耳其语名词化现象进行了更为系统的描写和更加合理的解释。其次，对土耳其语名词化词缀进行了详细的统计、分类和分析，为土耳其语语法研究和自然语言处理研究提供了有益参考。最后，探讨了

I

土耳其语名词化现象从有意识的记忆到无意识的运用之间的发展轨迹，帮助学习者对名词化词或结构进行自主推理，减轻记忆负担，用较为省力的方式学到更多的知识。

可以说，这本专著是我国近年来土耳其语研究方面取得的新成果，同时也使我国学界的土耳其语名词化研究达到了一个新的高度。书中值得称道的地方很多，但也存在一些不足之处，比如书中只研究了土耳其语名词化现象的典型形式，未涉及其非典型形式，而有时这些非典型形式恰能更好地揭示语言内部规律或特点。另外，书中对认知语境这一影响名词化识解的关键因素挖掘得还不够深入。在现阶段这些缺憾似乎是不可避免的，相信丁慧君只要沉心静气，持之以恒，定能在这一领域有新的发现和建树。

希望丁慧君再接再厉，在科研中续攀高峰。

是为序。

孙衍峰

2019年12月15日

前言
Preface

名词化是"人类语言最普遍的特征之一"。在土耳其语中，通过名词化手段获得的名词数量占名词总数的30%以上，而句法层面的名词化现象更是不胜枚举。土耳其语"名词化"是二语习得者学习的难点，但对母语为土耳其语的人来说，名词化的运用几乎是一种"本能"，对它的记忆更多的是一种无意识的识记。这种无意识的识记往往能够作为"经验"，指导他们作出一定的选择。在这一识记过程中，人的认知能力发挥着至关重要的作用。名词化作为一种"本能"，必然是经过无数次的重复学习最终内化而成的"本能"。这一学习过程的本身是值得我们思考和研究的。

基于此，本书从名词化的界定与分类、名词化的主要认知机制，以及影响名词化识解的语境因素等三个方面对土耳其语名词化现象进行描写和解释，力图厘清这一语言事实，探索土耳其语名词化现象背后的认知机制。

土耳其语名词化可分为词汇名词化和句法名词化两大类，主要通过词缀来实现。本书采用定性与定量相结合的研究方法，综合过往研究，共梳理出土耳其语中82个词汇名词化词缀和7个句法名词化词缀，对它们的形态、意义和功能逐一进行了解读，并在此基础之上分析了土耳其语名词化的主要特点。其中词汇名词化的特点主要体现在词缀的多功能性、多义性、高能产性、选择性和叠加性等五个方面。而句法名词化最显著的特点是名词化结构中的动词在一定程度上保留了时间性，且动词带主语、宾语、状语及补足语不受限制。在土耳其语中，词汇名词化和句法名词化不是边界分明、非此即彼的关系。它们分处于一个连续统的两极，本质上具有相通性，句法名词化在语言的发展过程中甚至可以转化为词汇名词化。

在土耳其语名词化过程中，概念转喻和概念隐喻作为主要认知机制发挥着重要作用。其中，概念转喻多发生在词汇层面，包括动作概念转喻事物概念和事物概念转喻事物概念两大类；而概念隐喻则既有词汇层面的隐喻，也有句法层面的隐喻。前者多以人、物以及动作、感觉为始源进行认知，后者则将事件、行为视为实体，从而进行指称或量化。此外，概念转喻和概念隐喻在土耳其语名词化过程中往往相互交织，共同发挥作用。两者的互动大多发生在词汇层面，互动模式包括隐喻始源域中的转喻延伸和隐喻目标域中的转喻延伸。

在土耳其语中，名词化词或结构的意义不是词根/词干意义与词缀意义的简单叠加。它的识解会受到认知语境的影响。认知语境简单来说就是认知者内在化、系统化的百科知识。在词汇层面，它会影响到名词化词的意义推理和文化识解；在句法层面，则会影响到认知者对名词化结构的判断与选择。辅助名词化识解的因素可以是具体的场合，也可以是认知者内在化的认知语境。

由于观察视角的不同，人们会对同一现象作出不同的解释。本书在前人研究的基础之上，运用认知语法的相关理论对土耳其语名词化现象进行描写和解释，为探索土耳其语名词化现象的本质和认知规律、完善名词化这一研究课题做出了一定的贡献。然而作为非母语研究者，进行土耳其语本体研究，尤其是实证性研究，难度不言而喻，过程中出现的种种错讹，恳请学术前辈和同人不吝指正。

丁慧君

2020年1月

目 录
Contents

第一章　绪论

名词化是土耳其语①中极为普遍的一种语言现象，无论是在口语中还是在书面语中，出现频率都非常之高。例如下面这段文字，斜体部分为名词化词或名词化结构，数量几乎占到了整段文字的一半。

Bu *bulgu*, *yazar* yönelimli *örtükleştirme açısından* *Türkçe* bilimsel *söyleme* özgü bir *özellik* olarak yorumlanabilir. *Türkçe* metinlerde *yazarın*, edilgen *yapı kullanımı*yla *araştırması*na yönelik *gözlem* ve *deneyim*lerini kendi kişisel *bakış açısını* yansıtmadan, dış dünyadaki olgusal gerçekleri önceleyerek doğrudan metnine *aktarma* yoluna *gittiğini söylemek* mümkündür. (Çakır, 2011: 240)

土耳其学者阿曼威尔麦兹（Amanvermez，2015）以名词化词缀-DIK和-AcAK为研究内容，对土耳其中学生的名词化使用能力进行测试分析。测试结果显示：①不同年级的学生使用名词化的频率不同，高年级的学生在造句过程中会更多地使用名词化结构；②不同成绩段的学生使用名词化的频率不同，成绩好的学生在造句中会更多地使用名词化结构；③不同性别的学生使用名词化的频率不同，女生在造句中使用名词化结构的频率明显高于男生；④学校的社会经济环境会影响学生使用名词化的频率；⑤语篇中名词化的使用频率越高，对它的理解就会变得越难。（Amanvermez，2015：988—1000）

另一位土耳其学者科沃尔哲克（Kıvırcık）也做过一个测试。为了考查外国留学生对土耳其语名词化现象的掌握和使用情况，他给15名具有中级土耳其语水平的留学生播放了一段听力材料，让他们根据听到的内容回答问题②，结果有近一半的留学生使用了错误的名词化结构③。他认为土耳其语名词化的运用对母语操作者来说是一种本能，能够自然而然地实现，但对二语习得者而言却是学习的难点，

---

① 土耳其语是土耳其共和国的官方语言，属于阿尔泰语系。
② Yazar yazı yazmayı neye benzetiyor? （作者把写文章比作什么？）
③ 参见 Türkçedeki Bazı Bileşik Yapıların Yabancı Dil Olarak Öğretiminde Karşılaşılan Sorunlar ve Çözüm Önerileri.

也是最容易出错的内容。（Kıvırcık，2004：53）

那么，为什么以土耳其语为母语的人可以很容易地理解土耳其语中的名词化现象，而且随着认知水平的不断提高，使用名词化的能力也逐渐增强？名词化现象是否可以预测、概括和分类？名词化的形成是任意的还是有理据的？名词化的识解是无意识的行为，还是有意识的行为？带着这些问题我们对土耳其语名词化现象展开研究。

▶1.1 土耳其语中的名词化

土耳其语是土耳其共和国的官方语言，被称为"Türkiye Türkçesi"，意为"土耳其的土耳其语"，是1928年土耳其文字改革后使用的土耳其语，简称"Türkçe"。"Türkçe"一词是由名词"Türk"附加表达"语言"意义的词缀"-CA"构成的。该词在词典中的释义有两条：一是"Türk dili"；二是"Türkiye Türkçesi（土耳其语：名词）"。我们从这个词本身便可以清楚地看到名词再名词化的形态变化，并能够通过这一形态变化理解其意义的来源和词义的演变过程。

"名词化"一词在土耳其语中被译为"Adlaştırma"，意思是"使变为名词"。它的构词过程本身也是名词化的体现：Ad（名词：名词）>Ad-laş-（动词：变为名词）>Ad-laş-tır-（动词：使变为名词）>Ad-laş-tır-ma（名词：名词化）。在土耳其语中，"Ad（名词）"一词有广义和狭义之分，广义的"Ad（名词）"实际上包括了名词、形容词、副词、代词、后置词等除动词以外的所有词类，我们通常称之为"静词"。土耳其语传统语法中关于"名词化"的研究多采用广义的定义，也就是说一个词附加词缀后转变为名词、形容词或副词等都可以称为"名词化"。而本书的研究对象是狭义的"名词化"，即一个词附加词缀后转变为名词的过程。

关于名词化的定义，土耳其语学界有两种观点。

一种观点是单从句法层面进行定义。例如：《语言学词典》（İmer，Kocaman，Özsoy，2011：17）：名词化是通过在动词后附加名词化词缀构成分句的过程。这一过程中主句的内部结构保持不变，分句或充当主句的某个成分，或与名词及后置词连用构成词组。土耳其语中的名词化是通过在分句动词上附加名词化词缀-mA，-DIK，-AcAk，-Iş，-mAk来实现的。《语法和语言学词典》（Hengirmen，2009：16）：名词化是将分句嵌入主句的过程。

例 1-1a

[Arkadaşlarının   eve   gelmesi]   çocuğu   sevindirir.
朋友-3plPOS-GEN   家-DAT   来-NOML-POS   孩子-ACC   使高兴
朋友们的到来让孩子很高兴。

例1-1a中，Arkadaşlarının eve gelmesi（朋友们的来家里）是名词化分句，充当主句的主语。名词化分句除了在主句中充当主语外，还可以充当宾语和补足语。例如：

例 1-1b

Çocuk [arkadaşlarının   eve   gelmesi]ni   istiyor.（作宾语）
孩子 朋友-3plPOS-GEN   家-DAT   来-NOML-3sgPOS-ACC   想
孩子想让朋友们来家里。

例 1-1c

Çocuk [arkadaşlarının   eve   gelmesi]nden   memnun olur.（作补足语）
孩子 朋友-3plPOS-GEN   家-DAT   来-NOML-3sgPOS-ABL   高兴的
朋友们来家里孩子很高兴。

上述观点认为名词化是一种句法现象，而词汇层面的名词化属于词汇派生，是形态学研究的内容。

另一种观点认为名词化既有词汇层面的，也有句法层面的。前者被称为词汇名词化（lexical nominalization），是其他词类通过派生手段转化为名词的语法过程；后者被称为句法名词化（syntactic nominalization），是句子层面的结构变化。如Erkman-Akerson（2016）对土耳其语名词化进行的分类。

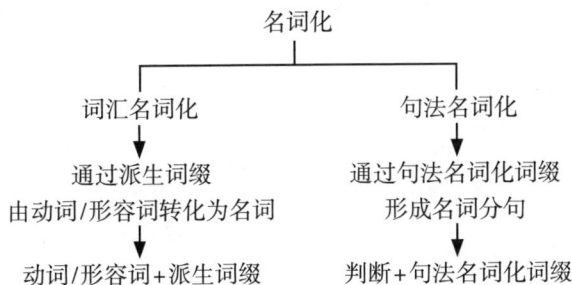

图1.1 Erkman-Akerson的名词化分类

综合上述两种观点，本书认为土耳其语名词化不论是词汇层面，还是句法层面，都是通过附加构词词缀实现的，本质上具有相通性。因此，土耳其语名词化应包含词汇名词化和句法名词化两大类。其中，词汇名词化的结果是产生名词化词，句法名词化的结果是产生名词化结构。名词化的研究一般涉及结构、语义和功能三个方面内容。可以说结构清楚了，语义也就清楚了；结构和语义都清楚了，相应语法行为的原因也就清楚了。基于此，我们将从词汇和句法两个层面出发，对土耳其语中具有名词化功能的词缀进行详细的梳理，分析其形态结构和词汇语法意义，并在此基础上解析土耳其语名词化的主要认知机制和影响其识解的语境因素。

▶1.2 土耳其语名词化研究现状

土耳其语中的名词化现象极为丰富，历来是土耳其国内外学者关注的重点。从现有掌握的文献来看，关于土耳其语名词化现象的研究最早起始于20世纪60年代，如埃尔金（Ergin, 1962）的 *Türk Dil Bilgisi*（《土耳其语法》），刘易斯（Lewis, 1967）的 *Turkish Grammar*[1] 以及安德希尔（Underhill, 1976）的 *Turkish Grammar*[2]。本节将以主流语言学理论为背景，梳理各流派关于土耳其语名词化现象的研究成果。

1.2.1 结构主义：形态的描写与分类

土耳其语名词化的实现主要依赖于各种词缀。在结构主义语言学理论的支持下，土耳其语学界将视点聚集在对名词化词缀的分类描写上，研究成果主要可分为两类。

一类是各种语法书中关于词缀的分类描写。例如：土耳其国内学者依据传统的词缀分类方法，将土耳其语中的词缀划分为构词词缀（Yapım Ekleri）和构形词

---

[1] Lewis 在 *Turkish Grammar* 的第十章和第十五章分别描写了土耳其语中的动名词和动词派生名词现象。词汇层面，他列举了17个动词转名词缀。句法层面他认为构成动名词的主要词缀包括 -mek、-meklik、-me 和 -iş。其中 -mek 表示纯未限定动作（pure undefined action），-meklik 表示动作事实（fact of action），-me 表示动作或动作结果（action or result of action），-iş 表示动作方式（manner of action）（Lewis, 1967：167）。

[2] Underhill（1976）对动名词和名词化结构进行对比研究，认为动名词结构（verbal noun constructions）"是一种将一个句子以名词词组的形式嵌入到主句中的手段"。例如：Orhan'ın geç kalmasına kızdım.（奥尔汗迟到让我很生气。）在这个句子中动名词结构 "Orhan'ın geç kalması（奥尔汗的迟到）" 相当于一个名词词组。构成动名词结构的词缀分别是 -mEK、-mE 和 -(y)Iş。名词化结构主要通过附加类动词词缀 -AcAk 和 -DIK 来实现。它与动名词结构相类似，也是将小句以名词词组的形式嵌入主句之中。

缀（Çekim Ekleri）。其中构词词缀又可分为静词派生静词词缀（Addan Ad[①] Türeten Ekler）、动词派生静词词缀（Fiilden Ad Türeten Ekler）、静词派生动词词缀（Addan Fiil Türeten Ekler）和动词派生动词词缀（Fiilden Fill Türeten Ekler）四大类。这里的静词实际上是包括了除动词以外的所有词类，如名词、形容词、代词和副词等。我们分析了土耳其国内影响力较大的六部语法书，对其中关于动词派生静词和静词派生静词词缀的数量进行了统计，如下表。

表1.1　土耳其语语法书中转类静词的词缀数量统计

作　者	书　名	时　间	动转静	静转静
麦赫麦特·亨吉尔曼 Mehmet Hengirmen	Türkçe Dilbilgisi	2007年（第9版）	41	23
弗阿特·博兹库尔特 Fuat Bozkurt	Türkiye Türkçesi：Türkçe Öğretiminde Yeni Bir Yöntem	2010年（第4版）	37	37
萨戴廷·厄兹切利克 Sadettin Özçelik 穆努尔·埃尔坦 Münür Erten	Türkiye Türkçesi Dil Bilgisi	2010年	65	42
穆哈麦特·耶尔坦 Muhammet Yelten	Türk Dili ve Anlatım Bilgileri	2013年	42	43
穆哈莱姆·埃尔金 Muharrem Ergin	Türk Dil Bilgisi	2013年	51	43
泽伊奈普·考尔克玛兹 Zeynep Korkmaz	Türkiye Türkçesi Grameri：Şekil Bilgisi	2014年（第4版）	69	55

从上表中我们可以看出，六部语法书中关于土耳其语动词派生静词和静词派生静词的词缀数量统计并不一致，主要原因是学者们采用了不同的分类标准。这些语法书中统计的词缀均为静词化词缀，名词化词缀包含其中，但具体数量并未确定。

另一类研究成果是学术论文中关于词缀的解读分析。例如：卡拉加（Karaca, 2013）认为传统语法将土耳其语中的词缀分为构词词缀和构形词缀两大类是远远不够的。他在博士论文《土耳其语词缀的功能》中列举了土耳其语中的191个词缀，从形态结构上将它们划分为简单词缀（Basit Ekler）、复合词缀（Birleşik Ekler）和组合词缀（Birlikte Ekler）等三大类；从功能角度将它们划分为（词义）扩大词

①土耳其语语法书中的"Ad"实际上是包括了名词、形容词、代词和副词在内的静词。

缀（genişletme eki）、状态词缀（durum eki）、转类词缀（dönüştürücü ek）、创建词缀（kurucu ek）、构词词缀（yapım eki）、整合词缀（bütünleşik ek）、替代词缀（temsil eki）和无功能词缀（boş ek）等八大类。其中转类词缀数量为81个。

乌鲁奥贾克（Uluocak，2007）在其博士学位论文《18世纪奥斯曼帝国驻外使节工作报告中的派生和屈折词缀》中，以奥斯曼帝国驻外使节的工作报告为蓝本，描写分析了18世纪奥斯曼语中使用的词缀。作者将该时期的词缀分为派生词缀（türetme ekleri）、转类词缀（tür değiştirici ekler）、屈折词缀（işletme ekleri）和范畴词缀（kategori ekleri）。

盖迪兹利（Gedizili，2012）在《土耳其语单一形式多功能构词词缀》①一文中分析了土耳其语中的195个构词词缀，其中静词化词缀154个，动词化词缀41个。在这195个构词词缀中只具备一种功能的词缀有100个，具有两种及两种以上功能的词缀有95个。文章认为土耳其语中超四分之三的词缀具有静词化功能，词缀的功能越多，其音节数就越少。

除此之外，阿伊巴伊（Aybay，2012）分析了英语和土耳其语中常用的词缀，并在此基础上对比英语和土耳其语词缀系统的异同；博泽尔（Bozel，2008）分类描写了土耳其语72个静词派生静词词缀和55个动词派生静词词缀；甘齐（Genç，2005）梳理了古阿纳多卢时期五位作家的作品，整理出55个静词派生静词词缀和58个动词派生静词词缀；玛赫丘普（Mahçup，2010）基于数据库研究土耳其语构词词缀的意义；耶尔德勒姆（Yıldırım，2011）列举了土耳其语30个表达相似或相同意义的静词派生静词词缀，对它们的历史演变过程以及在土耳其各方言中的使用情况进行了描写；阿伊登（Aydın，2013）梳理了13世纪阿纳多卢地区的文献译本，描写分析了该时期形动词的形式与意义；阿泽尔图尔克、黎海情（2011）对比分析了土耳其语中的"-ler"与汉语中的"们"；刘军、阿泽尔图尔克（2015）以汉语后缀"者""家"和土耳其语后缀"-ci"为例对比了汉语后缀和土耳其语后缀的语法性质等。

基于以上文献，我们发现结构主义语言学理论指导下的土耳其语名词化研究，将重心放在对词缀的分类描写上，名词化更多地被视为是词汇层面的派生，是词汇形态发生改变的过程。在这些研究中，关于词类的划分大多采用二分法，即将土耳其语词类划分为静词（ad）和动词（fiil）两大类。这里的静词实际上是包括名词、形容词、代词、副词、后置词、拟声词等除动词以外的所有词类。也就是说，

---

① 文章发表在《土耳其研究》2012秋季卷第7/4期。

大多数学者进行的是"静词化"研究，不仅包括"名词化"，还包括"形容词化"和"副词化"。此外，这些研究对名词化的形成原因没有作出解释。

1.2.2 转换生成语法：深层结构与表层结构的转换

以乔姆斯基为代表的形式主义语言学派的兴起为土耳其语名词化研究提供了强有力的理论依据，许多语言学家开始在转换生成语法的框架下研究土耳其语名词化现象，早期的如科齐（Koç，1976，1981）、赛泽尔（Sezer，1991）、肯内利（Kennelly，1991）、考恩菲尔特（Kornfilt，1997）和乌宗（Uzun，2000）等。

科齐（Koç，1981）认为土耳其语的句法名词化是指承担上层句（用T_1表示）主、宾语功能的底层句（用T_2表示）转换为名词词组的过程。例如：

T_2作宾语：

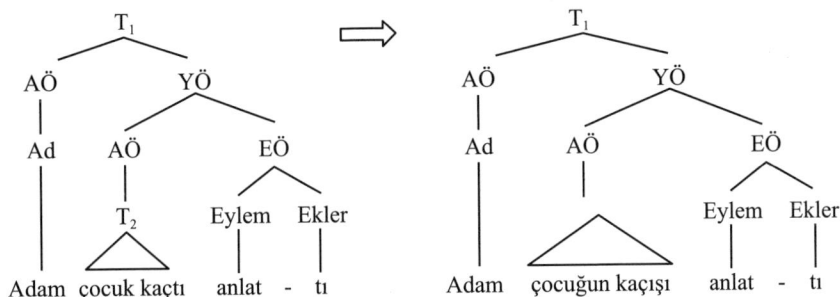

T_2作主语：

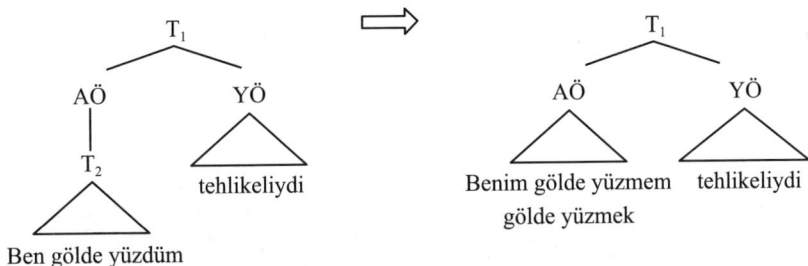

图1.2 Koç的句法名词化转换关系（Sabri Koç，1981：175）

从图1.2中我们可以看出，当底层句（T_2）充当上层句（T_1）的主、宾语时，要进行名词化。前一个例子中（T_2作宾语），底层句"çocuk kaçtı"（孩子逃跑了）本是一个独立的主谓句，当它充当上层句"Adam anlattı"（男人讲述了）的宾语时，需附加名词化词缀-ış，转换为名词词组"çocuğun kaçışı"（孩子的逃跑）。后一个例子中（T_2作主语），底层句"Ben gölde yüzdüm"（我曾在湖里游泳）同样是主谓句，当它充当上层句"tehlikeliydi"（……是危险的）的主语时，也需要进行名词化，转换为名词词组"Benim gölde yüzmem"（我的在湖里游泳）。

Koç认为土耳其语中构成句法名词化的词缀有-DIK，-MA，-(Y)IŞ，-MEK 和-(Y)ACAK[①]。底层句的名词化过程一般要遵循以下八条规则（最后一条为可选）：

（1）放置单词；

（2）去除底层句词缀；

（3）附加助动词（适用于名词谓语句）；

（4）附加名词化词缀；

（5）附加所有格；

（6）附加领属性词缀；

（7）附加格词缀；

（8）去除由人称代词充当的主语（可选）。

例如：Ali'nin dün gelişinden kuşkulandım.

Kural 1.　　ben　[　　[ali dün geldi]　　]　kuşkulandım
　　　　　　　AÖ　T₂　　　　　　　T₂　AÖ

Kural 2.　　ben　[　　[ali dün gel]　　]　kuşkulandım
　　　　　　　AÖ　T₂　　　　　　T₂　AÖ

Kural 4.　　ben　[　　[ali dün gel+(Y)IŞ]　　]　kuşkulandım
　　　　　　　AÖ　T₂　　　　　　　T₂　AÖ

Kural 5.　　ben　[　　[ali+(N/Y)IN dün gel+(Y)IŞ]　　]　kuşkulandım
　　　　　　　AÖ　T₂　　　　　　　　T₂　AÖ

Kural 6.　　ben　[　　[ali+(N/Y)IN dün gel+(Y)IŞ+I]　　]　kuşkulandım
　　　　　　　AÖ　T₂　　　　　　　　T₂　AÖ

Kural 7.　　ben　[ali+(N/Y)IN dün gel+(Y)IŞ+I+(N)DEN]　kuşkulandım
　　　　　　　AÖ　　　　　　　　　　AÖ

Kural 8.　　ben　[ali+(N/Y)IN dün gel+(Y)IŞ+I+(N)DEN]　kuşkulandım
　　　　　　　AÖ　　　　　　　　　　AÖ

按照Koç给出的八条规则，我们可以清楚地看到底层句转换为名词词组的全过程：

（1）在主谓句"Ben kuşkulandım"（我怀疑）中插入底层句"Ali dün geldi"（阿里昨天来了）；

（2）去除底层句的过去时词缀-di，转换为"Ali dün gel"；

（3）由于该例中底层句为动词谓语句，因此不需要执行第三条规则；

---

① 该处词缀采用作者原文中的书写形式。

（4）为底层句附加名词化词缀-iş，转换为"Ali dün geliş"；

（5）附加所有格词缀-nin，转换为"Ali'nin dün geliş"；

（6）附加领属性词缀-i，转换为"Ali'nin dün gelişi"；

（7）附加格词缀-den，转换为"Ali'nin dün gelişinden"；

（8）去除上层句中的人称代词Ben，转换为"Ali'nin dün gelişinden kuşkulandım"。

科沃尔哲克（Kıvırcık，2004）在研究土耳其语复合结构（类动词）在外语教学过程中常见的问题及其对策时，指出名词化的运用对于母语为土耳其语的人来说是一种本能，而对非母语的人来说则是最容易出错的问题。他认为转换生成语法具有极强的概括性和规则性，利用转换生成语法来指导土耳其语名词化教学可以达到很好的效果。他指出一些复合结构从表层看来是一个句子，但从深层分析则是多个句子。例如：

表层结构：Samet benim çalıştığımı gördü.（萨麦特看见我在工作。）

深层结构：Samet gördü.（萨麦特看见了。）

　　　　　Ben çalıştım.（我曾在工作。）

上述例子中表层结构为一个句子，深层结构则为两个句子。针对深层结构向表层结构的转换，他也给出了具体的转换步骤。例如：

深层结构：Siz gitmediniz.（你们没去。）

　　　　　(Bunu) ben biliyorum.（我知道这件事。）

当我们将这两个句子转换为一个句子时，需要进行以下操作：

（1）改变位置：Ben (siz gitmediniz) biliyorum.

（2）去除人称：Ben (siz gitmedi-) biliyorum.

（3）去除时间：Ben (siz gitme-) biliyorum.

（4）附加名词化词缀：Ben (siz gitme-dik-) biliyorum.

（5）附加人称词缀：Ben (siz-in gitme-dik-iniz-) biliyorum.

（6）附加格词缀：Ben (siz-in gitme-dik-iniz-i) biliyorum.

（7）最终得出表层结构：Ben sizin gitmediğinizi biliyorum.（我知道你们没去。）

这种从深层结构到表层结构的转换过程也就是土耳其语句法名词化的全过程。Kıvırcık认为这种分析方法只适合用来解释比较简单的具有两个分句的复合句，并提出利用转换生成语法来教授土耳其语，从根本上来看是基于人的认知能力。

亚尔德尔（Yaldır，2004）在其博士学位论文《土耳其语句法名词化：原则参数框架》（英文）中，从原则参数理论出发，对英语和土耳其语的句法名词化现象进行了对比研究。Yaldır通过分析英语和土耳其语中的嵌入句式，概括出两种语言中句法名词化的一般形态特征，并运用原则和参数理论对土耳其语中的句法名词化现象进行解读。

谢科尔（Şeker，2015）在《土耳其语名词化标记的分类和句法分析：最简方案框架下》[①]一文中运用最简方案理论分析了土耳其语名词化词缀。Şeker在对派生名词化结构（如-Im，-Aç，-gIç，-cE）和屈折名词化结构（如-mA）进行对比后发现：①动词附加屈折名词化词缀时能够支配补足语（complement），而附加派生名词化词缀时不能支配补足语。②动词附加派生名词化词缀构成的派生名词可以被形容词修饰，但不能被副词修饰；而附加屈折名词化词缀构成的名词化结构不能被形容词修饰，却可以被副词修饰。

在转换生成语法的指导下，土耳其语名词化研究的重点转向句法名词化。研究人员更多地将土耳其语名词化视为句法结构转换的结果，也就是说名词化是通过一系列心理操作由深层结构向表层结构转换的过程。他们认为在名词化过程中，如果一定条件下结构甲能够变成结构乙，那么依此类推，所有与甲相同的结构都可以变成与乙相同的结构；反之，所有与乙相同的结构都应该有一个与甲相同的对应结构。不同类型的名词化过程有着自己的适用条件，有时候某些名词化过程会因为语境的不同而受到一些限制。如果脱离语境孤立静止地研究名词化，就会忽视名词化这种语言现象与语境的联系，从而无法解释规则之外的种种例外。

1.2.3 系统功能语法：语法隐喻与语类功能

以韩礼德为代表的功能语言学派为名词化研究开辟了新的研究途径。在系统功能语法理论的指导下，土耳其国内外学者开始从语法隐喻和语类功能的角度对土耳其语名词化现象进行分析和研究。

沙尔克（Schaaik，2001）以功能语法为依据，从等级体系（hierarchy）入手，对土耳其语中的句法名词化标记进行了区分。Schaaik认为：①动词附加-DIK词缀时通常表达"事实（fact）"；②动词附加-mE词缀时表达"行为（act）"，同时还能够表达命令意义；③-(y)Iş词缀不能放到句法层面来讨论；④动词的类型（如判断、说明、推定、情感等）会影响句法名词化词缀的选择。

[①] 该文发表于《土耳其语研究》杂志2015夏季卷第10/12期（第981—998页），这一研究成果源自其博士论文 A Minimalist Approach to Analyzing Phrase Structures Through Universal Principles and Parameters to Identify Parametric Variations between English and Turkish Languages（2015）。

图尔坎（Türkkan，2008）在其博士学位论文《土耳其语历史语篇中名词化的功能》中运用系统功能语法的相关理论，对土耳其中小学阅读材料中的历史语篇进行了研究。Türkkan分类总结了6本书中的历史语篇，并依据语法隐喻理论阐释历史语篇的语言特点。他通过对-mAk、-mA、-DIK、-(y)AcAk和-(y)Iş等词缀的描写，分析作为语法隐喻的名词化现象的主要功能。根据数据库统计结果，Türkkan发现供中小学生阅读的历史语篇中，名词化的使用频率很高，并且呈现出由低年级至高年级逐步升高的趋势，这一点符合学生认知水平的发展规律。

恰克尔（Çakır，2011）在其博士学位论文《土耳其语、英语科技文章摘要中信息建构与身份编码的形式》中，以系统功能语法为理论指导，以语言对比为研究方法，收集了包括经济学、社会学、心理学、语言学在内的文科，以及包括物理学、化学、生物学、建筑学在内的理科领域共720篇土耳其语、英语摘要[①]。Çakır利用数据库从语际和语域两个角度，统计了名词化结构在土耳其语、英语摘要中的分布和使用情况。他发现：①土耳其语摘要中的名词化结构多是动词名词化后构成的名词词组。研究人员表达研究目的和过程时倾向于使用-mA动名词名词化结构，而表达研究结果时则倾向于使用-DIK形动词名词化结构。②土耳其语摘要中，研究人员通常把重点聚焦在研究的目的和主题上。为了能够在不表明个人观点、态度的前提下，真实地反映观察及实验的状态，通常倾向于使用被动态名词化结构，以显示研究内容的客观性。③由于理科重具体数据，而文科重抽象表达，因此土耳其语文科摘要中名词化的使用频率明显高于理科。

系统功能语法下的土耳其语名词化研究，将重点集中在语篇中的句法名词化上。他们认为名词化是"创造语法隐喻最有力的手段"，名词化结构通常不用指明动作过程的"执行者"，从某种意义上来说能够客观地展现过程，因此更多地出现在科技、法律和历史等正式的语篇类型中。而事实上，名词化是土耳其语中极为普遍的一种语言现象，大量地出现在各类语篇中。名词化已不再是区别不同语篇的主要特征，而是土耳其语各类语篇的共同特征。

1.2.4　认知语法：理据与机制

随着认知科学的兴起，学者们开始关注语言现象的"认知性"，力图寻找诸多语言事实背后的认知理据。

---

① 其中土耳其语240篇，英语240篇，土耳其语、英语平行语料240篇，时间是2005—2009年。

奥南（Onan，2009）认为土耳其语黏着结构的数学性（matematiksel）在母语教学中，尤其是词的记忆过程中形成了独特的认知基础。作者在《黏着结构在土耳其语教学中的认知基础》一文中对黏着结构以及该结构在大脑中的运作机制进行了分析，并在此基础上阐释了土耳其语构词词缀和构形词缀在土耳其语教学中的认知基础。文章指出土耳其语词的结构具有数学性，词根在任何时候都是固定不变的，因此可以很容易地将词根与词缀区分开来。即便两者互相黏连在一起，也可以很清晰地分辨出各自的功能。土耳其语词中词缀与词根的可分离性，大大简化了大脑理解词的认知过程。

此外，Onan还指出构词词缀是具有理据性的。土耳其语中的简单词，也就是词根词的形成是任意的，但派生词则是"半任意"的。例如：kapı（门）是一个简单词，作为音义的结合体，它的产生是任意的，不存在理据性；但是kapıcı（看门人）的形成则不是任意的，这个词由kapı附加词缀-cı构成，词缀-cı可以用来表达"某类人"的概念。派生词kapıcı中，词根的产生过程是任意的，而派生过程则是有理据的，因此被视为"半任意性"构词。

阿科克（Akkök，2015）在《认知视角下的词汇教学》中讨论了认知语言学的原则和理论在外语教学过程中的作用，分析了在以扩充词汇量为目的的二语（土耳其语）教学过程中概念隐喻理论所发挥的作用。作者以"时间是运动"这一概念隐喻设计了四套实验方案，认为人类经验的普遍性会反映到语言中，操不同母语的学习者基于概念进行表达的意识在词汇教学过程中会产生积极的影响。

土耳其中东科技大学认知科学系（Bilişsel Bilimler）巴哈德尔（Bahadır）在其博士学位论文《土耳其语领属结构中的结构启动》(英文)中以土耳其语名词和名词化动词（nominalized verbs）构成的领属结构为研究对象，对28位土耳其语母语操作者进行测试，证实了土耳其语领属结构的理解和生成（comprehension and production）过程中存在着结构启动（sturctural priming）。所谓结构启动，是指在语言处理过程中，人们倾向于重复使用之前遇到过的句法结构，结构启动是语言发展过程中的重要认知机制。

随着认知科学的不断发展，土耳其学者开始关注语言的认知属性，探讨词汇派生的理据以及句法结构的认知机制，并尝试用这些研究成果来指导外语教学，帮助学习者通过认知的途径更好、更快地掌握外语知识，为我们研究土耳其语名词化现象提供了有益的参考。

1.2.5 现有研究简评

通过对现有研究的梳理，我们可以看到土耳其语名词化现象受到了语言研究者的广泛关注。各语言学流派的学者依托不同的理论对土耳其语名词化现象展开研究，并在研究中取得诸多成果，为我们进一步研究土耳其语名词化现象提供了参考。这些研究中也或多或少存在着一些问题，主要表现在以下五个方面。

第一，忽视了词汇名词化与句法名词化的连续性。综合分析土耳其语学界对名词化的研究成果，我们发现这些研究或是从词汇角度出发，着力研究名词化的派生过程，将重点放在对名词化词缀意义的解读上；或是从句法角度出发，着重分析类动词名词化结构，将重点放在句法名词化过程中深层结构与表层结构的转换上。事实上，无论是词汇层面还是句法层面，土耳其语名词化都是通过构词词缀来实现的。土耳其语中由词汇派生而来的名词化词和由小句转化而来的名词化结构本质上具有相通性。如果将二者割裂开来进行研究，就忽视了它们的连续性，必然会出现对土耳其语名词化现象描写不充分、解析不全面的情形。

第二，名词化词缀类型的界定缺乏统一的标准。土耳其语学界对名词化词缀的分类并不完全一致，不论是词缀数量上的统计，还是词缀意义上的解读都存在差异。例如：动词名词化词缀-IntI和-tI。从分类来看，有的学者认为它们是不同的两个词缀，要区分研究（Ergin，2013：193；Biray，1999：160）；有的学者则认为这两个词缀来源相同，意义相同，可以视为同一词缀的不同变体（Banguoğlu，2007：224；Kormaz，2014：166）。再如：-An形动词是否能构成句法名词化结构，学界的看法也并不统一。因此，土耳其语名词化词缀有待通过更加科学的途径进行确立与分类。

第三，名词化的界定模糊不清。土耳其语中的某些词类，尤其是名词和形容词，它们的边界往往是模糊的，我们无法单从形态上将它们完全区分开来。因此，以往土耳其语名词化研究中关于词类的划分多采用二分法，即仅分出静词和动词两大类。这里的静词是指除动词以外的其他所有词类。也就是说，在这些研究中，所谓的"名词化"实际上是"静词化"，其中还包括"形容词化"和"副词化"等。词类二分法的优势在于方便我们在研究过程中处理词类的交叉重合，避免一些解释不清的问题。如果不对词类进行具体细致的划分，就会无形中扩大了名词化的范围，不利于准确寻找名词化的形成原因和认知规律。

第四，形态描写强于理论解释。土耳其语是形态变化极为丰富的语言，关于形态描写的文章和著作较多，但是对于这些形态特征的理论解释则要逊色不少。尽管一些学者也尝试用主流语法理论去解释名词化现象，如转换生成语法对土耳其语句法名词化转换机制的探讨，以及系统功能语法对土耳其语句法名词化语类功能的分析等，但是对于土耳其语名词化形成的理据，相关的研究并不多见。

第五，忽视了名词化现象与语境的联系。就语法范畴而言，词的地位绝不是固定的。无论是名词、形容词还是动词，它们的语义特征以及所指内容的确定程度在不同语境下都会发生变化。土耳其语中，名词化词或结构从形态上来看是"词根/词干＋词缀"的结合体，但其意义却不是词根/词干意义与词缀意义的简单叠加。名词化的意义不是话语自身固有的内在属性，而是一个不断发展变化的动态建构过程。它与语境具有本质的联系，如影随形。而现有的研究基本上是在脱离语境的情况下孤立静止地研究名词化。事实上，语境对于土耳其语名词化的理解是不可小觑的关键因素。

▶ 1.3 研究意义和方法

1.3.1 研究意义

名词化是跨语言、多学科研究的对象，不仅涉及形态学、语义学、语用学、文体学、文本类型学等诸多学科，还牵涉诸如认知科学、翻译研究、词典学和对比语言学等学科范畴所关注的问题。因此，无论对于语言研究、外语教学实践，还是人类认知规律的探索，名词化都具有十分重要的研究意义。

首先，土耳其语中"除去为数不多的连词、后置词和感叹词等没有形态变化的词之外，几乎所有的语法内容都集中在名词和动词上，其中名词是土耳其语语法的根基……"（Kıran，1979：45）。对比土耳其语言协会（TDK）出版的《土耳其语词典》（Türkçe Sözlük）2005年版和2011年版词条数[①]，如下表。

表1.2 《土耳其语词典》词条数量对比

字典版本	主词条	名词	动词	形容词	副词	代词	后置词	感叹词	连词
2005年版	63818	45005	6441	11305	2644	87	33	289	53
2011年版	77005	53451	9912	12666	3312	88	40	299	50

[①] 由于部分词条既可作名词，也可作形容词或副词，因此分类词条数之和不等于总词条数。

我们可以看出，《土耳其语词典》中名词①数量增长得最多。在土耳其语中，词根数量是有限的，新词产生的主要方式为派生法，即附加构词词缀。换句话说，名词化是土耳其语新名词产生的重要途径。研究土耳其语名词化能够使我们认清土耳其语词汇的发展变化轨迹，为我们进一步探索土耳其民族的认知思维方式提供依据。

其次，土耳其语的名词化词缀功能强大且数量众多，由其构成的名词化词或结构纷繁复杂，逐一记忆几乎是不可能的。名词化词或结构的基本意义由词根或词干来体现，词缀对词根/词干的含义进行各种限定、修饰和补充，名词化词或结构包含了词根/词干与词缀的全部语义信息。从理论上说，只要分析出词根/词干和词缀的含义，就能得出名词化词或结构的基本含义②。因此，我们将全面梳理土耳其语中的构词词缀，找出当前所有具备名词化功能的构词词缀，分析描写它们的意义和功能。学习者在掌握了这些名词化词缀③的特点与规律后，就能够对名词化词或结构进行自主推理，减轻记忆负担，用较为省力的方式学到更多的知识。

第三，对于母语为土耳其语的人来说，名词化的运用几乎是一种本能，对它的记忆更多的是一种无意识的识记。这种无意识的识记往往能够作为"经验"，指导他们作出一定的选择。在这一识记过程中，人的认知能力发挥着至关重要的作用。名词化作为一种"本能"，必然是经过无数次的重复学习最终内化而成的"本能"。这一学习过程的本身是值得我们思考和研究的。因此，我们将分析土耳其语名词化实现的内在动因，尽可能真实地还原土耳其语名词化被识别、归类和记忆的全过程，探讨从有意识的记忆到无意识的运用之间的发展轨迹。这一方面能够帮助我们探索土耳其语母语操作者自主识别不同类型名词化之间的相同、相似和差异，并据此进行归类继而储存到记忆中的认知规律；另一方面也能够为名词化认知研究的相关课题提供一些有益的参考。

第四，土耳其语的词缀系统具有很强的规律性。词缀附着在词末，或是使词根构成词干，或是为词根和词干附加语法功能，总是与词根/词干以一定显性的顺序出现。研究土耳其语语法，首当其冲便是研究词缀的结构和功能特点。构词词缀是土耳其语词缀系统重要的组成部分，也是土耳其语名词化实现的总渠道。对

---

① 土耳其语名词数量众多，在《土耳其语词典》(2011) 中名词数量占到了69%以上，比其他词类的总和还要多，其中相当一部分名词是通过名词化手段转化而来的。
② 实验表明掌握了词根与词缀关系的学习者能够通过联想迅速获得同一词汇家族下的词的意义。构词知识能够帮助学习者在遇到新词时，通过词中部分意义猜出整个词的意义 (Kurudayıoğlu, 2006：497—505)。
③ 下文中提到的名词化词缀均为构词词缀。

土耳其语中具有名词化功能的构词词缀进行充分的描写和阐释，不仅能够厘清这一语言现象本身，同时也能加深我们对土耳其语的整体认识。可以说名词化研究不仅是对土耳其语构词词缀的微观研究，更是由此及彼、由小见大对土耳其语全貌进行探索的必经之路。

总之，名词化是土耳其语中非常普遍的语言现象，受到了语言研究者的广泛关注。从现有研究成果来看，土耳其国内外学者对于土耳其语名词化的界定与分类存在一定的分歧。由于观察角度的不同，学者们在描写土耳其语名词化现象时各有偏重，目前还没有对该现象进行较为全面系统的描写。在探讨土耳其语名词化的动因时，多数研究从语言结构本身出发，只是孤立静止地研究名词化，忽视了人作为主体在认知过程中的能动性以及语境对于名词化意义获取的重要影响。因此，我们将在前人研究的基础上，进一步全面细致地描写、分析土耳其语名词化现象，为探索土耳其语名词化现象的本质和认知规律、完善名词化这一研究课题做出应有的贡献。

1.3.2 研究方法

语言研究中使用不同方法来探究同一语言现象可以起到相互印证的作用，既提高了观察的信度和效度，也能让观察更为全面。本书的研究方法主要包括：

第一，定性与定量相结合。本书梳理了土耳其国内外关于土耳其语构词词缀的相关著作和学术论文，其中土耳其语著作32部、学术论文62篇（其中硕博士学业位论文31篇），英语著作6部、博士学位论文5篇，确定了167个有待分类研究的构词词缀[1]。我们对这167个构词词缀进行功能比对，从中分析出82个词汇名词化词缀和7个句法名词化词缀。为了对名词化词缀进行更为细致的描写，词汇层面我们以2011年出版的《土耳其语词典》第11版中的主词条为依据，检索出带有这82个词缀的派生词，并根据意义重新进行区分与归类；句法层面则以土耳其语数据库TS Corpus为基础，收集大量相关例句，对句法名词化的功能特征进行归纳和对比分析。

第二，以共时研究为主，辅以历时考查。本书对名词化的分类描写主要建立在共时研究的基础之上。但由于土耳其语名词化是一个动态过程，伴随着历时的演变，尤其是动词名词化往往会经历从动词到形容词再到名词的发展变化过程，因此对于部分词缀的历时考查可以帮助我们更好地观察到名词化的演变过程。

---

[1]在土耳其语中，能够实现名词化的词缀均为构词词缀（Yelten，2013；Hengirmen，2007）。

本书采取基于数据（data-based）的思路，所有分析都基于真实语料。我们将利用各种途经获取大量真实的语言使用实例，对它们进行深入观察，并在此基础上归纳分析，以期对土耳其语名词化有一个准确、全面的认识。

▶1.4 语料来源和结构安排

1.4.1 语料来源

本书例词的主要来源为土耳其语言协会（TDK）2011年出版的《土耳其语词典》(*Türkçe Sözlük*)[1]中的词条。《土耳其语词典》是土耳其国内最权威的词典。从1945年第1版至今，历经10次更新扩充，词条总数已由第1版的32104个增加到第11版的92292个。目前该词典收录主词条77005个、亚词条15287个。主词条中名词数量为53451个，形容词数量为12666个，副词数量为3312个，代词数量为88个，后置词数量为40个，感叹词数量为299个，连词数量为50个，动词数量为9912个[2]。

本书引用的例句如无特殊标注，均来自于土耳其语数据库TS Corpus[3]。该数据库建于2012年3月，词条总数超过5亿，所有词条均进行了词类（PosTAG）和形态学（Morphological Tagging）标注。该数据库分为两大类：一是通用数据库，包括推特数据库、维基数据库、成语谚语数据库、TS2以及BNC Sampler；二是专业数据库，包括旅游数据库、新闻数据库、宪法数据库和摘要数据库等。

语料来源除上述纸制词典和数据库外，还包括土耳其语言协会的网络电子词典，如土耳其语常用词词典、方言词典、外来词词典、谚语成语词典，以及科技术语词典等。

1.4.2 结构安排

本书共分七章，各章安排如下：

第一章为绪论，主要回顾土耳其国内外各语言学流派对土耳其语名词化进行的研究，综述相关文献，确立了本书的研究对象、研究意义及研究方法等。

第二章概述相关概念和理论依据。相关概念包括土耳其语名词的形态结构及

---

①下文中的《土耳其语词典》如无特殊标注，均为2011年出版的第11版。
②由于部分词条既可作名词，也可作形容词或副词，因此分类词条数之和不等于总词条数。
③网址：www.tscorpus.com。

其操作性定义；理论依据包括原型范畴、词汇—语法连续统、概念转喻与概念隐喻以及基于用法的模式等。

第三章以原型范畴理论为依据，从动词名词化和名词再名词化两个方面出发对土耳其语词汇层面的名词化现象进行考查，重点解读名词化词缀的语义内容，提炼土耳其语词汇名词化的主要特性。

第四章考查土耳其语句法名词化的形式和功能，并对各类型内部以及类型之间的名词化现象进行对比，分析句法名词化过程中动、名词特征的变化。

第五章探讨土耳其语名词化的主要认知机制，分析土耳其语名词化过程中概念转喻和概念隐喻的主要模式。

第六章以认知语境为基础分析影响土耳其语名词化识解的语境因素。

第七章为结语，陈述研究的基本观点与结论，指出研究的局限和有待进一步讨论的问题。

第二章 相关概念及理论依据

▶2.1 相关概念

土耳其语是一种形态复杂的黏着语，拥有庞大的词缀系统。尤其是名词，能够附着各类词缀，形态多样。因此，本节将重点界定与土耳其语名词形态结构相关的一些概念，进一步明确土耳其语名词化的内涵。

2.1.1 土耳其语名词的形态结构

从表达和内容之间的关系来看，语素（Morpheme）是最小的语言单位，不能再进一步划分为更小的单位而不破坏或彻底改变其词汇或语法意义（胡壮麟，2013：46）。土耳其学者阿达勒（Adalı，2004）从词汇和功能两个方面对土耳其语语素进行划分，如下图。

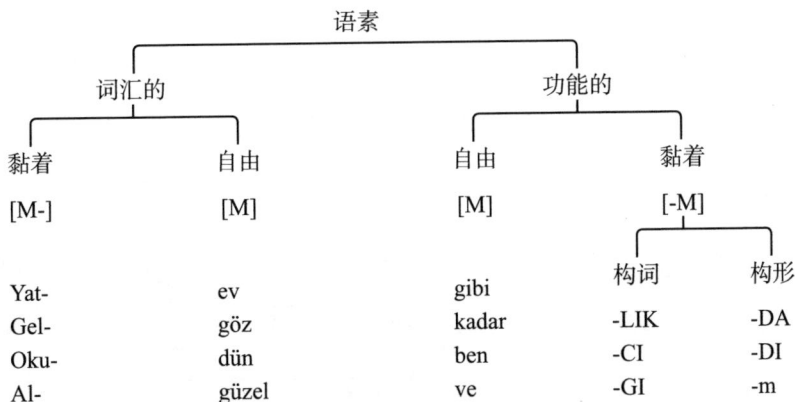

图2.1 土耳其语语素划分（Adalı，2004：27）

从该图我们可以看出，土耳其语的词汇语素和功能语素中都包含有自由语素（Free Morpheme）和黏着语素（Bound Morpheme）。词汇语素中的黏着语素为动词，自由语素为名词、形容词和副词；功能语素中的自由语素为代词和后置词，黏着语素为构词词缀和构形词缀。

2.1.1.1 词根

在土耳其语中，体现词基本意义的语素叫作词根（Root），是词的核心部分，不能再作进一步划分。换句话说，词根就是一个词在去除所有词缀后剩余的部分（Korkmaz，2014：102；Ergin，2013：105；Yelten，2013：143）。例如：suçsuzluk（无罪）这个词去掉词缀-suz和-luk，剩余的部分就是词根suç（罪过）。

土耳其语中的词根居于词的最前端，不可再拆分，所有的词至少都包含一个词根。词根是在语言形成的过程中出现并固定下来的，具有不可创造性。在土耳其语中，词根的数量是明确的，形式是固定的。新词的产生可以通过现有的词根附加词缀这一途径来实现（Korkmaz，2014：103）。

在土耳其语中，词根能够表达事物、思想、行为或状态等概念。随着社会的发展变迁，新的概念层出不穷，仅依靠词根远远不能满足表达的需求。因此，通过附加词缀的方式，围绕着词根派生出新词，便成了土耳其语表达新概念的有力途径。"黏着结构使得土耳其语拥有表达更多意义的可能"（Aksan，2004：110）。以"göz（眼睛）"为例，词根"göz（眼睛）"在附加词缀后可构成很多新词，如gözlük（眼镜），gözlüklü（戴眼镜的），gözlem（观察），gözcü（哨兵），gözetmek（保护）等。这些词都是以词根"göz（眼睛）"为依据而产生的，与其意义相关，最终形成了一个庞大复杂的词汇家族，如下图。

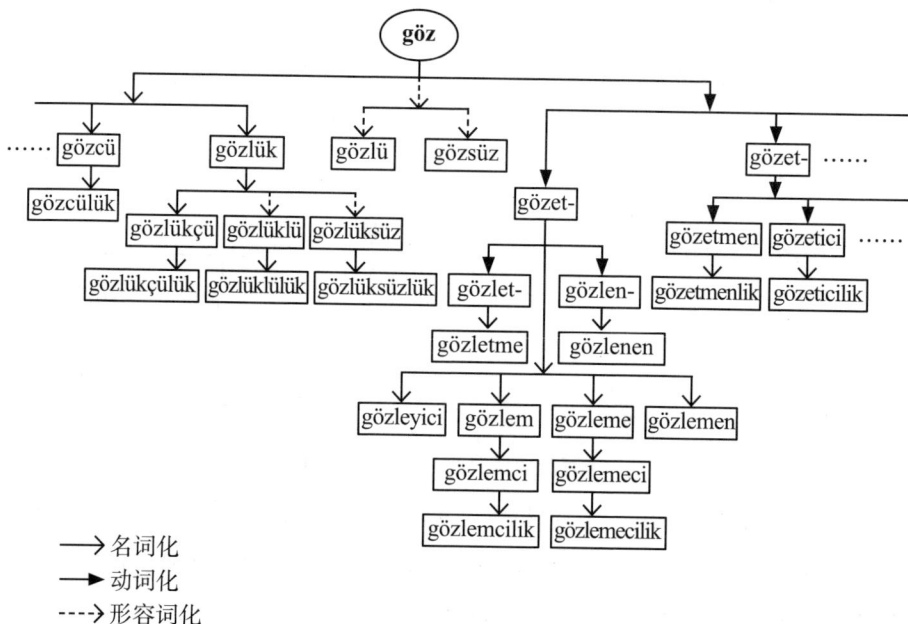

图2.2　göz的派生体系

2.1.1.2 词缀

土耳其语中的词缀（Affix）不能单独使用，只能附着于另一个语素上，本质是黏着的（Korkmaz，2014：106；Ergin，2013：114；Yelten，2013：144）。土耳其语是后黏着语，拥有数量众多的词缀，且可以叠加使用。一个词根后可黏着多达14个词缀，例如：yer+li+le-ş-tir-e-me-dik+ler+(i)m+iz+den+mi+sin+iz[①]（Kahraman，2005）。

土耳其语的词缀系统具有很强的规律性，词缀与词根或词干同时出现，附着在词末。词缀或是使词根构成词干，或是为词根和词干附加语法功能，总是以一定显性的顺序出现。这种规律赋予土耳其语词缀系统以极大的开放性和简洁性。

关于土耳其语的词缀，通常认为有五种来源（Hatipoğlu，1974：331—332；İlhan，2009：1536—1538；Ergin，2013：119）：

（1）源于古老的词，在长期使用过程中逐渐演变成词缀。比如，词缀-mAn曾经是独立的词，随着时间的推移演变为词缀，表达"某类人"的概念，如köle-men（奴隶兵），Türk-men（土库曼人）。

（2）一直作为词缀使用，但由于年代久远，如何形成无从考证。如yap-ı（结构）一词中的词缀-I是个多功能词缀，在土耳其语中使用非常广泛，但它如何形成，最初承担何种功能，已不得而知。

（3）由两个词缀结合构成新的词缀。如kum-sal（沙滩）一词中的词缀-sal是由词缀-su和词缀-al结合而成。

（4）词与词缀结合构成新的词缀。比如，词缀-DAş是由位格词缀-DA与eş（相似物）一词结合构成的新词缀，如arka-da+eş>arkadaş（朋友），kar-da+eş>kardeş（兄弟），yol-da+eş>yoldaş（同志）。

（5）借用外来词缀，如enerji-k（精力充沛的）中的-(i)k，manev-î（精神的）中的-î，以及gül-istan（玫瑰园）中的-istan等都是外来词缀。

土耳其语词缀的形成既有任意性也有理据性。在历史的发展过程中，由于种种原因词缀的形态和功能会发生一定的变化，如词缀结构的改变（复合、脱落）、旧词缀的消失和新词缀的产生，以及词缀意义的扩大和缩小等。

受元音、辅音和谐规则的影响，土耳其语词缀的形式要根据词根或词干的结构作相应的改变：

---

①此处按照作者文中的书写方式，附加名词相关词缀用"+"，附加动词相关词缀用"-"进行连接。

（1）单一辅音构成的词缀，只有一种形式，例如：-m，-n-，-l-，-r-，-ş-，-t- 等词缀。

（2）含有低元音且无辅音变化的词缀，通常有-a和-e两种变体，例如：-lAr词缀包括-lar和-ler两种形式。

（3）含有低元音且有辅音变化[①]的词缀，通常有四种变体，例如：-DAş词缀包括-daş、-deş、-taş、-teş四种形式。

（4）含有高元音且无辅音变化的词缀，通常有-ı，-i，-u，-ü四种变体，例如：-lI词缀包括-lı，-li，-lu，-lü四种形式。

（5）含有高元音且有辅音变化的词缀，通常有八种变体，例如：-CI词缀包括-cı，-ci，-cu，-cü，-çı，-çi，-çu，-çü八种形式。

土耳其语的词缀不能单独表达意义，但与词根或词干连用后便具备了表达意义的功能。传统语法认为词缀可分为两类：一是构词词缀（Yapım ekleri）；二是构形词缀（Çekim ekleri）。构词词缀通常用来表达某种词汇意义，构成新词；构形词缀则主要表示某种语法意义，构成一个词的不同语法形式。两类词缀只有在与词根或词干连用时才能获取意义，并为词根或词干的意义增添新的内容。

在土耳其语中，能够实现名词化的词缀为构词词缀（Yelten，2013；Hengirmen，2007）。但是由于土耳其语的词缀往往具有多功能性，一些词缀从形态上看既可以是构词词缀，也可以是构形词缀（如词缀-A）；既可以是词汇名词化词缀，也可以是句法名词化词缀（如-AcAk）。因此，对词缀进行严格意义上的分类是不可能实现的，也是没有必要的。尽管这些词缀在形态上有重合，但功能差异极大，我们能够通过具体的上下文加以区分。

2.1.1.3 词干

在土耳其语中，词根的数量是有限的。阿克江（Akcan，2010：129）曾对《土耳其语词典》（TDK，2005）中的动词进行统计，结果显示动词词根数量为1341个，仅占到动词主词条数的15%。因此在表达某些概念时，就需要对词根进行扩展，从而产生了词干（Stem）。词干与词根一样，可以用来表达事物和动作的名称，二者的功能与用法基本一致。不同的是，词根是在语言产生的过程中出现并固定下来的，其形式和意义之间没有必然的联系；而词干是由词根附加词缀派生而成的，其形式和意义之间有逻辑关系（Ergin，2013：147）。

土耳其语中的词干是由词根/词干附加构词词缀而成的。例如：kitapçılık（售

[①] 通常是指以辅音-C，-D，-G为首字母的词缀。

书业）一词中 kitap（书）是词根，kitapçı（书商）和 kitapçılık（售书业）都是词干。词根、词缀和词干的关系可以用下图来表示。

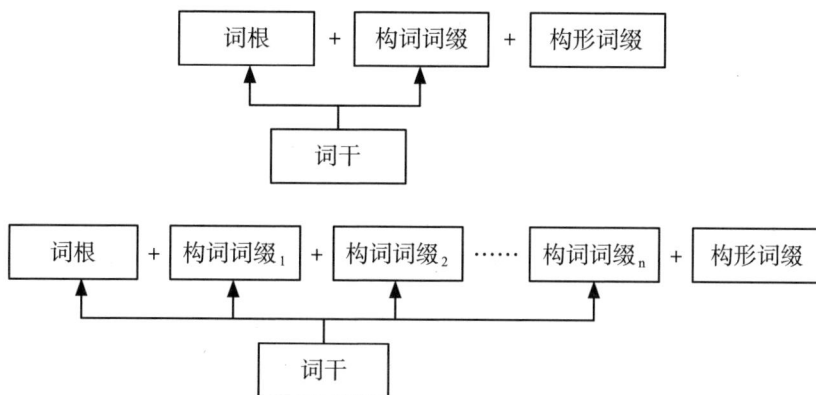

图2.3　词根、词缀和词干的关系

总而言之，词根是自由的，而词缀是黏着的。词缀被描述为一种功能，即通过添加一个音段的内容，把一个基本的词根映射到一个派生的词干上面。

2.1.2　土耳其语名词的操作性定义

研究土耳其语名词化，首先应对名词有一个清晰的界定。我们摘取了目前土耳其国内有关"名词"引用率较高的几种定义，如下表。

表2.1　名词的定义

作　者	著　作	定　义
亨吉尔曼 Hengirmen	Türkçe Dilbilgisi[1]	**名词**是表示事物的词，一些事物是可以通过五官感知、看见、闻见或用手触摸到的，如树木、石头、星辰。而另一些事物，如爱情、天使、魔鬼、智慧和自由，是我们无法具体触摸看见的（2007：116）。
埃尔金 Ergin	Türk Dil Bilgisi[2]	**名词**是表达有生命和无生命的所有事物和概念的名称（2013：217）。
考尔克玛兹 Korkmaz	Türkiye Türkçesi Grameri：Şekil Bilgisi[3]	**名词**是指世界上所有的有生命和无生命的事物以及人类幻想世界中所有的抽象和具体的概念（2014：229）。

---

[1] 安津（Engin）出版社，第9版。
[2] 巴伊拉克（Bayrak）出版社，2013年版，该书最早出版于1958—1963年，再版次数创该领域纪录。
[3] 土耳其语言协会（TDK），第4版。

（续表）

作　者	著　作	定　义
耶尔坦 Yelten	Türk Dili Anlatım Bilgileri[①]	名词是表达有生命和无生命的各种事物以及抽象和具体概念的词，在句子中可以充当主语、宾语、状语和谓语（2013：221）。
伊麦尔、科贾曼、厄兹索伊 İmer，Kocaman，Özsoy，	Dilbilim Sözlüğü[②]	名词能够在句子中充当一定成分，如主语、补足语、宾语等，实现句法功能。从分布特点来看，它是名词词组的中心语，起修饰或限定作用的成分位于名词之前；从种类来看，可分为专有名词和普通名词（2011：11）。

从上述定义中我们可以看出，土耳其语学界多从意义和功能两个角度对名词进行定义。由于意义本身不容易确定，因此将意义与功能结合起来进行定义是比较科学的。这种定义方式几乎对所有语言都是适用的，不能体现出土耳其语名词的独特之处。也就是说，虽然每一种语言都有名词，但由于不同语言的名词各有特点，其操作性定义未必完全相同。比如，汉语的名词操作性定义会涉及量词，而土耳其语的名词就不会涉及。再如，土耳其语中的部分词类充当论元要采取某种名词化手段（如附加词缀），而汉语则要自由得多。因此，我们应尽可能地根据实际情况对土耳其语中的名词进行操作性定义。

土耳其语是黏着语，名词能够通过形态标记进行识别。在对名词进行定义的过程中，如果结合形态特征，就能够使定义更加具象，操作性更强。因此，我们根据土耳其语名词的特点，拟从意义、功能和形态三个角度对土耳其语名词进行定义。

（一）意义标准

从意义角度来看，土耳其语中的名词是指描述事物的词。根据所描述事物的特性，可以进一步分成若干小类。例如：

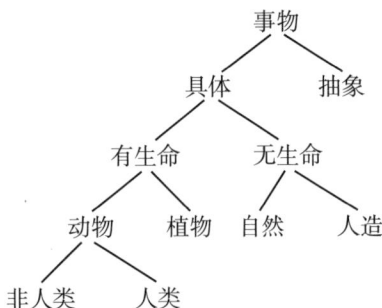

---
①德尔（Der）出版社，第3版。
②海峡大学出版社，2011年版。

（二）功能标准

1. 土耳其语的名词能够被形容词、形动词、代词、数词、名词等修饰，修饰语位于名词前。例如：

soğuk hava（**寒冷的**天气）

kitap **okuyan** öğrenci（正在**读书**的学生）

kimin babası（**谁**的爸爸）

iki ağaç（**两棵**树）

taş köprü（**石**桥）

土耳其语中没有量词，部分名词具有量词的意义，可与数词连用修饰名词，如 bir **bardak** çay（一**杯**茶），iki **dilim** ekmek（两**片**面包），bir **demet** çiçek（一**束**花）。

2. 名词几乎可以充当所有的句子成分。土耳其语的名词及其变格形式在句子中可充当主语、谓语[①]、宾语、定语、状语和补足语[②]。例如：

例 2-1

O	kız	sokakta	arkadaşının	ablasını	gördü.
主语		状语	定语	宾语	

那　女孩　街上-LOC　朋友-3sgPOS-GEN　姐姐-3sgPOS-ACC　看见

那个女孩在街上看到了朋友的姐姐。

例 2-2

Annem	tatlılara	çok	bayılır.
主语	补足语		

妈妈-1sgPOS　甜点-pl-DAT　非常　喜欢

我妈妈很爱吃甜点。

例 2-3

İstanbul	çok	pahalı	bir	şehir.
主语		谓语		

伊斯坦布尔　非常　昂贵的　一　城市

伊斯坦布尔是个生活成本很高的城市。

---

① 系表结构作谓语，由于土耳其语中没有表语这一成分，因此系表结构也称为谓语。

② 土耳其语中的补足语（tümleç）与汉语语法中的"补语"概念不同，补足语一般位于谓语的前面，主要从动作的发出位置、作用方向等方面对动作进行补充说明。补足语和动词之间是说明与被说明的关系，一般来说，动词要求的向格、位格以及从格的形式均为补足语（丁慧君、彭俊，2015：196）。

可以说，名词是土耳其语三大主要词类中句法功能最多的词类，如下图。

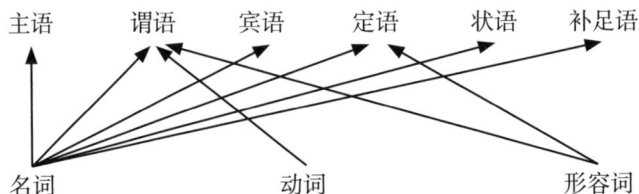

图2.4　土耳其语三大词类的句法功能

（三）形态标准

1. 名词能够附加数词缀。在土耳其语中，名词没有可数与不可数的区别，所有的名词基本上都可以附加复数词缀。名词的复数形式主要通过在原形名词后附加词缀-lAr来实现，例如：çiçek（花）>çiçekler（一些花），yatak（床）>yataklar（几张床），kapı（门）>kapılar（几扇门）等。

2. 名词能够附加格词缀。在土耳其语中，名词与其他名词构成名词词组或是在句中充当某种句子成分时，需要通过变格形式来体现它和其他词或是句子成分之间的关系。土耳其语名词的格包括原格（零形式）、宾格、向格、位格、从格和所有格，如下表。

表2.2　名词变格表

	以元音结尾的词	以辅音结尾的词	例　词	
原格	—	—	oda	köy
宾格	-yı/-yi/-yu/-yü	-ı/-i/-u/-ü	odayı	köyü
向格	-ya/-ye	-a/-e	odaya	köye
位格	-da/-de	-da/-de/-ta/-te	odada	köyde
从格	-dan/-den	-dan/-den/-tan/-ten	odadan	köyden
所有格	-nın/-nin/-nun/-nün	-ın/-in/-un/-ün	odanın	köyün

3. 能够附加领属性词缀。在土耳其语中，被物主代词以及所有格修饰的名词通常要附加领属性词缀。领属性词缀用来体现名词和其修饰成分之间的关系，如下表。

表2.3　领属性词缀表

	人　称	单　数	复　数	例　词
以元音结尾的词	第一人称	-m	-mız/-miz/-muz/-müz	annem/annemiz
	第二人称	-n	-nız/-niz/-nuz/-nüz	annen/anneniz
	第三人称	-sı/-si/-su/-sü	-sı/-si/-su/-sü(-ları/-leri)	annesi/anneleri

（续表）

	人 称	单 数	复 数	例 词
以辅音结尾的词	第一人称	-ım/-im/-um/-üm	-ımız/-imiz/-umuz/-ümüz	okulum/okulumuz
	第二人称	-ın/-in/-un/-ün	-ınız/-iniz/-unuz/-ünüz	okulun/okulunuz
	第三人称	-ı/-i/-u/-ü	-ı/-i/-u/-ü(-ları/-leri)	okulu/okulları

总之，不同的定义能够反映出人们对名词的不同认识。我们结合意义、功能和形态三个标准对名词进行定义，从某种程度上来说，能够增强名词的可操作性。换言之，当转类后的一个词或是一个结构符合这三条标准时，我们有理由认为它已经名词化了。

▶2.2 理论依据

语言研究总是在一定的理论指导下展开，无论依据哪一种理论，都是为了对语言现象做出更准确的描写和更合理的解释，最大程度地接近语言事实。土耳其语名词化过程从外部来看是结构与功能转换，而这一语言现象的背后体现的是人类大脑思维的转换。可以说，语言使用中所涉及的认知过程，对语言系统和语言结构具有很大的影响。我们在描写土耳其语名词化现象的同时也应对其认知过程予以分析。因此，本书尝试以认知语法的相关理论为依据，对土耳其语名词化现象展开研究，相信会在前人研究的基础上对这一问题产生一些新的认识。

2.2.1 原型范畴理论

人们在认识新的事物时，通常会先问"这是什么？"，也就是要将这个事物归为哪个范畴。这种将事物进行分类的心理过程可以称之为范畴化。范畴化是人类认识世界的能力之一，生活中我们时时刻刻都在使用着范畴化。"原型"的概念最早由罗施（Rosch）及其同事们（1975）用于解释人类的范畴化过程。她们在维特根斯坦的"家族相似性"原理的基础上，通过一系列实验，首先创立了原型范畴理论，并将之视为认知心理学的一项重要内容，这是对经典范畴理论的一次革命（王寅，2006：109）。

原型范畴理论认为，范畴不是建立在共享特征之上的，没有一组特征能够准确界定范畴中的成员；范畴是建立在纵横交错的相似性网络之上的，是建立在"属性"（attributes）之上的，"属性"具有渐变性、多值性和综合性。由于客观世界具有无限性、连续性和不可穷尽性等特点，我们很难在诸多事物之间划出一个确切的界限，因此范畴在很多情况下不是"非此即彼""非真即假"，可能会存在若干中间值，也就是说范畴的边界是不确定、模糊的。范畴边界的模糊性决定了一个范畴内部各成员的属性不是完全相同的，它们依靠家族相似性（family resemblance）联系起来，由中心不断向外扩展，范畴内各成员的地位不相等，有核心与边缘之分；对范畴的认识与人的认知能力密不可分，它是心智运作的结果，最终储存在我们的记忆之中；范畴的属性不具有普遍性，语言是人类一般认知能力制约的结果，由于不同民族的认知存在着较大的差异，因此各语言之间对范畴的认知必然存在差异。

原型范畴理论对于土耳其语的名词化研究有以下两点启示：

第一，在原型范畴理论背景下，依据句法功能展现词类的本质属性，能够较好地解释土耳其语名词与其他相关词类边界模糊的现象。从一类词到另一类词，在语法特点上常常是逐渐过渡的，无论人们采用什么标准，不同词类之间的交叉重合现象总是很难避免的。在土耳其语中与名词有纠葛的词类主要为形容词，表现为一个本是形容词的词，在实际运用中获得了全部或部分名词的语法特征。在没有具体语境的情况下，要确定其词类实际上是困难的。例如：

例 2-4a

Güzel bir kız konuşuyor.

漂亮的 一 女孩 说话

漂亮的女孩在说话。

例 2-4b

Güzeller konuşuyor.

美女-pl 说话

美女们在说话。

güzel 一词在土耳其语中通常作形容词使用，表示"漂亮的"，如例 2-4a 中 güzel bir kız（漂亮的女孩）。但在一定的上下文中它也能够作名词使用，表示"漂亮的女孩或女人"，如例 2-4b 中 güzeller（美女们）。

词类的成员资格不是一件可以预见、非有即无的事情。我们不可能找到一种整齐划一的规则，能够不加修改地运用于某种词类的所有成员，而不适用于所有的非成员。因此，根据原型范畴理论来考查"güzel"的词类属性时，我们可以将其视为名词范畴的边缘成分。

第二，根据原型范畴理论，语言中各种范畴都是原型范畴。范畴的成员地位通常是一个程度问题，无法进行严格的界定。因此名词化词缀作为一种原型范畴，是一个模糊集，没有绝对、清晰的范围。词缀范畴内各成员具有不同的典型性，但其核心部分是可以明确的。举例来说，词缀-Aç附加在动词词根或词干后，使该动词变为名词，其核心意义为[+工具]。例如：

$$
\left.\begin{array}{l}
\text{dondur-（使结冰）} \\
\text{tık-（塞入）} \\
\text{yansıt-（使反射）}
\end{array}\right\} \text{-Aç} \left\{\begin{array}{l}
\text{dondur-aç（冰柜）} \\
\text{tık-aç（软木塞）} \\
\text{yansıt-aç（反射器）}
\end{array}\right.
$$

上述例子中，动词附加词缀-Aç构成的新词能够表达典型的工具意义，属于该词缀下的典型成员。但也有动词在附加该词缀后表达的工具意义是非典型的。例如：

$$
\left.\begin{array}{l}
\text{ayır-（分开）} \\
\text{koş-（作补充）} \\
\text{göm-（掩埋）}
\end{array}\right\} \text{-Aç} \left\{\begin{array}{l}
\text{ayr-aç（括号）} \\
\text{koş-aç（系词）} \\
\text{göm-eç（蜂房）}
\end{array}\right.
$$

原型范畴理论自提出以来，已被证明在词汇语义，尤其是词汇和构式的多义方面具有很强的解释力。我们认为在该理论的支持下研究土耳其语名词化现象，不仅能避免分类描写上的许多难题，还能对名词化现象做出更合理的解释。

2.2.2 词汇—语法连续统

泰尔米（Talmy, 2007）指出任何一种语言都具有两大子系统："开放类形式"（open-class）和"封闭类形式"（closed-class），前者是"词汇的"（lexical），后者是"语法的"（grammatical）。从形式上来看，开放类形式的数量众多且能够不断增加新成员，如名词、动词和形容词就属于开放类；封闭类形式的数量较少且相对固定，如屈折和派生形式，以及限定词、介词、连接词、小品词等就属于封闭类。从语义上来看，开放类形式可以自由地指称，语义上不受限制，而封闭类形式则受到严格的语义限制；从功能上来看，开放类形式的功能在于表达概念内容，封闭类形式的功能则在于表达概念结构。

传统语法认为在语言研究中词汇和语法应做严格的区分，前者是没有规律的表达式的集合，后者则是以有限的规则产生无限的符合句法规则的句子。而认知语法则认为语法与词汇形成了一个连续统，位于象征结构（symbolic structure）[1]的集合，彼此之间并非总是泾渭分明。潘瑟和索恩伯格（Panther & Thornburg, 2009：14—16）对此做出进一步解释，指出词汇和语法是一个连续统，主张用"词汇语法"（lexicogrammar）来替代"语法"（grammar）这一术语。他们认为无论是独立词项，还是更具语法（grammatical）或功能（functional）的成分都是承载意义的单位，它们之间并没有严格意义上的区别，如下图。

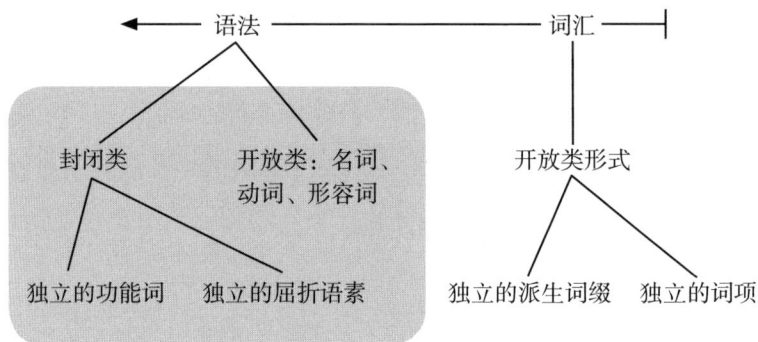

图2.5　词汇语法连续统（Panther &Thornburg，2009：15）

　　土耳其语名词化是通过附加构词词缀来实现的。尽管构词词缀属于封闭类形式，但它本质上是有意义的语言单位，能够附加在词根或词干后改变原生词的词性和词义。我们不能绝对地认为它是"语法的"而不是"词汇的"。举例来说，构词词缀"-mAn"既可以附加在动词后派生出名词，如"öğret-（教）>öğretmen（老师）"；也可以附加在名词后派生出新名词，如"köle（奴隶）>kölemen（奴隶兵）"。从形式上来看，词缀"-mAn"属于封闭类，但实际上这个词缀是由词演变而来的，表达"adam，insan（人）"的概念（Hatipoğlu，1974）。也就是说，词缀"-mAn"是由"开放类形式"逐渐演变为"封闭类形式"。它既是"语法的"，也是"词汇的"。

　　此外，土耳其语名词化包括词汇名词化和句法名词化两大类。由词汇派生而来的名词化词（词汇层）和由小句转化而来的名词化结构（句法层）本质上是具有相通性的。它们分别处于一个连续统的两极，句法层面的名词化在语言的发展过程中甚至可以转化为词汇层面的名词化。例如：

[1]认知语法提出了三个基本类型的结构：语义结构、音位结构、象征结构。象征结构是双极（bipolar），由语义极（semantic pole）、音位极（phonological pole）以及这两极之间的联系构成。一个象征结构包括位于语义极的语义结构、位于音位极的音位结构以及把两者联系起来的对应关系（correspondence）。

例 2-5a

Yarın　Türkiye'ye　　**gelecek**.

　明天　　土耳其-DAT　　来-FUT-3sg

明天他要来土耳其。

例 2-5b

　İstanbul'a　　　　**geleceğini**　　　　　hepimiz　biliyorduk.

伊斯坦布尔-DAT　　到来-NOML-3sgPOS-ACC　我们每个人　　　知道

我们都知道他会来伊斯坦布尔。

例 2-5c

Gelecek sizce　　ne demektir?

　未来　您认为　什么　意味着

未来对您来说意味着什么？

在例 2-5 中，gelecek 由动词 gel-（来）附加构词词缀 -AcAk 构成。在例 2-5a 中，gelecek 是动词 gel-（来）的将来时形式，拥有时态、人称、数和主谓一致等动词具有的典型特征。在例 2-5b 中，gelecek 是动词 gel-（来）的形动词形式，支配分句的补足语，本身有体（未完成）和人称的变化，在句中临时充当名词使用，作主句的宾语，意义为"他的将要来到"，是句法名词化现象。在例 2-5c 中，gelecek（未来）失去了作为动词的全部特征，已经完全名词化，是词汇名词化现象。也就是说，动词 gel-附加词缀 -AcAk 后，不仅能够构成句法名词化结构，最终还能够形成名词化词。

2.2.3　概念转喻与概念隐喻

2.2.3.1　概念转喻

转喻在传统语言学中一直被看作词语间的相互借代，是一种修辞手段。随着认知语言学的发展，人们逐渐意识到转喻的认知本质。从 20 世纪 80 年代起，认知语言学家对转喻的思维机制进行了研究，并对转喻的基本特征进行了描述。归纳起来，包括以下四种理论：

第一，概念映射理论认为转喻是一个认知过程。这一认知过程可以让我们通过一个事件与其他事件的关系对该事件进行概念化，其本质是同一认知域的两个概念实体之间的映射过程。代表人物是Lakoff和Turner。

第二，心理通道理论认为转喻是一个认知过程。在这一过程中，一个概念实体或载体（vehicle）为同一认知域或理想化认知模型（ICM）内的另一概念实体或目标（target）提供心理可及。代表人物是Radden & Kövecses和Barcelona。

第三，参照点理论认为转喻是一种参照点现象，喻体是参照点，本体是目标。人们通过喻体这一参照点在心理上访问本体这一目标，其本质是发生在认知上凸显的参照点与目标之间的认知操作过程。代表人物是Langacker。

第四，认知域矩阵理论认为转喻是意义详述（meaning elaboration）的过程。这一过程要么包括一个认知域矩阵（cognitive domain matrix）的拓展，要么包括一个认知域矩阵的减缩。转喻可以根据两个参数来进行描写：一是始源域和目标域之间的关系；二是始源域和目标域之间映射过程的类型。代表人物是Ruiz de Mendoza。

Panther & Thornburg（2003：282—283）结合前人的研究成果提出：①转喻是域内映射；②转喻以概念实体之间的偶然性（contingent）关系为基础；③始源义（source meaning）和目标义（target meaning）之间的链接（link）原则上是可取消的；④转喻凸显目标概念，始源概念总的来说仍是可及的（recoverable）；⑤始源概念可完全从目标概念中分离，发展成后转喻（post-metonymy）。之后，他们又对转喻关系进行多次修正（2006，2014），构建了转喻关系图如下。

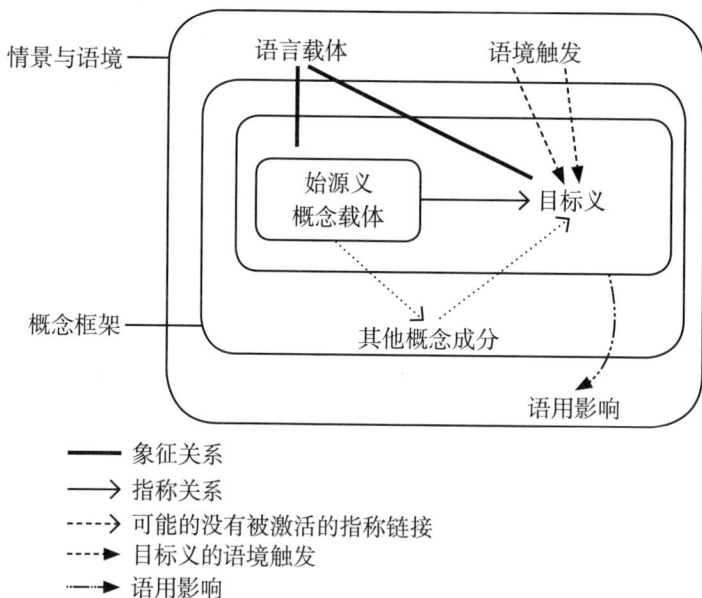

图2.6　转喻关系（Panther，2014：4）

认知语法的观点认为词类的转化本质上是一种概念转喻（conceptual metonymy）。在土耳其语名词化过程中，转喻思维起到了至关重要的作用。例如：

例2-6a

Asya saçlarını **tarıyor**.

阿斯亚　　头发　　梳

阿斯亚在梳头。

例2-6b

Asya **tarağını** bulamadı.

阿斯亚　　梳子　　没找到

阿斯亚没找到她的梳子。

例2-6a 中动词tara-表示"梳"这一具体动作，例2-6b中动词tara-（梳）附加词缀"-Ak"后转变为名词tarak（梳子）。原来表示具体动作的动词转换为表示"工具"（梳子）的名词，二者同属于"人——用梳子——梳头（施事—工具—动作）"这一认知域，并且概念相邻。这正是转喻操作下"动作转喻工具"的体现。

2.2.3.2 概念隐喻

1980年，莱考夫和约翰逊（Lakoff & Johnson）在《我们赖以生存的隐喻》一书中提出了概念隐喻（Conceptual Metaphor）理论。他们认为，概念隐喻的本质是用一类事物理解另一类事物[1]，即用我们熟悉、具体的概念去感知难以理解、抽象的概念。这一理论将隐喻从一种修辞手段升华到了人类认知思维方式的高度。李福印（2008：132—133）将Lakoff的概念隐喻理论的核心内容概括为八条：①隐喻是认知手段；②隐喻的本质是概念性的；③隐喻是跨概念域的系统映射；④映射遵循恒定原则；⑤映射的基础是人体的经验；⑥概念系统的本质是隐喻；⑦概念隐喻的使用是潜意识的；⑧概念隐喻是人类共有的。

潘瑟（Panther，2014）在莱考夫和约翰逊（Lakoff & Johnson，2003）关于隐喻运作机制研究的基础上构建了隐喻关系图。

---

①understanding one thing in terms of another.

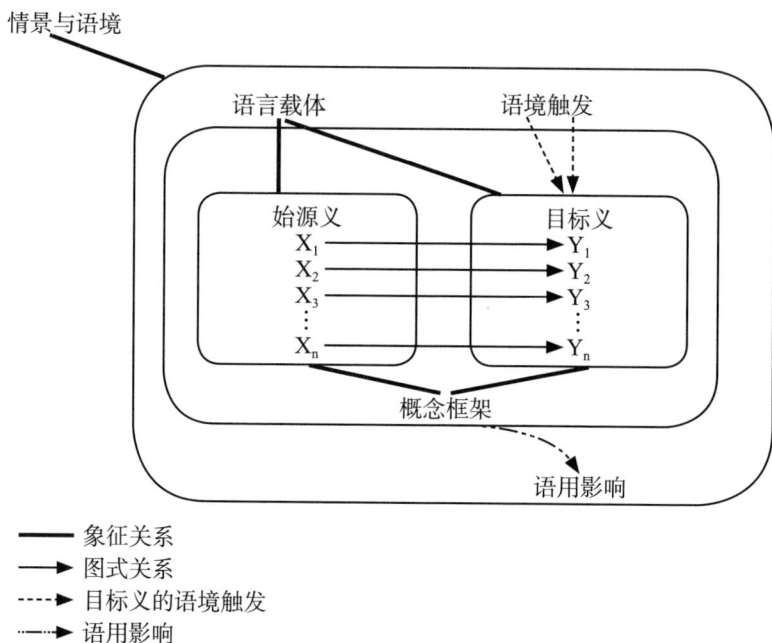

图2.7　隐喻关系（Panther，2014：5）

从上图可以看出，第一，隐喻涉及两个不同的认知域：始源域和目标域。一般来说，始源域是具体的事件和概念。第二，隐喻包含认知域之间的映射，即某特征从一个域被投射到另一个域。第三，映射一般由始源域向目标域进行，具有单向性（unidirectionality）。第四，隐喻运作受语用影响。

综上所述，概念隐喻是从一个概念框架（始源域）到另一个概念框架（目标域）的一系列映射。其实质是用人们相对熟知、有形和具体的概念，去认识相对陌生、无形和抽象的概念。概念隐喻通常有四个基本要素：始源域、目标域、经验基础和映射。通常，始源域较为具体，目标域较为抽象，隐喻的经验基础是人的认知基础。概念隐喻是从始源域向目标域的系统、部分、不对称的结构映射。

按照认知语法的观点，名词化可以看作一个将过程"物化"为实体的过程。名词化过程中，概念隐喻作为一种认知手段，为我们理解抽象概念和进行抽象推理提供了可能。通过物体和物质来理解我们的有关经历，这就使得我们能把一部分经历作为一种同类、可分离的物质来看待。例如：

例2-7a

Ben [kadının   polislere doğru yürüdüğü]nü gördüm.（Yaldır，2004：199）

我 女人-GEN 警察-3pl-DAT 朝 走-NOML-3sgPOS-ACC 看见

我看见那女人朝警察走去。

例2-7a中，由动词yürü-（走）附加词缀-DIK构成名词化结构 "kadının polislere doğru yürüdüğü"（女人的朝警察走去）充当主句的宾语。在该句中，"Kadın polislere doğru yürüdü"（女人朝警察走去）这一动作过程被看作是一个实体 "kadının polislere doğru yürüdüğü"（女人的朝警察走去）。如此一来，我们便能对它进行指称。再如：

例2-7b:

[Kadının   polislere doğru   yürüdüğü]   yalan.（Yaldır，2004：198）

女人-GEN 警察-3pl-DAT 朝 走-NOML-3sgPOS 谎言

那女人朝警察走去是一个谎言。

该句中，名词化结构 "kadının polislere doğru yürüdüğü"（女人的朝警察走去）充当主句的主语，具备指称功能。

2.2.4 基于用法的模式

传统语言学主张将语言结构和语言使用分开来进行研究，如索绪尔关于语言（langue）和言语（parole）的区分，以及Chomsky关于语言能力（competence）和语言运用（performance）的区分等。而认知语法通常认为，语言知识来自于语言运用的实践，语言知识实质上就是有关语言如何使用的知识。

兰盖克（Langacker，1987）提出了 "基于用法的（usage-based）" 的模式。他认为语法是把人们掌握的具体语言规约知识全部列举出来，包括那些一般性的说明。语言规约知识是基体，一般性的规则是从这些基体中提取出来的。也就是说，所有规则都要以实际用法为基础，从实际出现的表达式中抽象出来。例如：土耳其语中动转名词缀-GAç附加在动词后，通常能够派生出表示工具的名词，如süz-（过滤）>süzgeç（过滤器），sil-（擦）>silgeç（雨刮），değiştir-（改变）>değiştirgeç（变压器）等。这一派生规则是人们在观察许多具体派生词的基础上提取出来的，只是一般性说明（概括这些形式的规则）；而语言知识的表征是一个巨大的具体形式的清单，包括那些无法归入一般性说明中的形式，如bur-（拧，绞）>burgaç（漩涡）等。因此"完全概括性的规则不是能预料到的正常情况，而是一个连续统一体上的特殊的极端情况，这个连续统还包括那些完全特殊的形式和模式，以及所有处于中间地带的形式与模式"（兰盖克，2013：51）。

尚国文（2014：17—18）通过分析过往的研究，总结出"基于用法的模式（usage-based models）"的基本假设：①语言系统从语言用例中浮现而生。语言结构并不是固有、现成的表征形式，而是通过语言使用逐渐归纳概括出来的结构。②语言系统受到使用频率的影响，语言单位出现得越频繁，在语言使用者的语言系统中的固化程度（entrenchment）就越高。③语言的交际本质可以有效地解释人类的语言现象。语言中很多看似不合规范的用法现象大都可以从语言交际的视角找到较为合理的解释。④产生用法事件的语境在语言系统的操作中起到关键作用，语言在各个层面（语音、句法、语义）都受到语境的影响，但认知表征与语言使用的直接语境之间的关系并不是直接的。

事实上，我们每一次使用的语言用例都会被纳入到一个庞大的组织清单中，并进行归类。这种归类会对已有的表征产生影响，新的用例不是在解码后就被丢弃，而是作为固定的单位记忆下来。大脑记录下每一个语言用例的细节并和已有的规则进行对比。如果一个输入的用例与已有的规则一致，它就会直接被映射到该类别，进而强化这一规则；如果与已有的规则不一致，大脑则会重新修改或是建立一个新的规则。例如：土耳其语-AsI句法名词化结构，我们之所以将其归入句法名词化结构，是因为从功能角度来看，它几乎与名词等同，能够在句子中充当主语、谓语、状语等成分；但与其他句法名词化结构不同的是，在具体使用过程中该结构不能充当主句的宾语且不能使用否定形式。在我们的大脑中，关于-AsI句法名词化结构的规则既包括一般的通用规则，也包括自身独有的具体规则。这种看似不同的现象往往能够为一个特定的理论或描写提供重要支持。

▶2.3 小结

本章主要论述了与土耳其语名词化相关的概念和理论依据。

土耳其语的名词形态复杂多样，结构特点鲜明。我们首先明确了词根、词缀与词干的特点功能，理清了它们之间的相互关系，继而从意义、功能和形态三个角度出发对土耳其语名词进行操作性定义，进一步明确土耳其语名词化的内涵。

　　作为本书的理论依据，原型范畴、词汇—语法连续统、概念转喻与概念隐喻、基于用法的模式等理论相互补充，有序作用于名词化过程。范畴化是我们认识世界的能力之一。相较于经典范畴理论，原型范畴理论在土耳其语词类边界模糊和词缀多义功能等问题上具有较强的解释力，能够帮助我们摆脱在描写的过程中出现非此即彼、概念两难的困境。语言范畴往往难以泾渭分明。它们常常会随着时间的推移逐渐变化，沿着连续统从一个范畴向另一个范畴转移。词和词缀、词类和词类之间、词汇和语法等都体现了这种连续性。正是因为这样一种连续性，我们有理由将土耳其语名词化分为词汇名词化和句法名词化，承认它们本质上的相通性。概念转喻与概念隐喻是人类重要的认知思维方式，是人类通过某一领域的经验来理解和说明另一领域经验的认知过程。它们在本质上是人类理解周围世界的一种感知和形成概念（conceptualize）的工具，也是我们描写和解释名词化的重要理据。基于用法的模式认为语言知识源于语言使用。那些看似相同的名词化结构在不同的语境下往往显现出巨大的差别。语境在名词化的识解过程中起到了重要作用。

第三章　土耳其语词汇名词化

▶3.1 土耳其语词汇名词化的范畴化模式

语言范畴化本质上是一种认知现象。兰盖克（2013）用S>T=V这样一个公式来表达范畴化，其中S表示"标准"，T表示"目标"，V表示"标准和目标差异的量"。当概念化者成功观察到在目标T内有一个满足标准S的部分或全部具体特征的构型（configuration），范畴化就实现了。更确切地讲，如果S所有的具体特征都被T满足了，那么V=0，S被称为图式，范畴化关系S→T为阐释或具体化（specialization），S和T之间存在完全一致性；如果S和T之间存在某种不一致，V≠0，那么S可被视为原型，范畴化关系S→T于是涉及扩展而非简单阐释，因为要在T内观察到该构型，S的某些具体特征必须被修正或搁置。

在土耳其语词汇名词化过程中，词根与词缀的多义性会造成S与T之间或多或少存在某种不一致，V值为零的可能性微乎其微。因此，其范畴化模式属于原型范畴，具体来看包括以下两种。

3.1.1 以词根为核心的原型范畴

在土耳其语中，词根居于词的最前端，不可再拆分，所有的词中至少都包含一个词根。土耳其语词根范畴的原型样本主要具有以下五个属性：

第一，词根通常能够表达独立的意义，前后可以有停顿。例如：**Anne**, yeni kalem istiyorum（**妈妈**，我想要支新笔）。

第二，词根可有重音。通常土耳其语词根的重音位于词的最后一个音节，但部分外来词的重音会发生变化。例如：domates/*doma'tes*/（西红柿）。

第三，词根的音位和重音相对稳定，不随语境变化而变化。如果重音发生改变，词义也会随之改变，如hayır一词，重音在第一个音节时/*ha'yır*/，意为"不"；重音在第二个音节时/*hayır'*/，意为"好处"。

第四，词根在词中的位置相对固定，通常居于词（复合词除外）的最前端。

第五，在适当条件下，词根可在句中位移，如 Zavallı kadın çok acı çekti（可怜的女人经受了巨大的痛苦），也可以说成 Çok acı çekti zavallı kadın。在一定条件下词根还可以被省略，如 O sigara içer, ama ben（sigara）içmem（她抽烟，但我不抽）中省略了 sigara（烟）。

在土耳其语词汇名词化过程中，围绕着同一词根能够派生出与词根意义相关的词汇家族。例如，动词"tut-"最基本的含义是"抓、握、捉"，可以附加多种名词化词缀，构成名词。

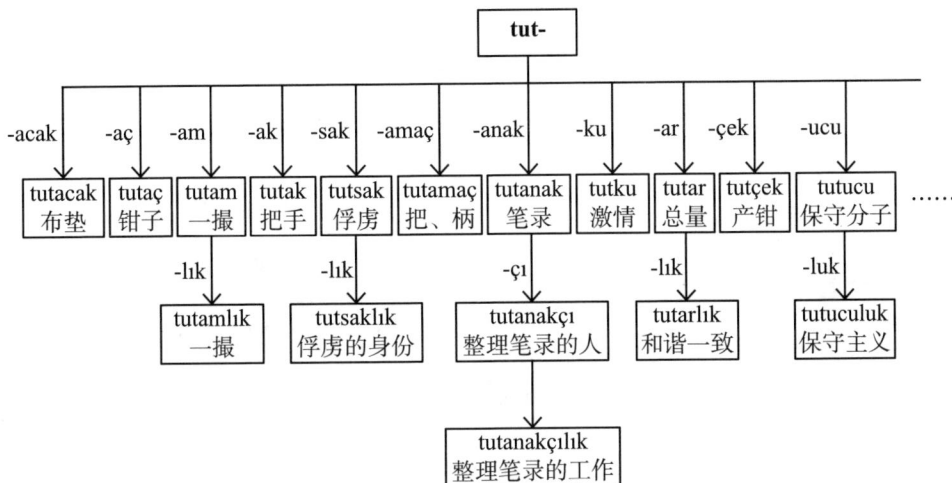

图3.1 tut-的名词化派生

一种语言中使用频率较高的词往往都是多义的。在《土耳其语词典》(2011) 中，tut-（抓）的释义多达47个。通过动转名词缀派生而来的名词，其意义往往与该动词的典型意义最为相关。也就是说，在一个词的词义范畴中，总有一个或几个使用频率较高的典型意义。它们是词义范畴的中心，是派生其他词义的基础。这些意义比其他意义的地位更突显，更容易提取。

3.1.2 以词缀为核心的原型范畴

词缀是土耳其语语法体系中重要的组成部分。词缀总是与词根或词干同时出现，附着在词末。土耳其语词缀范畴的原型样本通常具有以下五个属性：

第一，词缀不能独立用作话语，前后不可有停顿，即不可在词根/词干和词缀之间插入停顿。

第二，词缀可重读，也可不重读。通常构词词缀带有重音，如 tamir/*tami'r*/> tamirci/*tamirci'*/（修理>维修工）。

第三，词缀的音位会受到所附着的词根/词干的影响，如 sat->satıcı（卖>商贩），kes->kesici（切，割>屠夫）中，词缀-IcI中的元音要根据词根的元音进行改变；而词根/词干的音位也可能会受到词缀的影响，如çıkır>çıkır-ık>çıkrık（嘎吱声>辘轳）中，çıkır在附加词缀-Ik后，最后一个音节的元音脱落。

第四，词缀对词根/词干的类型有选择性，如词缀-AcAk，-GI，-Iç等只能附着在动词后，而词缀-la，-CII，-DAş等只能附着在名词后。

第五，词缀不能在句中独立位移，也不能随意省略。

在土耳其语中，名词化词缀是有意义的，词根/词干在附加这些词缀后能够进入相同的概念域，从而形成该概念域下的词汇家族。例如：词缀-giller附加在动植物名词后，可表示该动植物的类属，如下图。

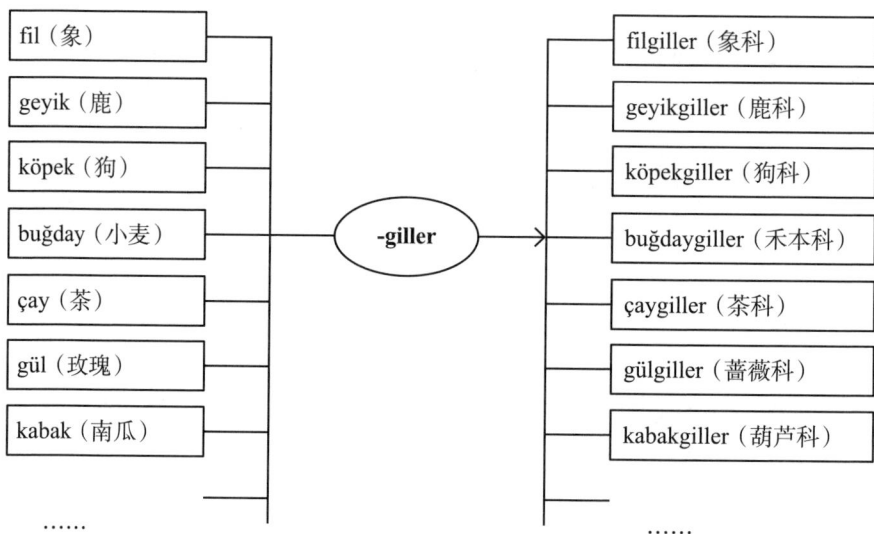

图3.2　-giller的名词化派生

土耳其语词汇名词化构词的基本层次体现出范畴成员之间最大的家族相似性，是我们理解名词化最直接、最基本的出发点。基于此，关于土耳其语词汇名词化的分类，我们将以词根/词干为主线，重点考查词缀的原型语义。

▶3.2　土耳其语词汇名词化的基本类型

土耳其语词汇名词化是通过附加适当的构词词缀将其他词类的词派生为名词或名词本身再派生名词的过程或结果。在名词化过程中，原生词在形态发生改变的同时，语义也相应地发生了变化。"构词词缀能够改变词根和词干的意义，尽管派生出的词与原词根/词干或多或少会有一定的联系，但也拥有不同的新的词义"（Ergin，2004：123）。可以说，构词词缀和许多实词一样具有丰富的语义内容。

土耳其语词汇名词化不仅作用于名词、动词、形容词、副词这些占比相对较高的词类，还可以作用于代词、数词和拟声词等词类[①]。例如：

名词 > 名词	parti（政党）	+	-lI	>	partili（党员）
动词 > 名词	bak-（看）	+	-Aç	>	bakaç（望远镜）
形容词 > 名词	yeni（新的）	+	-lIk	>	yenilik（新事物）
副词 > 名词	beraber（一起）	+	-lIk	>	beraberlik（共同）
代词 > 名词	kim（谁）	+	-lIk	>	kimlik（身份）
数词 > 名词	iki（二）	+	-Iz	>	ikiz（双胞胎）
拟声词 > 名词	mırıl（嘟囔）	+	-tI	>	mırıltı（嘟囔声）

词汇名词化中以动词名词化（57个词缀）和名词再名词化（46个词缀）居多。其余词类的名词化不论从词缀数量还是从派生名词的总数量来看，都非常之少。例如：

形容词名词化词缀：-CA，-CI，-lIk

副词名词化词缀：-lIk

代词名词化词缀：-lIk

数词名词化词缀：-CI，-Iz，-lIk

拟声词名词化词缀：-dAk，-tI

事实上，这些构词词缀大都包含在动词名词化和名词再名词化词缀中。因此本节主要考查动词名词化和名词再名词化两个内容。

3.2.1 动词名词化

动词是土耳其语重要的词类，在句子中占有核心地位。土耳其语的动词具有

---

①词汇名词化的结果是原生词的意义及功能均发生了相应的改变。值得注意的是土耳其语中不同词类之间的交叉重合现象很多。"土耳其语的词类是模糊不清的，同一个词既可以是形容词也可以是名词，甚至还可以是副词"（Börekçi，2013：99）。例如：iyi 一词既可以作名词，也可以作形容词和副词。

名词：İyi（优良，学生评价中介于中等和优秀之间的评分等级）。

形容词：Çok iyi bir fikir（真是个好主意）。

副词：Dünkü maçta takımlar iyi çekiştiler（昨天的比赛两个队争抢得很激烈）。

我们认为这种词类的重合不属于词类转化，而应看作是一种兼类现象。本书研究的词汇名词化过程是通过附加词缀变为名词的过程，其目的是为了产生新名词。

人称、数、时、态、式等语法范畴，如"karşılaştırılabileceğiz"，它几乎为我们提供了一个句子包含的所有信息。通常我们把没有发生任何形态变化的原形动词称为动词不定式（infinitive），一般由词根/词干和词缀（-mAk）两个部分构成，如"yapmak（做）""atmak（扔）""güldürmek（让……笑）"等。在动词不定式中，词根/词干是最为核心的部分，因为它既能体现动词的实际意义，又不会发生形态的变化。而词缀"-mAk"只是作为一个附加部分存在于动词不定式中，一旦动词进入句子当中，这部分则会被时态、人称等各种词缀所取代[①]。

关于动词名词化，有土耳其学者认为动词可不用附加词缀直接转类为名词，即零后缀动词名词化（Feryal Korkmaz，2007：34—56）。例如[②]：

yarış-（竞赛）>yarış（比赛）

名词：**Yarış**ı kazandı（他赢得了比赛）。

动词：Çılgın deliler birbiriyle motor ile **yarış**ıyor（这些疯子在飙车）。

我们认为，这种零后缀转类现象是语言演变过程中产生的个别现象，现有的资料还无法解释二者的转换关系是从动词转为名词，还是从名词转为动词。因此，本书暂不讨论这种特殊现象。本书研究的动词名词化均为动词附加构词词缀产生新名词的过程。

认知语法认为，语义是语言的中心，语法和意义不可分割，语法是对于概念内容的组织和象征，并没有自主的存在。因此，要想准确解读土耳其语词汇名词化的认知机制，我们首先要对土耳其语名词化词缀的意义进行全面的梳理和分析。

通过对相关著作和学术论文的梳理（其中土耳其文著作32部、学术论文62篇；英文著作6部、博士学位论文5篇），我们最终确立了土耳其语中57个动词名词化词缀[③]，分别是-A，-AcAk，-Aç，-AGAn/-AğAn，-AğI，-Ak，-Al/-l，-AlAk，-AlgA，-Am，-AmAç，-AmAk，-An，-AnAk/(A)nAk，-ArI，-AsI，-bAç，-CA，-CAk，-ç，-DI，-DIK，-GA，-GAç，-GAn，-GI，-gIç，-GIn，-gIt，-I，-IcI，-Iç，-Iş，-(I)k，-(I)l，-(I)m，-mA，-mAcA，-mAç/-(A)mAç，-mAk，-mAn，-mAz，-mAzlIk，-mIk，-mIr，-mIş，-n/-(I)n，-(I)nç，-(I)ntI/-tI，-(A/I)r，-sAk，-sI，-(I)t，-tAy，-v/(A)v，-(A)y，-(A/I)z。

---

① 本书中原形动词的书写形式均为词根/词干附加"-"，如"et-，ol-"。

② 与此类似的词还有barış->barış（和解>和平），düşün->düşün（思考>想法），güreş->güreş（与某人摔跤>摔跤），güven->güven（相信>信任），inan->inan（相信>信任），özen-（努力）>özen（努力），savaş->savaş（作战>战争），şiş->şiş（膨胀>肿胀），uğraş->uğraş（致力于>奋斗）等。

③ 动词名词化词缀的确立标准：只要动词附加某一词缀后能够产生名词即可被列入，词性以《土耳其语词典》（2011）的标注为依据。

为了进一步明确词缀的意义，我们从《土耳其语词典》（2011）中提取含有这 57个词缀的派生词，进行意义的分类、解读。关于词条的检索，有两种情况需要进行说明：一是由于土耳其语词缀具有多功能性，往往会出现一个词附加词缀后既可以是名词又可以是形容词或副词的情况，我们在检索的时候首先遵循形态优先的原则，也就是说忽略词性，只作形态上的区分，找出含有某一词缀的所有的词；二是土耳其语中一些形容词能够在上下文中临时充当名词使用，这种临时名用的形容词不被纳入统计范围，我们在分析名词化词的词性时以《土耳其语词典》（2011）中标注的词性为依据。

我们对土耳其语中含有上述57个词缀的派生词进行检索分析后，提取了这些词缀的意义，并将它们分为单一意义词缀和多重意义词缀两大类。

3.2.1.1 单一意义的动词名词化词缀

在土耳其语57个动词名词化词缀中，有23个词缀通常只表达一层意义，主要涉及的语义角色包括施事、结果、工具等，具体如下：

（1）-Aç词缀最早出现于8—11世纪，主要表达与动作相关的工具、器械等，如：say-（数）>sayaç（计数器），büyüt-（使变大）>büyüteç（放大镜）。

（2）-AğI词缀附加在动词后表达工具、器械等意义，如：bile-（磨刀）>bileği（磨刀石），kar-（把……刺入）>karağı（火钳）。

（3）-AlAk词缀由动转动词缀-AlA-和动转形词缀-k结合而成，表达由于动作不断重复而形成的结果或产物，如：as-（挂）>asalak（寄生虫），çök-（沉降）>çökelek（一种奶酪）。

（4）-ArI词缀已基本失去派生能力，仅见于个别词中，表达具有某种动作特点的人，如：uç-（飞）>uçarı（不受约束的人）。

（5）-AsI词缀在古时是非常活跃的形动词词缀，如今其形动词功能逐渐被-AcAk替代。该词缀附加在动词后可派生形容词和名词，其中派生名词的数量极少，通常表达动作作用的对象，如：giy-（穿）>giysi（衣服）。

（6）-bAç词缀派生的名词数量非常少，通常表达动作产生的结果或产物，如：saklan-（藏）>saklanbaç（捉迷藏），dolan-（绕）>dolanbaç（拐弯）。

（7）-CA词缀通常附加在反身态动词后，派生出表达结果或产物的名词，如：dinlen-（休息）>dinlence（假期），düşün-（思考）>düşünce（看法，思想），izlen-（观看）>izlence（节目）。

（8）-ç 词缀派生能力强，多附加在被动态和反身态动词后，派生出表达结果或产物的名词，如：avun-（自我安慰）>avunç（安慰），kazan-（赚取）>kazanç（利润），utan-（感到羞愧）>utanç（羞愧）。

（9）-DIk 词缀为形动词词缀。部分动词附加该词缀后固化为名词，主要表达与某一动作相关的人，如：bil-（知道）>bildik（熟人），tanı-（认识）>tanıdık（相识的人）。

（10）-GAç 词缀通常附加在动词后派生形容词或名词。派生名词时，多用于表达工具、器械等意义，如：çevir-（翻转）>çevirgeç（转换开关），kıs-（收起，夹起）>kıskaç（镊子），del-（穿孔）>delgeç（穿孔机）。

（11）-gIt 词缀派生的名词数量较少，主要表达动作的结果或产物，如：ör-（编织）>örgüt（组织、机构）。

（12）-Iç 词缀派生能力不强，通常表达工具的意义，如：çek-（碾）>çekiç（锤），döv-（打）>dövüç（洗衣槌）。

（13）-(I)l 词缀几乎失去派生能力，仅存在于个别词中，通常表达结果或产物的意义，如：çap-（袭击）>çapul（洗劫），kur-（建立）>kurul（委员会）。

（14）-(I)m 词缀派生能力强，附加在动词后表达动作的名称，如：değiş-（改变）>değişim（改变），katıl-（参加）>katılım（参加），öğren-（学习）>öğrenim（学习）。

（15）-mAzlIk 词缀是由词缀 -mAz 和 -lIk 结合构成的复合词缀，通常表达动作结果、产物等意义，如：geç-（有效，通行）>geçmezlik（失效），doy-（满足）>doymazlık（贪得无厌）。

（16）-mIk 词缀派生能力不强，多表达动作结果或产物，如：çiğne-（咀嚼）>çiğnemik（嚼碎后吐出的食物），kus-（呕吐）>kusmuk（呕吐物）。

（17）-mIr 词缀已失去派生能力，仅存在于个别名词中，表达动作结果或产物，如：yağ-（下雨）>yağmur（雨）。

（18）-n/-(I)n 词缀历史悠久，派生能力较强，通常表达动作结果或产物，如：ek-（播种）>ekin（庄稼），ışı-（发光）>ışın（光线），sor-（问）>sorun（问题）。

（19）-(I)nç 词缀通常表达动作结果或产物，如：bas-（压）>basınç（压力），ez-（折磨）>ezinç（痛苦），sap-（偏离）>sapınç（误差）。

（20）-(I)ntI/-tI①词缀派生能力强，通常表达动作结果或产物，如：bekle-（等候）>beklenti（期待），es-（吹，刮）>esinti（微风），sars-（摇动）>sarsıntı（震动）。

（21）-tAy词缀派生能力弱，通常表达动作结果或产物，如：danış-（协商）>danıştay（国务委员会），sayış-（清算）>sayıştay（审计法院）。

（22）-v/(A)v词缀派生能力不强，通常表达动作结果或产物，如：işle-（运行）>işlev（功能），sına-（考试）>sınav（考试），söyle-（说）>söylev（演说）。

（23）-(A/I)z词缀派生能力弱，派生的名词数量不多，如：boğ-（窒息而死）>boğaz（咽喉），hayla-（吭喝牲口）>haylaz（游手好闲的人）。

3.2.1.2　多重意义的动词名词化词缀

在土耳其语57个动词名词化词缀中，有34个词缀可以表达两层（包括两层）以上的意义。这34个动词名词化词缀还可以继续细分为以下三类。

（一）双重意义的动词名词化词缀

1．-AGAn/-AğAn词缀多附加在单音节动词后，通常派生与某动作特征相似的形容词或名词。派生名词时主要表达的意义包括：

（1）动作的结果或产物，如：gez-（散步）>gezegen（行星）。

（2）工具、器械等，如：yat-（躺）>yatağan（土耳其弯刀）。

2．-Al/-l词缀附加在以辅音结尾的动词时使用前一种形式，附加在以元音结尾的动词时则使用后一种形式。该词缀现在已不能泾渭分明地与词根分离，表达的意义包括：

（1）工具，如：dik-（栽种）>dikel（钉耙），çat-（架，搭）>çatal（叉子）。

（2）结果或产物，如：çök-（沉降）>çökel（沉淀物），kur-（建立）>kural（规则）。

3．-AlgA词缀既可以附加在动词后，也可以附加在名词后构成新的名词。由动词转名词时表达的意义包括：

（1）地点、处所，如：kon-（住宿）>konalga（宿营地），çök-（沉降）>çökelge（沼泽地）。

---

①从形式上看，有的学者主张应采用第一种形式（Zülfikar，1991：137；Gülsevin，1993：103），如çarp->çarpıntı（碰、撞、击打>剧烈跳动、拍打），çök->çöküntü（下陷>废墟），sil->silinti（擦>擦痕）等；有的学者则认为应采用第二种形式，主要附加在反身态词缀后（Gencan，1975：208；Koç：1996：129—130），如avun->avuntu（自我安慰>安慰），saplan->saplantı（刺入>成见），bağlan->bağlantı（连接>关系）。我们认为二者从意义上来看没有区别，故合二为一。

（2）结果或产物，如：çiz-（画线）>çizelge（表格），diz-（使排成行）>dizelge（清单）。

4．-Am词缀能够派生的名词较少，表达的意义包括：

（1）动作的结果或产物，如：biç-（裁剪）>biçem（式样）。

（2）动作作用的对象，如：kur-（建立）>kuram（理论）。

5．-AmAç词缀已失去派生能力，只见于个别词中，表达的意义包括：

（1）地点，如：dön-（转弯）>dönemeç（转弯处）。

（2）工具，如：tut-（抓）>tutamaç（把手）。

6．-AmAk词缀是由动转动词缀-A-和动名词词缀-mAk结合而成，表达的意义包括：

（1）地点、处所等，多见于口语，如：geç-（通过）>geçemek（窄过道），gez-（散步）>gezemek（散步的地方，院子）。

（2）工具或器械，如：tut-（抓）>tutamak（把手）。

7．-GAn词缀多用于派生形容词，其中部分形容词又因种种原因进一步转化为名词，表达的意义包括：

（1）具有某动作特性的人，如：buyur-（命令）>buyurgan（专制君主），saldır-（进攻）>saldırgan（侵略者）。

（2）具有某动作特性的结果或产物，如：değiş-（改变）>değişken（变量），yapış-（粘上）>yapışkan（胶水）。

8．-GI词缀多附加在单音节动词后，表达的意义包括：

（1）动作的结果或产物，如：bul-（找到）>bulgu（发现），öv-（赞扬）>övgü（称赞）。

（2）工具、器械等意义，如：as-（挂）>askı（衣架），kes->keski（砍>小斧子）。

9．-I词缀是由动转名词缀-(I)g演化而来，派生能力强，表达的意义包括：

（1）动作的结果或产物，如：koş-（奔跑）>koşu（跑），yaz-（写）>yazı（书写）。

（2）工具、器械等意义，如：çek-（称重）>çeki（秤）。

10．-IcI词缀的派生能力很强，从数量上来看，更多的是附加在及物动词后，表达的意义包括：

（1）执行动作的人，如：araştır-（研究）>araştırıcı（研究人员），dinle-（听）>dinleyici（听众）。

（2）工具、器械、物品等意义，如：söndür-（熄灭）>söndürücü（灭火器），sustur-（使不出声）>susturucu（消音器）。

11．-Iş词缀是动名词词缀，派生能力极强，可以附加在动词后表达动作的名称，如bekle-（等待，动词）>bekleyiş（等待，名词）。由于该词缀意义受词根词的影响较大，我们这里只提取了该词缀最典型的两层意义：

（1）表达动作的结果，如：sat-（卖）>satış（销售），göster-（显示）>gösteriş（表演）。

（2）地点，如：çık-（出去）>çıkış（出口），gir-（进入）>giriş（入口）。

12．-mAcA词缀是由词缀-mA和词缀-cA构成的复合词缀，表达的意义包括：

（1）结果或产物，如：aldat-（欺骗）>aldatmaca（诡计），bul-（找到）>bulmaca（字谜）。

（2）工具的意义，如：çek-（拉）>çekmece（抽屉）。

13．-mAç词缀派生能力弱，表达的意义包括：

（1）结果或产物，如：de-（说）>demeç（谈话），yanılt-（使迷惑）>yanıltmaç（绕口令）。

（2）工具或器械，如：al-（取得）>almaç（接收机），sık-（压）>sıkmaç（压缩机）。

14．-mAk词缀是动名词词缀，可以附加在所有动词词根或词干后，表达动作的名称。其中部分-mAk动名词随着时间的推移形式逐渐固定下来，原有的动作意义消失，表达抽象或具体事物的名称，主要包括：

（1）动作作用的对象，如：ye-（吃）>yemek（食物），il-（系住）>ilmek（活结）。

（2）工具或器械，如：çak-（摩擦生火）>çakmak（打火机）。

15．-mAn词缀派生能力不强，表达的意义包括：

（1）做某事或承担某项任务，从事某种职业的人，如：öğret-（教）>öğretmen（教师），seç-（选择）>seçmen（选民）。

（2）工具的意义，如：değir-（使接触）>değirmen（研磨机）。

16．-mAz词缀是宽广时形动词的否定形式，派生名词表达的意义如下：

（1）不具有某种动作特性的人，如：gör-（看见）>görmez（盲人），utan-（害羞）>utanmaz（不知羞耻的人）。

（2）结果或产物，如：aç-（打开）>açmaz（困境），taşın-（被移动）>taşınmaz（不动产）。

17. -sAk词缀目前已失去派生能力，只存在于个别词中，表达的意义包括：

（1）动作作用的对象，如：tut-（抓）>tutsak（俘虏）。

（2）动作的结果或产物，如：tüm-（肿胀）>tümsek（隆起物）。

18. -sI词缀在古时是以-sIk/-sIg形式出现，土耳其语中由其派生的名词数量极少，主要表达的意义包括：

（1）动作的结果或产物，如：tüt->tütsü（冒烟>烟）。

（2）时间，如：yat->yatsı（躺>入夜的时间）。

19. -(A)y词缀可附加在动词后派生形容词和名词，派生名词时表达的意义包括：

（1）结果或产物，如：ona-（批准）>onay（批准）。

（2）地点或处所，如：uza-（变长）>uzay（宇宙）。

（二）三重意义的动词名词化词缀

1. -A词缀最初是副动词词缀。随着时间的推移，一些动词附加该词缀后固化为名词。共和国时期①这一词缀被列入动转名派生词缀，表达的意义包括：

（1）地点、地区等意义，如：çevir-（包围）>çevre（周围），kes-（切，割）>kese（捷径）。

（2）动作的结果或产物，如：yar-（打破）>yara（伤口），oy-（剪，裁）>oya（花边）。

（3）时间概念，如：sür-（持续）>süre（期间），evir-（转动）>evre（时期）。

2. -AcAk词缀是将来时形动词词缀，附加在动词后在句子中临时承担形容词的功能。其中一部分词在语言的演变过程中固化为名词，表达的意义包括：

（1）工具、器械，如：aç-（打开）>açacak（起子），çek-（抽）>çekecek（鞋拔）。

（2）动作作用的对象，如：yak-（燃烧）>yakacak（燃料），ye-（吃）>yiyecek（食物）。

（3）时间，如：gel-（来）>gelecek（未来）。

3. -Ak词缀通常附加在动词后派生形容词和名词，派生能力较强。派生名词表达的意义包括：

（1）地点、处所和位置，如：arın-（被洗干净）>arınak（澡堂），dur-（停）>durak（停车站）。

---

① 1923年土耳其共和国成立之后。

（2）工具、器械，如：or-（收割）>orak（镰刀），süz-（过滤）>süzek（过滤器）。

（3）结果或产物，如：er-（到达）>erek（目标，目的）。

4．-AnAk/(A)nAk词缀多附加在单音节及物动词后，派生能力不强，表达的意义包括：

（1）地点、处所等，如：ek-（播种）>ekenek（可耕地），geç-（通过）>geçenek（走廊）。

（2）工具、器械，如：değ-（触摸）>değnek（拐杖），it-（推）>itenek（活塞）。

（3）结果或产物，如：seç-（选择）>seçenek（选项），yet-（足够）>yetenek（能力，天赋）。

5．-CAk词缀派生的名词数量不多，表达的意义包括：

（1）动作作用的对象，如：tapın-（敬奉）>tapıncak（神像）。

（2）动作的结果或产物，如：salın-（摇晃）>salıncak（秋千）。

（3）工具、物品，如korun-（保护）>koruncak（藏东西的盒子）。

6．-DI词缀是过去时词缀，附加在部分动词后固化为名词，表达的意义包括：

（1）执行动作的人或具有动作特性的人，如：mirasye-（继承遗产）>mirasyedi（继承者），türe->türedi（突然形成>暴发户）。

（2）结果或产物，如：alın-（被拿）>alındı（收据），çık-（出去）>çıktı（产品、打印件）。

（3）工具或器械，如：bin-（骑）>bindi（支架），sın-（毁坏）>sındı（剪刀）。

7．-gIç词缀的派生能力不强，有学者认为它和词缀-gAç互为变体形式（Banguoğlu，1990）。通过对比分析，我们认为二者在意义上是有差别的，应分别进行描写。-gIç词缀表达的意义包括：

（1）具有某动作特性的人，如：dal-（跳入）>dalgıç（潜水员），yar-（劈开）>yargıç（法官）。

（2）时间，如：başlan-（开始）>başlangıç（开端）。

（3）工具，如：atlan-（跳跃）>atlangıç（跳石），sil-（擦）>silgiç（雨刷）。

8．-GIn词缀一般多附加在单音节动词后派生形容词，其中一部分形容词固化为名词，表达的意义包括：

（1）具有某动作特性的人，如：bil-（懂得）>bilgin（学者），sür-（流放）>sürgün（流放者）。

（2）动作的结果或产物，如：boz-（击溃）>bozgun（溃败），yan-（燃烧）>yangın（火灾）。

（3）工具、器械等意义，如：diz-（穿线）>dizgin（缰绳）。

9．-(I)k词缀派生能力强，多用来派生形容词和名词。派生名词时表达的意义包括：

（1）结果或产物，如：dile-（希望）>dilek（希望），öksür-（咳嗽）>öksürük（咳嗽）。

（2）工具，如：ışılda-（闪烁）>ışıldak（探照灯），tara-（梳）>tarak（梳子）。

（3）地点，如：uğra-（拜访）>uğrak（常去地）。

10．-(A/I)r词缀为宽广时形动词词缀，通常附加在动词后派生具有某种动作特性的形容词。部分派生形容词在语言演变过程中固化为名词，表达的意义包括：

（1）从事某事的人，如：düşün-（思考）>düşünür（思想家），yaz-（写）>yazar（作家）。

（2）动作结果或产物，如：gel-（来）>gelir（收入），yara-（适宜于）>yarar（益处）。

（3）工具，如：çek-（拉）>çeker（牵引器），kes-（砍）>keser（斧头）。

11．-(I)t词缀早在古时就已经出现了，但在土耳其语中使用并不广泛，派生的名词有限，主要表达的意义包括：

（1）动作结果或产物，如：kes-（切）>kesit（截面），yaz-（写）>yazıt（碑文）。

（2）工具，如：taşı-（运送）>taşıt（运输工具），bin-（骑）>binit（坐骑）。

（3）地点、处所，如：geç-（通过）>geçit（走廊），kon-（住宿）>konut（住宅）。

（三）四重意义的动词名词化词缀

1．-An词缀是形动词词缀，随着时间的推移部分附加该词缀构成的形动词固化为名词，表达的意义包括：

（1）动作执行者，如：derle-（收集）>derleyen（编纂者），çevir-（翻译）>çeviren（译员）。

（2）动作产生的结果或产物，如：çağla-（倾泄）>çağlayan（瀑布），bilin-（被知道）>bilinen（已知数）。

（3）完成动作所使用的工具，如：kap-（抓、抢）>kapan（捕兽夹子），döv-（打）>döven（脱谷机）。

（4）具有动词特点的动植物名称，如：sıç-（弄坏）>sıçan（老鼠），domal-（趴）>domalan（一种蘑菇）。

2．-GA词缀通常附加在动词后派生形容词或名词，派生能力有限，派生名词时表达的意义包括：

（1）具有某动作特性的人，如：bil-（懂得）>bilge（学者）。

（2）动作产生的结果或产物，如：bildir-（通知）>bildirge（公告），öner-（提出建议）>önerge（提议）。

（3）工具、物品等，如：göster-（显示）>gösterge（指示器），süpür-（打扫）>süpürge（扫帚）。

（4）地点、处所等，如：sömür-（剥削）>sömürge（殖民地），yerleş-（定居）>yerleşke（校园）。

3．-mA词缀是动名词词缀，可以附加在所有动词后表达动作的名称，其中一部分动名词已固化为新的名词，表达的意义包括：

（1）与某动作相关的人，如：besle-（供养）>besleme（养女），tut-（雇佣）>tutma（短工）。

（2）结果或产物，如：ez-（捣碎）>ezme（馅，泥），geliş-（发展）>gelişme（发展）。

（3）工具或器械，如：kaz-（挖、掘）>kazma（锄），sür-（驱赶）>sürme（闩，栓）。

（4）地点、处所，如：danış-（商量）>danışma（前台，咨询处）。

4．-mIş词缀是形动词词缀，附加在部分动词后固化为名词，表达的意义包括：

（1）具有某动作特性的人，如：er-（成为圣徒）>ermiş（圣徒）。

（2）动作作用的对象，如：ye-（吃）>yemiş（水果）。

（3）工具，如：dol-（装满）>dolmuş（小公共汽车）。

（4）时间，如：geç-（通过）>geçmiş（过去）。

3.2.2 名词再名词化

名词化是一种概念形成方式，也是产生新名词的重要途径。在土耳其语中，不仅动词、形容词、副词等词类通过附加词缀的方式可以派生出新的名词，名词本身也能够通过附加词缀的方式派生出新名词，而且名词派生名词，无论从词缀还是词汇角度来看，数量都是相当多的。我们以前文提到的167个构词词缀为基础，综合能产性，分析出46个名词再名词化词缀，分别是-A，-Aç，-AğI，-Ak，-AlAk，-An，-Ay，-Az，-CA，-CAk，-CAğIz，-CI，-CIk，-CIl，-CIn，-DAm，-DAş，-dIrIk，-DIç，-dIz，-GA，-GAn，-gIç，-gil/giller，-Ik，-(I)l，-la，-lAk，-lAm，-lAr，-lI，-lIk，-(I)m，-mAç，-mAn，-mAr，-(I)n，-rA，-sAk，-sAl，-sI，-sIk，-sIz，-(I)t，-tI，-(I)z。

在这46个名词再名词化词缀中，有些词缀能产性[①]极低，几乎失去了派生功能，如：-A，-Ağı，-AlAk，-An，-Ay，-Az，-CIn，-DAm，-DIç，-dIz，-GA，-GAn，-gIç，-Ik，-(I)l，-(I)m，-mAç，-mAn，-mAr，-(I)n，-rA，-sAk，-sAl，-sI，-sIk，-sIz，-tI，-(I)z。这些词缀仅出现在个别词中，我们已无法清晰地分析出它们的形态与意义之间的关联，因此在这里不作进一步研究。

土耳其语名词再名词化词缀附加在原生名词后，派生出新的意义。这些词缀的意义有的是单一的，有的是多义的[②]。除去上述28个几乎丧失派生功能的词缀，我们从《土耳其语词典》(2011)中提取了附加其余18个词缀的派生词，对其意义进行分析与归类。由于名词再名词化词缀的语义受词根/词干意义的影响较大，有时候我们很难将词缀意义与词根/词干意义完全剥离。因此，我们在分析名词再名词化词缀意义时会适当考虑词根/词干的意义。

3.2.2.1 单一意义的名词再名词化词缀

土耳其语18个名词再名词化词缀中，有7个词缀只有一层意义，简述如下。

（1）-CAğIz是由词缀-CAk与强化词缀-Az组合而成的复合词缀。它附加在名词后表达"娇小、可爱或可怜"的意义。我们通常称之为"指小表爱"词缀，如：adam（人）>adamcağız（可怜的人），kedi（猫）>kediceğiz（可爱的小猫），ev（房屋）>evceğiz（简陋的小屋）。

（2）-DAş词缀能产性较高，通常表达"共同（beraberlik）"意义，如：yol（路）>yoldaş（同路人），meslek（职业）>meslektaş（同行），sır（秘密）>sırdaş（密友）。

（3）-dIrIk词缀通常附加在以辅音"-n, -l"结尾的人或动物器官名词之后，表达工具或物品的名称，如：boyun（脖子）>boyunduruk（牛轭），burun（鼻子）>burunduruk（牲口的口套），eğin（背部）>eğindirik（短披肩）。

（4）-gil/giller词缀在口语和方言中比较常见。前者附加在姓名、称谓等名

---

①作为名词派生名词词缀时的能产性。
②无派生能力的词缀不在研究范围内。

词后表达其成员的意义，后者附加在动植物名词后表达该动植物的类属，如：Ahmet（阿赫麦德）>Ahmetgil（阿赫麦德家的人），hala（姑姑）>halamgil（我姑姑家的人），ceviz（胡桃）>cevizgiller（胡桃科），ayı（熊）>ayıgiller（熊科）。

（5）-la词缀是由词缀-lag经语音脱落得来，通常表达与词根意义相关的"地点、方位、区域"等意义，如：kum（沙）>kumla（沙滩），tuz（盐）>tuzla（盐场），buz（冰）>buzla（冰原）。

（6）-lAm词缀附加在名词后派生出术语性质的名词，如：iç（内部）>içlem（内涵），boy（高度）>boylam（经度），en（宽度）>enlem（纬度）。

（7）-(I)t词缀附加在名词后，表达"相似"意义，如：bağ（绳、结）>bağıt（契约），yaş（年龄）>yaşıt（同龄人），döl（后裔）>dölüt（胎儿）。

3.2.2.2　多重意义的名词再名词化词缀

土耳其语11个具有多重意义的名词再名词化词缀中，有4个词缀具备两层意义，有3个词缀具有三层意义，其余4个词缀具有三层以上的意义，简述如下。

1．-Ak词缀多附加在单音节名词后，派生能力不强，主要表达的意义包括：

（1）表示"相似"，如：baş（头）>başak（穗），ben（痣）>benek（斑点）。

（2）表示"变小"，多派生小动物名称，如：şiş（钎子）>şişek（一两岁的羊），mal（大牲畜）>malak（小水牛）。

2．-CAk词缀是由词缀-CA和强化词缀-ok组合而成的复合词缀，能够派生形容词、副词和名词。派生名词时的意义包括：

（1）表示"指小表爱"，如：yavru（初生的动物或人）>yavrucak（可怜的小孩），çocuk（孩子）>çocucak（可爱的小孩）。

（2）工具、物品等名称，如：ayak（脚）>ayakçak（台阶），oyun（游戏）>oyuncak（玩具）。

3．-CIl词缀用于派生形容词和名词，通常为词根/词干附加"嗜好、习惯、依存"等意义。派生名词时表达的意义包括：

（1）喜欢在某种环境下生存的动植物名称，如：batak（沼泽）>batakçıl（在沼泽生长的动植物），gölge（阴影）>gölgecil（喜荫植物）。

（2）附加在动植物名词后，表示以其为食的生物，如：balık（鱼）>balıkçıl（苍鹭），tavşan（兔子）>tavşancıl（经过训练多用于猎兔的雕）。

4．-lAk词缀通常附加在名词后派生出形容词和名词，派生名词时表达的意义包括：

（1）附加在季节名词后，表达地点、处所，如：kış（冬季）>kışlak（过冬地），güz（秋季）>güzlek（过秋天的地方）。

（2）因某物众多聚集而成的地点、处所，如：av（打猎）>avlak（狩猎场），tuz（盐）>tuzlak（盐碱地）。

5．-CA词缀最初是表达相等、相似等意义的构形词缀，后逐渐演变为构词词缀，用于派生形容词、副词和名词。派生名词时表达的意义包括：

（1）语言、方言，如：Alman（德国人）>Almanca（德语），Fars（波斯族）> Farsça（波斯语）。

（2）专为……而用，如：dilek（愿望）>dilekçe（请愿书），gün（天）>günce（日记）。

（3）地点、疾病、物品以及人或动植物名称，与词根词意义相关度弱，如：ikiz（双胞胎）>ikizce（地名），ak（白色）>akçe（货币名称）。

6．-CIk词缀能够派生形容词和名词，派生名词时表达的意义包括：

（1）表示"指小表爱"，如：dere（溪流）>derecik（小溪），kadın（女人）> kadıncık（可怜的女人）。

（2）疾病、物品、器官以及动植物名称或术语，如：yılan（蛇）>yılancık（丹毒），çamur（泥）>çamurcuk（一种小型的鲤科鱼）。

（3）地名，如：çınar（法国梧桐）>Çınarcık（土耳其地名）。

7．-lI词缀在13—15世纪是名词转形容词词缀，在历史的演变过程中，部分通过附加该词缀派生出的形容词固化为名词。-lI派生能力极强，通常表达"具有某种属性的人"。根据词根/词干意义的不同可分为以下三类：

（1）附加在地点、国家、地区、城镇、街区等名词后，表示在该地出生长大，或生活在该地、拥有该地籍贯的人，如：Asya（亚洲）>Asyalı（亚洲人），köy（农村）>köylü（农民）。

（2）附加在组织、机构或政党名词后，表示该组织机构的成员，或在其中工作的人员，如：sendika（工会）>sendikalı（工会成员），parti（政党）>partili（党员）。

（3）用于人名或地名，如：gül（玫瑰）>Güllü（人名），deniz（海）>Denizli（地名）。

8．-Aç词缀有强化词根/词干意义的作用，表达的意义包括：

（1）表示"相似"，如：ana（母亲）>anaç（进入哺乳期的动物或将结果实的树木），baba（父亲）>babaç（雄性家禽中最雄壮者）。

（2）工具、物品等，如：bakır（铜）>bakraç（铜桶），top（球）>topaç（陀螺）。

（3）附加在器官名词后，表示"距离"，如：kol（胳膊）>kolaç>kulaç（伸直两臂后，两指端之间的距离）。

（4）地点、方向，如：gün（太阳）>güneç（向阳的地方），yel（风）>yeleç（通风的高地）。

9．-CI词缀派生能力极强，通常用于表达"具有某种属性的人"，根据词根/词干名词意义的不同可分为以下五类：

（1）从事某种工作、职业、专业或执行某种任务的人，如：araba（车）>arabacı（司机），boya（油漆）>boyacı（油漆工）。

（2）在某单位工作或是该单位的所有者，如：fırın（面包店）>fırıncı（面点师），otel（宾馆）>otelci（宾馆老板）。

（3）热爱或沉迷某事的人，如：bira（啤酒）>biracı（爱喝啤酒的人），macera（冒险）>maceracı（冒险家）。

（4）持某种观点、思想的人，如：barış（和平）>barışçı（和平主义者），milliyet（民族）>milliyetçi（民族主义者）。

（5）习惯做某事的人，如：yalan（谎言）>yalancı（骗子），alay（嘲笑）>alaycı（好嘲笑他人的人）。

10．-lAr是多功能词缀，作名词再名词化词缀使用时，通常为名词附加"类属、集合"的意义。结合词根/词干名词的意义可以划分为以下六类：

（1）附加在名、姓以及亲属称谓等名词后，表达其家庭成员的集合[1]，如：Ali（阿里）>Aliler（阿里家的人），dayım（我舅舅）>dayımlar（我舅舅家的人）。

（2）附加在国家、区域、民族等名词后，表达隶属该名词群体的集合，如：Arap（阿拉伯人）>Araplar（阿拉伯人），Fransız（法国人）>Fransızlar（法国人）[2]。

（3）附加在专有名词后，表达"朝代、家族"的意义，如：Abbasi（阿巴斯）>Abbasiler（阿巴斯王朝），Habsburg（哈布斯堡）>Habsburglar（哈布斯堡家族）。

（4）附加在宗教、思潮等名词后，表达隶属于该名词成员的集合，如：Müslüman（穆斯林）>Müslümanlar（穆斯林），Atatürkçü（阿塔图尔克主义者）>Atatürkçüler（阿塔图尔克主义者）。

---

[1] 也可表示尊称，如Atatürk>Atatürkler。
[2] 前者指国籍、民族，后者指某一群体。

（5）附加在专有名词后，表达地理名称（群），如：Toros（托罗斯）>Toroslar（托罗斯山脉），Ada（岛屿）>Adalar（群岛）。

（6）附加在动植物名词后，表达该名词的生物学类属，如：akrep（蝎子）>akrepler（蝎目），mantar（蘑菇）>mantarlar（菌类）。

11．-lIk是土耳其语中派生能力最强的名词化词缀，其基本意义是"专为……而用（bir şey için）"，根据词根/词干名词意义的不同主要可分为以下十类：

（1）表示"作……用途"，如：gelin（新娘）>gelinlik（婚纱），yaz（夏季）>yazlık（别墅）。

（2）某物集中存放的地点、处所或盛产某物的地方，如：kitap（书）>kitaplık（书架），çam（松树）>çamlık（松树林）。

（3）工具、器材、物品等，如：kulak（耳朵）>kulaklık（耳机），buz（冰）>buzluk（冰柜）。

（4）表示"身份"，如：baba（父亲）>babalık（父亲的身份），köle（奴隶）>kölelik（奴隶身份）

（5）表示"职业"，如：avukat（律师）>avukatlık（律师的职业），mimar（建筑师）>mimarlık（建筑师的职业）。

（6）政治、哲学和宗教等思想、流派，相当于"……主义"，如：Müslüman（穆斯林）>Müslümanlık（伊斯兰教），Sünni（逊尼）>Sünnilik（逊尼派）。

（7）官衔、职位、称号等，如：bakan（部长）>bakanlık（部长职位），albay（上校）>albaylık（上校军衔）。

（8）时期、时代等，如：çocuk（儿童）>çocukluk（儿童时期），genç（青年）>gençlik（青年时代）。

（9）状态、性质等，如：beyaz（白色）>beyazlık（白色），eksik（缺少）>eksiklik（缺乏）。

（10）附加在时间名词后，表示在该时间内存在的事物，如：yıl（年）>yıllık（年鉴），gün（天）>günlük（日记）。

▶3.3 词汇名词化词缀的特性

土耳其语词汇名词化是通过附加词缀派生新名词的一种构词过程，词缀起到了至关重要的作用。通过对土耳其语动词名词化词缀和名词再名词化词缀的分析考查，我们发现土耳其语词汇名词化词缀的特点包括：多功能性、多义性、高能产性、选择性和叠加性。

3.3.1　多功能性

土耳其语词缀最显著的特点是多功能性。所谓"多功能性"是指语言中某个编码形式（词汇形式、语法成分、语法范畴和结构式）具有两个或两个以上不同但相关的功能（吴福祥，2011：25）。也就是说一种语言形式可以表达多种语法意义。土耳其语中的一些词缀不仅可以充当构形词缀，也可以充当构词词缀。例如，词缀 -A 既是构形词缀也是构词词缀，而作为构词词缀又可以表达以下六种语法意义：

（1）动词转名词，如 kes->kese（切>捷径）；

（2）名词转名词，如 komut>komuta（指令>指挥）；

（3）动词转动词，如 tık->tıka-（塞入>塞住）；

（4）名词转动词，如 kan>kana-（鲜血>流血）；

（5）动词转形容词，如 kıs->kısa（调小>短的）；

（6）动词转副词，如 geç->geçe（通过>几点过几分）。

在土耳其语中，词汇名词化词缀大多具备多功能性。这种多功能性主要体现在能够将多种词类转化为名词。例如，词缀 -(I)l 可以附加在动词后，kur->kurul（建立>委员会）；也可以附加在名词后，buz>buzul（冰>冰川）；还可以附加在形容词后，tek>tekil（单个的>单数），最终将这些词全都转化为名词。

我们对土耳其语57个动词名词化词缀和46个名词再名词化词缀的功能进行综合分析，得出以下结果。

表3.1　词汇名词化词缀的功能统计

序号	词缀	动转名	名转名	其他	序号	词缀	动转名	名转名	其他
1	-A	+	+	+	42	-gil/giller		+	
2	-AcAk	+		+	43	-I	+		+
3	-Aç	+	+	+	44	-IcI	+		+
4	-AGAn/-AğAn	+			45	-Iç	+		
5	-AğI	+	+		46	-Iş	+		+
6	-Ak	+	+	+	47	-(I/)k	+	+	+
7	-Al/-l	+		+	48	-(I)l	+	+	+

（续表）

序号	词缀	动转名	名转名	其他	序号	词缀	动转名	名转名	其他
8	-AlAk	+	+	+	49	-la		+	+
9	-AlgA	+			50	-lAk		+	+
10	-Am	+			51	-lAm		+	
11	-AmAç	+			52	-lAr		+	+
12	-AmAk	+			53	-lI		+	+
13	-An	+	+	+	54	-lIk		+	+
14	-AnAk/(A)nAk	+			55	-(I)m	+	+	+
15	-ArI	+		+	56	-mA	+		+
16	-AsI	+		+	57	-mAcA	+		+
17	-Ay		+		58	-mAç	+	+	
18	-Az		+	+	59	-mAk	+		+
19	-bAç	+			60	-mAn	+	+	
20	-CA	+	+	+	61	-mAz	+		+
21	-CAk	+	+	+	62	-mAzlIk	+		
22	-CAğIz		+		63	-mAr		+	
23	-CI		+	+	64	-mIk	+		
24	-CIk		+	+	65	-mIr	+		
25	-CIl		+	+	66	-mIş	+		+
26	-CIn		+	+	67	-n/-(I)n	+	+	+
27	-ç	+		+	68	-(I)nç	+		+
28	-DAm		+	+	69	-(I)ntI/-tI	+		+
29	-DAş		+		70	-(A/I)r	+		+
30	-DI	+		+	71	-rA		+	+
31	-DIç		+		72	-sAk	+	+	+
32	-DIk	+		+	73	-sAl		+	+
33	-dIrIk		+		74	-sI	+	+	+
34	-dIz		+		75	-sIk		+	+
35	-GA	+	+	+	76	-sIz		+	+
36	-GAç	+		+	77	-(I)t	+	+	+

（续表）

序号	词缀	动转名	名转名	其他	序号	词缀	动转名	名转名	其他
37	-GAn	+	+	+	78	-tAy	+		
38	-GI	+			79	-tI		+	+
39	-gIç	+	+	+	80	-v/(A)v	+		
40	-GIn	+		+	81	-(A)y	+		+
41	-gIt	+			82	-(A/I)z	+	+	+

　　在82[①]个词汇名词化词缀当中，具有多功能性的词缀有60个，其中既可以作动词名词化词缀又可以作名词再名词化词缀的有21个，分别是-A，-Aç，-AğI，-Ak，-AlAk，-An，-CA，-CAk，-GA，-GAn，-gIç，-(I)k，-(I)l，-(I)m，-mAç，-mAn，-n/-(I)n，-sAk，-sI，-(I)t，-(A/I)z。

3.3.2　多义性

　　在土耳其语中，词汇名词化词缀大都可以派生出多种语义角色。多义性（polysemous）是词汇名词化词缀的另一大特点。土耳其语46个名词再名词化词缀中，除去28个几乎丧失派生能力的词缀外，有11个词缀具有两种以上（含两种）的意义。这些由名词派生的名词或表达身份、地位等意义，或表达行业、技术及相关行为、状态等意义，或表达地点、工具、物品、动植物类属等意义[②]。由于名词再名词化词缀的语义角色受词根/词干意义的影响较大，词缀的语义角色往往会因为词根/词干意义的变化发生改变，因此本书对名词再名词化词缀的语义角色不作具体统计。

　　土耳其语57个动词名词化词缀中有34个词缀具有两种（含两种）以上的意义。动词名词化词缀的语义角色相对稳定，主要涉及施事、受事、结果、工具、地点和时间六类语义角色[③]，如下表。

---

①部分词缀既是动词名词化词缀，又是名词再名词化词缀，因此名词化词缀总数小于两类名词化词缀的总和。
②参见附录。
③按照认知语法的观点，寻找确定数量的语义角色的目标既是没有必要的，也是无法实现的，因为我们总是能够根据更多语料或更细微的分析对任何语义角色的清单进行修正和改进。在极端的情况下，每一个动词都界定了一组反映其独特的语义特征的参与者角色。另外，语义角色是对各种各样的具体事件中的参与者进行抽象的结果，任何共同点都可以成为一个角色图式的基础，而且图式化过程可以进行到任何程度，因此我们不应该期望能够找到一组有限、固定不变的语义角色来描写所有语言现象（Langacker，1991：284）。

表3.2　动词名词化词缀的语义角色

序号	词缀	施事	受事	结果	工具	地点	时间
1	-A			+		+	+
2	-AcAk		+		+		+
3	-Aç				+		
4	-AGAn/-AğAn			+	+		
5	-AğI				+		
6	-Ak			+	+	+	
7	-Al/-l			+	+		
8	-AlAk			+			
9	-AlgA			+		+	
10	-Am		+	+			
11	-AmAç				+	+	
12	-AmAk				+	+	
13	-An	+		+	+		
14	-AnAk/(A)nAk			+	+	+	
15	-ArI	+					
16	-AsI		+				
17	-bAç			+			
18	-CA			+			
19	-CAk		+	+	+		
20	-ç			+			
21	-DI	+		+	+		
22	-DIk	+					
23	-GA	+		+	+	+	
24	-GAç				+		
25	-GAn	+		+			
26	-GI			+	+		
27	-gIç	+			+		+
28	-GIn	+		+	+		
29	-gIt			+			
30	-I			+	+		

（续表）

序号	词缀	施事	受事	结果	工具	地点	时间
31	-IcI	+			+		
32	-Iç				+		
33	-Iş			+		+	
34	-(I)k			+	+	+	
35	-(I)l			+			
36	-(I)m			+			
37	-mA	+		+	+	+	
38	-mAcA			+	+		
39	-mAç			+	+		
40	-mAk		+		+		
41	-mAn	+			+		
42	-mAz	+		+			
43	-mAzlIk			+			
44	-mIk			+			
45	-mIr			+			
46	-mIş	+	+		+		+
47	-n/-(I)n			+			
48	-(I)nç			+			
49	-(I)ntI/-tI			+			
50	-(A/I)r	+		+	+		
51	-sAk		+	+			
52	-sI			+			+
53	-(I)t			+	+	+	
54	-tAy			+			
55	-v/(A)v			+			
56	-(A)y			+	+		
57	-(A/I)z	+					

　　从上表中我们可以看出土耳其语动词名词化词缀中频率最高的语义角色为结果，共有41个词缀；其次是工具30个；再次是施事15个，地点11个，受事7个；最少的则是时间5个。

3.3.3 高能产性

所谓能产性即产生新词的能力。鲍尔（Bauer，2001）以可用性（availability）和收益性（profitability）来界定词缀的能产性。如果一个词缀可用于生成新词，那它就具有可用性。而收益性是指一个构词规则在什么程度上能生成多少相关的新词。前者是一个定性概念，后者是一个定量概念（Bauer，2001：49）。不管是从定性还是定量角度，对具体词缀能产性的评估与测量都是非常复杂的过程。词缀的历时变化、使用频率、语义内容以及应用范围等都会影响到能产性的评估结果。

目前，对于词缀能产性的界定，学界还没有统一的标准[①]。一般认为词缀构成的派生词越多，其能产性就越强。我们以《土耳其语词典》(2011)为主要依据，统计附加词汇名词化词缀的主词条数，将土耳其语名词化词缀的能产性分为弱、中、强、极强四个等级。其中，构词数目在10个以下的，能产性等级为弱；构词数目在10—29个的，能产性等级为中；构词数目在30—100个的，能产性等级为强；构词数目超过100个的，能产性等级为极强。确立该标准主要基于以下两个方面的考虑：一是目前学界关于词缀能产性的界定多以30个为分水岭，超过30个为构词能力强，低于30个为中。而土耳其语部分名词化词缀的构词能力远远超过这个数据。因此，在此基础上，我们又进一步划分出极强这个等级。二是由于土耳其语名词化词的数量众多（超过15000条），统计中难免出现疏漏，再加上新旧词条更替等原因，能产性数量级别需留有一定的误差空间。

值得注意的是，土耳其语词缀具有多功能性，一个词缀作为名词化词缀能产性不强，但作为其他类型词缀其能产性可能是极强的。例如：词缀-sIz作为名词再名词化词缀时，几乎丧失派生能力，但作为形容词化词缀却具有极强的能产性，派生词的数量超过2000个。因此，本书中词缀能产性的统计只涉及某一词缀名词化过程中的能产性。另外，土耳其语中的一些词缀既可以是动词名词化词缀，也可以是名词再名词化词缀。有时作为动词名词化词缀能产性是强的，但作为名词再名词化词缀能产性是弱的（或是相反情况）。此时进行能产性统计多以二者叠加数量为准，没有进行严格的区分。

根据以上标准，我们对82个词汇名词化词缀的能产性进行了评估，结果如下表：

[①]尹斌庸（1991）在分析汉语构词能力时指出，构词在5个以下的，称为构词能力"弱"；构词在10—29个的，称为构词能力"中"；构词在30个以上的，称为构词能力"强"。

表3.3 名词化词缀的能产性等级

能产性等级	词 缀
弱（<10）	-AğI, -AmAç, -ArI, -AsI, -Ay, -Az, -bAç, -CIn, -DAm, -DIç, -dIz, -gIt, -Iç, -mAç, -mAk, -mAr, -mIr, -rA, -sAk, -sAl, -sI, -sIk, -sIz, -tAy, -(A)y, -(A/I)z
中（10—29）	-A, -AcAk, -AGAn/-AğAn, -Al/-l, -AlAk, -AlgA, -Am, -AmAk, -AnAk/(A)nAk, -CAğIz, -CAk, -DI, -DIK, -dIrIk, -GAç, -gIç, -lAk, -lAm, -lAr, -mAz, -mAzlIk, -mIk, -mIş, -(I)nç, -v/(A)v
强（30—100）	-Aç, -Ak, -An, -CIl, -ç, -DAş, -GA, -GAn, -GI, -GIn, -(I)l, -la, -mAcA, -mAn, -n/-(I)n, -(A/I)r, -(I)t, -tI
极强（>100）	-CA, -CI, -CIk, -gil/giller, -I, -IcI, -Iş, -(I)k, -lI, -lIk, -(I)m, -mA, -(I)ntI/-tI

从定量分析来看，土耳其语名词化词缀呈现出高能产性的特点。在82个词缀中，有26个词缀在语言的发展演变过程中几乎失去了派生能力，仅见于个别词中。而构词数目超过30个以上的词缀有31个，占具有派生能力词缀总数的55%。我们以-lIk词缀为例：在第10版《土耳其语词典》（2005）中，由词缀-lIk派生的词有4952个（Bozel，2008：243）；而在第11版《土耳其语词典》（2011）中，由词缀-lIk派生的词，数量已达到7221[①]个。这些高能产性的名词化词缀为我们深入分析土耳其语名词化现象提供了坚实的语料基础。

3.3.4 选择性

词汇名词化词缀是土耳其语创造新名词的主要手段，但一个新词的产生并非简单的词根/词干与词缀的结合，二者之间必须要有意义上的关联。词缀不能任意地附加在所有词根后，而词根也不能无条件地附加所有词缀，不同词缀的意义与一个词缀的不同意义之间都存在着规律性的对应关系。因此，土耳其语词汇名词化词缀与词根/词干的结合往往是有选择性的。

第一，词缀对于词根/词干的词性有选择性。例如，词缀"-An, -DIK, -GA, -GAn, -gIç, -GIn, -IcI, -mAn, -mAz, -(A/I)r"和词缀"-CI, -lI"都可以表达"人"的意义，但前者只能附加在动词词根/词干后，表达"和该动作相关的人"，如：oku-（读）>okur（读者）；而后者则主要附加在名词词根/词干后，如：temsil（代理）>temsilci（代理人）。

---

① 为提高数据的准确性，本书采用了人工统计派生词数量，参见附录。

第二，词缀对于词根/词干的意义有选择性。例如，同样是附加在名词词根/词干后的词缀"-CI 和 -lI"均可以表达"具有某种属性的人"，但这两个词缀在派生过程中一般附加在不同类别的名词后，且没有意义重合。也就是说，这两个词缀对于词根/词干的意义也是有选择性的。词缀"-lI"通常附加在表示地点、国家、地区、城镇、街区等名词后，表示在该地出生长大，或生活在该地、拥有该地籍贯的人，如 Ankara（安卡拉）>Ankaralı（安卡拉人）；或是附加在组织、机构或政党名词后，表示该组织机构的成员，或在其中工作的人员，如 parti（政党）>partili（党员）。词缀"-CI"所附加的名词类别则更加多样，意义更加广泛。

第三，词缀对于词根/词干的形态有选择性。例如，词缀 -Iş 是土耳其语派生能力极强的动词名词化词缀，通常附加在动词后表达动作的名称。但是这个词缀却不能附加在相互态[①]动词后，主要是因为该词缀与相互态词缀互相冲突。再如，动词名词化词缀 -CA 和 -ç 通常要附加在反身态[②]或被动态动词后，派生出表达结果或产物的名词，如 övün-（自夸）>övünç（自豪）。

3.3.5 叠加性

土耳其语词汇名词化词缀不仅可以附加在词根后，还可以附加在词干后，不断地叠加进行转类，继而构成新词。例如：

名词>形容词>名词：ev（房屋）>evli（已婚的）>evlilik（婚姻）

名词>动词>名词：yaş（年龄）>yaşa-（活着）>yaşam（生命）

名词>名词>名词：araba（车）>arabacı（司机）>arabacılık（司机的工作）

名词>名词>名词>名词：çamur（泥）>çamurluk（挡泥板）>çamurlukçu（制作或修理挡泥板的人）>çamurlukçuluk（制作或修理挡泥板的工作）

名词>形容词>动词>名词：bağ（绳）>bağlı（被捆着的）>bağlılaş-（相互关联）>bağlılaşık（相互依存）

名词>动词>形容词>名词：su（水）>sula-（浇）>sulak（含水的）>sulaklık（含水性）

动词>形容词>名词：uy-（合适）>uymaz（不合适的）>uymazlık（不相称）

动词>名词>名词>名词：seç-（选择）>seçme（选择）>seçmeci（折中主义者）>seçmecilik（折中主义）

[①] 土耳其语中的相互态表示动作是在两个或两个以上的主体之间相互进行。这些主体既是动作的施事者，同是也是动作的受事者。

[②] 土耳其语中的反身态表示主语既是动作的发出者，同时动作又及于主语自身。

形容词>动词>名词>名词>名词：ince（细小）>incele-（调查、研究）>
inceleme（研究报告）>incelemeci（研究人员）>incelemecilik（研究人员的职业）

动词>动词>名词>名词>名词：don-（结冰）>dondur-（使冻结）>dondurma
（冰淇淋）>dondurmacı-（冷饮商）>dondurmacılık（冷饮业）

有一些词甚至可以循环加缀转类，如：ot（草，名词）>otla-（放牧，动词）>
otlak（牧场，名词）>otlakçı（寄生的，形容词）>otlakçılık（寄生，名词）。词类转
换的灵活性是土耳其语的特点之一。这种灵活性使得新表达形式的出现成为可能
（Aksan，2007：42）。

▶3.4　小结

本章从动词名词化和名词再名词化两个方面出发对土耳其语词汇层面上的名
词化现象进行考查。

土耳其语词汇名词化实现的主要方式是构词词缀。这些构词词缀既有语法功
能又有语义功能。其语法功能体现在与词根/词干构成的语法关系中，反映在派生
词的词性上；语义功能则体现在构词过程中，反映在派生词的词义上。可以说构
词词缀是语义与语法要素的结合体。

总的来看，土耳其语词汇名词化词缀具有多功能性、多义性、高能产性、选
择性和叠加性等特点。在82个名词化词缀中，具有多功能性的词缀有60个；具有
多义性的词缀有39个；构词数目超过10个的词缀有56个，其中有12个词缀构词
数目超过了100个。从形态上来看，土耳其语词汇名词化可以用A+B=C这样一个
数学公式来表达，但是要想让这个公式成立，中间必然存在诸多限制条件，也就
是说C的属性不等于其构成部分A和B的属性的简单相加。A和B在派生过程中可
能会丧失一些属性，也可能会产生一些额外的属性，最终对C的属性所产生的影
响程度也会不同。

土耳其语词汇名词化固化程度高，已经固定为语言系统中的规约单位（也就
是我们在词典中看到的一个个具体的词），是一种"完全名词化"现象。通过对这
些具体词汇进行分析，我们能够发现名词化词缀的语义和功能变化。这也为我们
进一步解读土耳其语名词化的认知过程提供了有力的佐证。

第四章　土耳其语句法名词化

土耳其语中的词汇名词化是一种固化的名词化现象，得到的是真正意义上的名词；而句法名词化则应境而生，是临时的名词化现象，产生的是与名词功能相当的名词化结构。认知语法认为名词（nouns）和名词化结构（nominals）[①]的差异不是绝对的。兰盖克（Langacker，2004：53）主张以"类型和实例（type/instance）"来区别名词和名词化结构。他认为名词代表一种"类型"，即一类事物，而名词化结构代表这一"类型"中的"实例"。在句法名词化过程中，动作和过程被识解为想象的，甚至是虚拟的"事物"。尽管这种"事物"与典型的事物不同，我们依旧可以对其进行范畴化。

▶4.1 土耳其语句法名词化的界定

土耳其语学界一般认为句法名词化的实质是句子结构的转换，如图尔坎（Türkkan，2008：80）认为名词化过程是在形态、句法和语义等多重因素的共同作用下，从一种语法结构转换到另一种语法结构的过程。亨吉尔曼（Hengirmen，2004：16）更加具体地将句法名词化描述为将一个句子嵌入到主句中，使其成为主句的一个成分，名词化句子在主句中可以充当主语、宾语和补足语。

也有学者将句法名词化描述为句法层面的名词词组[②]，如科朗（Kıran，1979：

[①] nominals一词在我国一般被译为"名词性短语"或"名词性成分"。本书根据土耳其语的特点将其翻译为"名词化结构"。

[②] 土耳其语的名词词组是指由两个或两个以上名词按照一定的语法规则构成的词组（Korkmaz，2014：285）。从形式上来看，土耳其语中的名词词组可以分为四类：①第一类型名词词组，也称为确指名词词组（Demir，2013：27）。其形式特点是作为修饰语的名词要附加所有格词缀，而作为被修饰语的名词要附加领属性词缀。第一类型名词词组中，修饰语和被修饰语之间是所属关系。②第二类型名词词组，也称为非确指名词词组（Demir，2013：28）。其形式特点是充当修饰语的名词不附加任何词缀，使用原格形式，而充当被修饰语的名词要附加领属性词缀。第二类型名词词组中，修饰语和被修饰语之间是修饰限定关系，修饰语主要用来说明被修饰语的性质。③第三类型名词词组，也称为无词缀名词词组（Demir，2013：29）。其形式特点是修饰语和被修饰语均为原格名词，无需任何词缀连接。第三类型名词词组中，修饰语通常用来说明被修饰语的材质，或是说明被修饰语的特点、职业和称号等。④多层名词词组是指由三个或三个以上名词构成的名词词组，也称为链式名词词组（Korkmaz，2014：288）。一般来说，在多层名词词组中领属性词缀只用附加一次。如果一个词本身已经附加过领属性词缀，当它作为被修饰语和其他词再次构成新的名词词组时则无需再次附加领属性词缀。

46）认为名词化是核心句子转变为名词词组的过程。Göksel & Kerslake（2005）认为句法名词化是指通过 -mAK、-mA、-DIK、-AcAK、-Iş 等词缀构成的名词化结构，以名词词组的形式充当句中的主语、宾语和补足语，是主句中与名词词组功能相同的分句。也就是说动词在附加名词化词缀后，将原有的主谓句转变为名词词组。它一方面具有动词的特性，另一方面又取得了一个名词词组的外壳，外部句法特征相当于名词词组。例如：

⊗ 例 4-1

[Sen-in piyano   çal-dığ-ın]-ı   bilmiyordum.

你-GEN   钢琴   弹 -NOML-2sgPOS-ACC   我不知道

我当时不知道你在弹钢琴。

例 4-1 中的宾语 Senin piyano çaldığın 是复合句中的一个分句[①]，构成方式为"所有格+领属性词缀"（Genitive-Possessive），其结构形式与第一类型名词词组相同，意为"你的弹钢琴"。

这种"名词词组"观点和英语中的"N's V-ing"以及汉语中的"N的V"[②]的解释相类似。熊仲儒将这种动词性词语或动源名词性词语为中心语的"的系名词短语"称为"以动词性成分为中心的领属短语"。在这种短语中，动词或动源名词会投射出部分或完整的论元结构，其投射的动词性短语被转类为名词性短语，其中动词仍保持动词属性或转类为名词（熊仲儒，2017：43—44）。例如：

⊗ 例 4-2

[Ergin'in   Ankara'ya   gitmesi]   Ayşe'yi   üzdü.

埃尔金-GEN   安卡拉-DAT   去-NOML-3sgPOS   阿伊赛-ACC   使伤心

埃尔金去了安卡拉让阿伊赛很伤心。

例 4-2 中有两个判断[③]，分别是"Ergin Ankara'ya gitti（埃尔金去安卡拉了）"和"Bir şey Ayşe'yi üzdü（有件事让阿伊赛伤心）"。前一个判断为分句，后一个判断为主句。前一个判断名词化后变为"Ergin'in Ankara'ya gitmesi（埃尔金的去安卡拉）"

---

①在土耳其语中，主谓结构被称作判断（yargı），复合句中有判断的小句被称为分句（yan cümle）。
②这里的"N"可以体现为名词、代、名词性偏正短语、联合短语和同位语短语（齐沪扬，2004：228）。
③在土耳其语中，一个主谓结构被称作一个判断（yargı）。

充当主句的主语。在这一名词化过程中，动词git-（去）附加名词化词缀-me和领属性词缀-si，与Ergin（埃尔金）构成领属关系，同时保留动词属性，支配补足语Ankara（安卡拉）。这一名词化结构还可以附加宾格词缀，充当主句的宾语。例如：

⚜ 例4-3

Ayşe	[Ergin'in	Ankara'ya	gitmesi]ni	istemiyor.
阿伊赛	埃尔金-GEN	安卡拉-DAT	去-NOML-3sgPOS-ACC	不想

阿伊赛不想让埃尔金去安卡拉。

如果把土耳其语句法名词化仅仅看作是核心句子转变为名词词组或是领属短语的过程，就无法解释非名词词组的句法名词化现象。例如：

⚜ 例4-4

Bir aşağı bir yukarı **gezinme**ye   başladı.

来来回回地   徘徊-NOML-DAT   开始

他开始漫无目的地走来走去。

例4-4中，动名词gezinme（徘徊）名词化结构充当句子的补足语。它不是以名词词组的形式出现，也没有和其他成分构成领属关系。再如：

⚜ 例4-5

Çikolata   **isteyen**   var mı?

巧克力   想要-NOML   有   吗

谁想要巧克力？

例4-5中，形动词isteyen（想要的人）名词化结构充当句子的主语，也没有与其他成分构成名词词组。

此外，该观点也无法解释独立小句名词化现象。例如：

⚜ 例4-6

Bu zavallı   çokça **içmiş**e benziyor.

这 可怜的人   大量地   喝   像

这家伙好像喝多了。

例4-6中，独立小句çokça içmiş.（他喝多了）是主观过去时动词谓语句，具有人称、数和时态变化，充当主句的补足语，体现名词功能。

从上述例子中我们可以看出，土耳其语句法名词化既能够以名词词组的形式呈现，也能够以非名词词组的形式表达。它们之间的关键区别在于一致关系。

一致关系（agreement）是土耳其语句法中一项重要的语法规则，主要包括动词一致关系和名词一致关系。动词一致关系是指动词的人称和数要与相关的名词或代词取得一致；名词一致关系是指名词词组中的被修饰语要与修饰语的人称和数取得一致（Uzun，2000：154）。

具有一致关系的句法名词化结构相当于句法层面的名词词组。例如：

例4-7

Ben　　[gençlerin　　yanıt　　vermesi]ni　　bekliyorum.
　我　年轻人-pl-GEN　回答　给-NOML-3sgPOS-ACC　　等
我在等着这些年轻人的答复。

例4-7中，"gençlerin yanıt vermesi（年轻人的答复）"是由动名词构成的名词化结构。该结构是具备一致关系的第一类型名词词组。其中genç（年轻人）相当于名词词组的修饰语，需附加所有格词缀；动名词yanıt verme（回复）相当于名词词组的被修饰语，根据修饰语的人称和数的要求，附加领属性词缀。

非一致关系的句法名词化结构通常在句子中独立充当名词成分，没有修饰语，因此不需要附加领属性词缀，如-mAk词缀构成的名词化结构。

例4-8

[Yeni bir　　işe　　başlamak]　　beni　sevindirir.
　新　一　工作-DAT　开始-NOML　我-ACC　使高兴
开始一项新的工作令我很开心。

例4-8中，işe başlamak（开始工作）没有修饰语，不具备一致关系。

因此，我们认为，土耳其语句法名词化是动词附加构词词缀后，由核心句子转换为名词化结构的过程。该结构包含一致关系和非一致关系两种形式，在句子中临时承担名词功能。

▶4.2 土耳其语句法名词化的基本类型

土耳其语句法名词化和词汇名词化一样是通过构词词缀来实现的。具体而言，主要是通过类动词词缀构成名词化结构。类动词是土耳其语动词的一种特殊形式。它一方面具备动词的部分特征，如能够支配宾语和补足语，有肯定和否定形式；另一方面具备名词、形容词或副词的部分特征。类动词通常要在具体的句子中实现一系列功能。它保留了动作义，但在句法上起名词（或形容词、副词等）的作用。也就是说在句子中，动词通过附加词缀变为类动词，最终形成分句，其形式发生改变的同时，句法地位也发生了变化。当类动词通过某种句法过程取得了名词的地位，我们有理由认为它已经名词化了[①]。

在本节中，我们将采取基于数据（data-based）的思路，收集整理来自土耳其语数据库 TS Corpus 中的真实语料，对它们进行深入观察，并在此基础上归纳分析，以期对土耳其语句法名词化有一个准确、全面的认识。

4.2.1 动名词名词化

土耳其语中的动名词是指兼有名词和动词部分特征的类动词，在土耳其语中用"isim fiil"（名动词）来表示。由于我国土耳其语学界主张将其译为"动名词"，因此，本书采用"动名词"这一约定俗成的译名。

在土耳其语中，动名词主要用来表示动作行为的名称或方式。它一方面具备动词的部分特征，另一方面在句中起到名词的作用，是句法层面上实现名词化最常用的手段。例如：

◈ 例 4-9：

[Can'ın　　bunları　　yanlış　　anlaması]　　　herkesi　　üzdü.
江-GEN　这些-3pl-ACC　错误地　理解-NOML-3sgPOS　每个人-ACC　使难过
江误解了这些让大家很难过。

例 4-9 中动名词名词化结构"Can'ın bunları yanlış anlaması"（江对这些的误解）在句子中充当主语。整个句子结构分析如下图。

---

① 这里的名词化是以动词在句子里的句法表现为依据。

70

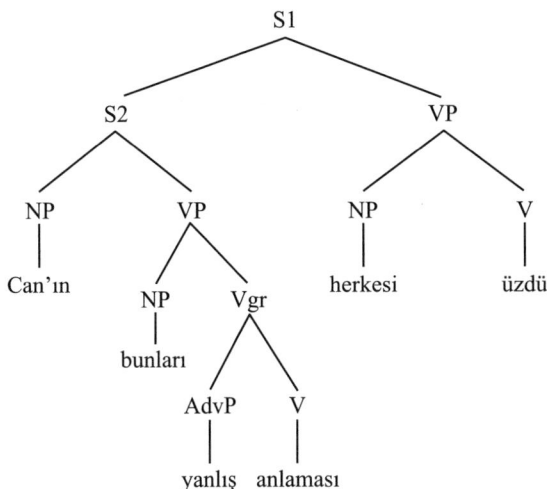

图4.1 动名词名词化结构分析（Turan&Köşe，2013：65）

土耳其语动名词名词化主要通过在动词后附加-mAk、-mA和-Iş词缀实现。下面我们将重点对它们进行考查。

4.2.1.1 词缀-mAk构成的名词化结构

土耳其语所有的动词词根/词干都能够通过附加词缀-mAk构成动名词，表达动作行为的名称，这是一种临时的名词化现象[1]。-mAk作为动名词词缀，最早出现在8—9世纪，当时已有-mak和-mek两种变体。它在句子中充当主语、谓语、宾语、补足语、状语等成分，能够附加所有格和领属性词缀。在《弥勒会见记》（Maitrisimit）中出现了相关例子。例如[2]：

作谓语：ançulayı yime ḳarımaḳ iglemekniñ tıltaġı üçüni toġmaḳ titir (MS, 41-3)

作主语：toġmaḳ tıltaġınta ḳarımaḳ ölmek bolur (MS, 43-3)

作补足语：arhant ḳutın bulup taymaḳ tüşmekke arıtı ḳorḳmaz.(MS, 91-31)

作宾语：edgü ögli köñgilin asaġ tusu ḳılmaḳı yime biş türlüg (MS, 4-57)

作状语：kanmaksız telgenmeksiz tözlüg (MS, 2-30)

11—13世纪，该词缀作为动名词的使用愈加广泛（Hacıeminoğlu，1996：162）。动词附加该词缀后转类名词，并且能够附加名词的各种格词缀，功能几乎与土耳其语中的-mAk词缀无异。在《真理的入门》和《福乐智慧》等著作中均能找到相关例子。

---

① 部分-mAk动名词已固化为真正的名词，如ekmek（面包），çakmak（打火机），参见本书3.2.1.2。
② 转引自Özkan Aydoğdu（2007：17）。

土耳其语中，由词缀-mAk构成的名词化结构在句子中与普通名词的功能一致，其主要特点包括：

1. 由词缀-mAk构成的名词化结构具有名词的特性，可以附加位格、从格、向格、宾格、工具格等各种格词缀，在句中可以充当主语、宾语、补足语、状语和谓语。例如：

⊗ 例 4-10

Çocuk **yetiştirmek** kolay bir iş değildir.（作主语）

孩子　抚养-NOML　简单　一　事情　不

养孩子不容易。

⊗ 例 4-11

Bazıları　　**beklemeği** tercih etti.[①]（作宾语）

一些人　等待-NOML-ACC　选择

一些人选择了等待。

⊗ 例 4-12

Doktorum **bırakmamakta**　ısrar etti.（作补足语）

医生　放弃-NEG-NOML-LOC　坚持

医生坚持不放弃。

⊗ 例 4-13

Boş boş　　**oturmaktan** bıkmış.（作补足语）

无所事事　坐-NOML-ABL　厌烦

他厌烦无所事事地坐着。

⊗ 例 4-14

Kumlara　bata çıka　　**yürümeğe**　çalışıyor.（作补足语）

沙滩　　费力地　行走-NOML-DAT　努力

他费力地向沙滩走去。

---

①-mAk词缀附加以元音为首的词缀时，需浊化。-mAk词缀的宾格和向格形式现多被-mA词缀所替代，如 gitmeği›gitmeyi, gitmeğe›gitmeye。

例 4-15

Ömrümüzün bu simsiyah saatlerini **dertleşmekle** bitiremiyorduk.（作状语）

　我们生命的　这　黑色的　　时间　抱怨-NOML-INST　　结束

我们不能带着抱怨度过生命中这灰暗的时刻。

例 4-16

Doktorun ilk niyeti bahçeden **çıkmaktı**.（作谓语）

　医生　最初　想法　花园　离开-NOML-PST

医生最初的想法是离开花园。

2. -mAk 和 gibi（像……一样）、için（为了）、başka（除此之外）、dolayı（由于）、üzere（为了）等后置词连用在句子中充当状语。例如：

例 4-17

Şiir **yazmak gibi** roman yazmak da bir yeteneğe bağlıdır.

　诗写-NOML　像　小说　　写　也　一　天赋　取决于

写小说和写诗一样也需要天赋。

例 4-18

Onu **eğlendirmek için** elinden geleni yapmıştı.

　她　使快乐-NOML　为了　　竭尽全力

他竭尽全力让她开心。

例 4-19

Siz **sızlanmaktan başka** bir şey bilmez misiniz?

　您　抱怨-NOML-ABL　除此之外　一　事　不知道　吗

您除了抱怨还会什么？

例 4-20

Saatlerce bilgisayar başında **çalışmaktan dolayı** gözleri yoruldu.

几个小时地　电脑　　前　工作-NOML-ABL　由于　眼睛　疲劳

由于长时间在电脑前工作，他眼睛很累。

例 4-21

Hemşire her üç saatte bir tansiyonumu **ölçmek** **üzere** yanıma geldi.

护士 每 三 小时 一 血压 测量-NOML 为了 身边 来

护士每三个小时来给我量一次血压。

除此之外，由词缀-mAk构成的名词化结构不具备一致关系，不能用于第一类型名词词组，在第二类型名词词组中只能作修饰语，如okumak zevki（阅读的快乐），düşünebilmek kudreti（能够思考的力量）。同时，该结构通常不能加复数词缀。

3. 由词缀-mAk构成的名词化结构不仅具有名词的功能，同时还保留了原生动词的一些特性。

（1）由词缀-mAk构成的名词化结构有否定形式。例如：

例 4-22a

Bunu **anlatmak** ne kadar zordu.

这 解释-NOML 多么 难

这个太难解释了。

例 4-22b

O yüzden **anlatmamak** her zaman birinci tercihimdir.

因此 解释-NEG-NOML 每 时间 第一 偏爱

因此，不做解释总是我的第一选择。

例4-22两句中由词缀-mAk构成的名词化结构在句子中充当主语，例4-22a为肯定形式，例4-22b为否定形式，附加了否定词缀-ma。

（2）由词缀-mAk构成的名词化结构可以支配分句中的宾语和补足语。例如：

例 4-23

Seni **düşünmemek** mümkün değil.

你-ACC 想-NEG-NOML 可能 不

不想你是不可能的。

例 4-24

İnsanlar tenha **yerlere** **gitmekten** hoşlanıyor.

人们 冷清的 地方-pl-DAT 去-NOML-ABL 喜欢

人们愿意去人少的地方。

例4-23中，人称代词sen（你）充当名词化结构中动词düşünme-（不想）的宾语。例4-24中，yer（地方）充当名词化结构中动词git-（去）的补足语。

4.2.1.2 词缀-mA构成的名词化结构

据考证，-mA词缀最早出现在鄂尔浑碑铭中，但当时该词缀主要用在固定名词中，并不用于构成动名词（Aydoğdu，2007：14）。在此后相当长的一段时期内，该词缀更多的是用作形容词词缀或是用于固定名词中。构成动名词，主要还是使用-mAk词缀（Gülsevin，1997：122）。直到察合台、钦察以及古阿纳多卢时期，-mA词缀才开始作为动名词词缀使用，但使用并不广泛（Aydoğdu，2007：156）。

土耳其语中-mA词缀和-mAk词缀一样，能够附加在所有动词后构成动名词，根据元音和谐规则，有-ma和-me两种变体形式，派生能力很强。-mAk词缀侧重于动作发生过程的重现，而-mA词缀则侧重于表示动作的名称。因此和-mAk词缀相比，通过附加-mA词缀构成动名词的现象要常见得多。此外，-mA词缀在土耳其建国后的语言纯化运动中发挥了重要的作用，许多通过-mA词缀派生而来的土耳其语词替代了奥斯曼帝国时期的阿拉伯语外来词，如：taharri>araştırma（研究），teahhur>gecikme（晚点）等。

由词缀-mA构成的动名词名词化结构从功能上来看特点如下：

1. 由词缀-mA构成的名词化结构具有名词的句法功能，能够附加复数词缀、领属性词缀和各种格词缀，在句中作主语、宾语、定语、状语、补足语和谓语。例如：

例4-25

Bu **ağlamalar** gerçekten insanın içini parçalıyor.（作主语）

这 哭泣-NOML-pl 真的 人 心 撕碎

这哭泣真让人心碎。

例4-26

Bir **titreme** bütün vücudunu **sarmaya** başlamıştı.（主语，补足语）

一 颤抖-NOML 全部的 身体 环绕-NOML-DAT 开始

他全身开始发抖。

例 4-27

Önerimiz   bunları   **denemeniz.**（作谓语）
我们的建议   这些   尝试-NOML-2plPOS
我们的建议是你们试一试。

例 4-28

Güzel yemek   **yapmasını**   biliyordu.（作宾语）
　好的　　饭菜　做-NOML-3sgPOS-ACC　知道
他做得一手好菜。

例 4-29

Akşam   **gezmelerinde**   biraraya geldiler.（作状语）
　傍晚　　散步-NOML-3plPOS-LOC　一起　　来
他们傍晚散步的时候聚到了一起。

例 4-30

Kalbimin   atmasını   **duymasından**   korkuyordum.（作补足语①）
我的心脏　　跳动-NOML-3sgPOS-ACC　听-NOML-3sgPOS-ABL　　害怕
我害怕他听到我的心跳。

例 4-31

Kendini   **öldürmenin**   ne   faydası olur?（作定语）
　自己　死-CAUS-NOML-GEN　什么　好处-3sgPOS
自杀有什么用？

2. 由词缀-mA构成的名词化结构保留了部分动词特性，可附加否定词缀，支配分句中的宾语和补足语等。例如：

例 4-32

Orada   kalmaya   yani   geri   **dönmemeye**   karar vermiş.（否定）
那里-DAT 留下-NOML-DAT 也就是说 向后 返回-NEG-NOML-DAT　　　决定
据说他决定留在那儿不回来了。

---
①atma是受duyma支配的宾语。

例 4-33

Halkın **gerçekleri öğrenme** hakkını korumuyorlar.（支配宾语）

民众的 真相-pl-ACC 知道-NOML 权利-3sgPOS-ACC 没有保护

他们没有保护民众的知情权。

例 4-34

Bu **düşünceden vazgeçme** zamanı geldi.（支配补足语）

这 想法-ABL 放弃-NOML 时间-3sgPOS 来到

是时候放弃这种想法了。

3. 由词缀-mA构成的名词化结构除了可以表示动作名称外，还可以表示愿望、建议、命令等意义（Göksel&Kerslake，2005：419—422）。例如：

例 4-35

Herkesin birer hikaye **anlatması** isteniyor.

每人-GEN 各一个 故事 讲述-NOML-3sgPOS 被希望

希望每个人都能讲一个故事。

例 4-36

Bu ürünün elde **yıkanması** tavsiye edilir.

这 产品-GEN 手-LOC 洗-PASS-NOML-3sgPOS 被建议

该产品建议手洗。

例 4-37

Otel müdürü odayı hemen **boşaltmalarını** söyledi.

酒店 经理 房间-ACC 立刻 腾空-NOML-3plPOS-ACC 说

酒店经理要求立刻腾空房间。

在表达命令、愿望、祈求等语气的句子中，如果分句主语和主句主语一致时，通常要使用由词缀-mAk构成的名词化结构，不一致时则更多地使用由词缀-mA构成的名词化结构[①]。例如：

[①]主语位置上的-mA名词化结构，其主语和主句主语不能为同一个（Göksel &Kerslake，2005：413）。

例4-38a

Buradan **ayrılmak** istiyorum.

这儿-ABL　离开-NOML　想

我想离开这儿。

例4-38b

Buradan **ayrılma**sını istiyorum.

这儿-ABL　离开-NOML-3sgPOS-ACC　想

我想让他离开这儿。

例4-38a中，动作ayrılmak（离开）和iste-（想要）的执行者为同一人，而例4-38b中，动作ayrılmak（离开）的执行者是"他"，动作iste-（想要）的执行者是"我"。

4.2.1.3 词缀-Iş构成的名词化结构

动词词根/词干附加词缀-Iş后可构成动名词名词化结构。据现有资料记载，该词缀形式最早出现于682—745年，当时并不作动名词词缀使用，直到11—13世纪才开始作为动名词词缀广泛使用（Hacıeminoğlu，1996：163）。在土耳其语中，-Iş词缀使用广泛，通常用来表达动作的行为方式，拥有-(y)ış/-(y)iş/-(y)uş/-(y)üş四种变体形式。-Iş词缀可以附加在除相互态动词外的其他动词后，其特点包括：

1. 能够附加复数词缀、领属性词缀和各种格词缀，在句中作主语、宾语、定语、状语、补足语和谓语。例如：

例4-39

Gök **gürleyişleri** ve şimşek **çakışları** hepimizi tedirgin ediyordu.（作主语）

天空 轰鸣-NOML-3plPOS 和 电 闪-NOML-3plPOS 大家　　使不安

电闪雷鸣让大家很不安。

例4-40

Kanepeye oturup güneşin **batışını** seyrediyor.（作宾语）

沙发　　坐 太阳-GEN 落-NOML-3sgPOS-ACC 欣赏

他正坐在沙发上欣赏落日。

例 4-41

Seyircilerin   dikkatlerini   en çeken   **gülüşüdür**. (作谓语)

观众-GEN   注意-3plPOS-ACC   最   吸引   笑容-NOML-3sgPOS

最吸引观众们的是她的笑容。

例 4-42

Semra bu zamansız   **gelişinden** hoşlanmamıştı. (作补足语)

赛姆拉   这   不合时宜地   来-NOML-3sgPOS-ABL 不喜欢

赛姆拉不喜欢他这样不合时宜的到来。

例 4-43

Her el   **sallayışta**   içim burkulur. (作状语)

每   手   挥动-NOML-LOC   我的心   扭

每一次挥手我都很伤心。

例 4-44

Sabırlı bir   **bekleyişin**   ürünü. (作定语)

耐心的   一   等候-NOML-GEN   作品-3sgPOS

它是耐心等候的结果。

2. 可附加否定词缀，支配分句中的宾语和补足语等。例如：

例 4-45

Bir kez daha tezkerenin **geçmeyiş** nedenlerini sordum. (否定形式)

一   次 再   文件 通过-NEG-NOML   原因   问

我再次询问文件没有通过的原因。

例 4-46

 İşten   **ayrılış**   sebebi ise ilginçti. (支配补足语)

工作-ABL   离开-NOML   原因 则 有趣的

他离职的原因很有意思。

例 4-47

Bir **gerçek**   **arayış** yolculuğuna çıktı. (支配分句中的宾语)

一   真相   寻找-NOML   旅途   出去

她踏上了寻求真相之路。

4.2.1.4 动名词名词化与动词名词化的对比分析

土耳其语中，动名词名词化是一种高度规则的构词方式，动词词根/词干可以通过附加构词词缀-mAk、-mA和-Iş构成动名词，实现名词化。值得注意的是，句法层面的动名词名词化与词汇层面的动词名词化都是通过附加构词词缀来实现的，但这两种名词化的识解过程并不完全相同。也就是说句法层的动名词名词化结构与词汇层的动词派生名词是有区别的，主要体现在以下几个方面：

第一，动名词名词化结构与原生动词之间词义对应，可预测性强，如onun gelmesi（他的到来）中动名词gelme的词义与动词gelmek（来到）的词义是对应的。而动词派生的名词往往具有多义性，其语义和原生动词的语义有时区别会很大，甚至无法准确推测，如çiz-（划线）>çizme（长筒靴）。

第二，每个动词都有对应的动名词形式，如动词附加构词词缀-mAk、-mA和-Iş构成动名词名词化结构。但不是所有动词都能够派生出相对应的名词，且派生词的数量也不相同，部分动词只能派生一个名词，如ov->ovmaç（揉>疙瘩汤）。而具有强派生性的动词则能够派生多个名词，如动词tut-（抓），由其派生的名词超过30个。

第三，动名词名词化结构应境而生，是句法结构中临时的名词化现象，脱离了句子就失去了名词功能，而动词派生名词是一种固化的名词化现象，得到的是真正意义上的名词。如Yaşamak çok güzel şeydir.（活着是非常美好的事）中的yaşamak（活着）离开了上下文就不再具备名词的功能，而是动词不定式形式；而çakmak（打火机）则可以作典型名词使用。

第四，动词派生的名词具有充分的名词性。其名词性表现在不能直接带宾语、补足语等论元且不能直接受副词修饰，如由动词as-（挂）派生的名词askı（衣架），不再具有动词特征；而动名词名词化结构不仅具有名词特征，还保留了原生动词的某些特征，如具有否定形式，可以直接带宾语、补足语等论元，并可以直接被副词修饰等。

第五，动名词名词化结构从认知角度来看是表示一种"关系"的"物化"（reification），即一个内部同质的过程，也可称为"过程名词"（process nouns）。按照认知语法的观点，动名词名词化过程：①取消次第扫描（sequential scanning），使事件获得整体识解；②仅凸显述义（predication）直接辖域，该辖域包含一系列内部成分状态（component state）；③在抽象层面上识解这些成分状态，从而抵消状态之间的差异（Langacker，2004：26）。如下图。

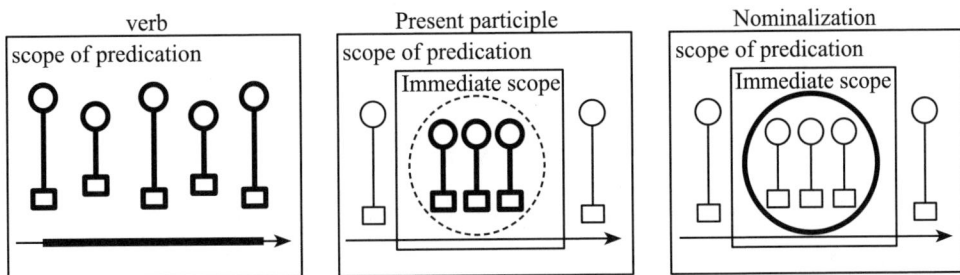

verb	Present participle	Nominalization
scope of predication	scope of predication	scope of predication

图4.2　动词、现在分词和名词化（Langacker，2004：26）

而动词派生名词在认知语法中被称为"事件名词化"（episodic nominalization），表示"完结性活动"（completed activity）。之所以被称为"事件名词化"，是因为该类派生名词的来源为行为动作动词，且名词化后仍保持行为动作意义这一事实，或者说行为动作意义是其多义性中最典型的语义特征。

4.2.2　形动词名词化

土耳其语中的形动词是指兼有形容词和动词部分特征的类动词。在土耳其语中可以构成形动词的词缀主要有六种：-An，-Ar/-mAz，-AcAK，-mIş，-DIK和-AsI。其中能够实现名词化的形动词词缀有 -An，-DIK，-AcAK 和-AsI[①]。有学者认为像-DIK，-AcAK等名词化词缀可以称为"类名词—形容词（isimsi-sıfatsı）"，它们既可以像形容词一样用来修饰名词，也可以像名词一样具有复数、领属以及各种格的形式（Yılmaz，2009：71）。从历时的角度来看，土耳其语形动词最初的基本功能是在句中充当形容词，部分结构在语言的发展过程中实现了名词化，在句子中临时具备了名词功能。下面我们将对土耳其语形动词名词化进行逐一考查。

4.2.2.1　词缀-An构成的名词化结构

由词缀-An构成的形动词被称为一般时形动词词缀（Hatiboğlu，1981：28；Korkmaz，1992：132；Banguoğlu，1995：424；Gencan，2001：382）。该词缀最早以 -Gen 形式出现（esnegen bars men 'ıb-3'）（Tekin，2000：112）。喀喇汗（Qara-Khanid，又称"黑汗"）时期该词缀出现了-Gan和-Gen两种形式，如 *Divanu Lugati't-Türk* 中的 *çapıtgan er*（刽子手 DLT，513），*kadıtgan er*（不向任何人屈服的人 DLT，513），以及《真理的入门》（*Atabetü'l-Hakayık*）中的 *delil arkagan*（寻找证据的人 AH，7），*öküngen telim*（非常后悔的人 AH，143）等。13—14世纪中

_____

①以元音开头的词缀也可以表示为-(y)An，-(y)AcAk，-(y)AsI。

出现-Ġan/.-Gen-()an/.-Ken等形式，13—16世纪中出现了-Ġan/-Gen-()an/-Ken以及-An/-En等形式。其形式固定为-An/-En，能够表达过去、宽广（一般）和现在时（Bayraktar，2000）。

从上述演变的过程来看，词缀-An是由词缀-GAn脱落"G"而形成的，具有-(y)an/(y)-en两种变体形式[①]。在土耳其语中它几乎可以附加在所有动词后，使其形容词化（adjectivisation）。在具体的上下文中，形容词化后的-An结构可临时充当名词使用。例如：

❖ 例4-48

Fakat onunla　**yaşayan**　Ahmet'ti.

但是　和她　生活-NOML　阿赫麦特

但是曾和她生活的人是阿赫麦特。

例4-48中动词yaşa-（生活）附加词缀-an后，意义为"生活的（人）"，在句子中作名词充当主语。

有土耳其学者认为-An形动词以名词功能充当句子成分是一种省略现象（Kıvırcık，2004：78）。例如：

❖ 例4-49

　Geleni　　tanıyorum.

来-NOML-ACC　　认识

我认识来的人。

科沃尔哲克（Kıvırcık）认为例4-49中gelen（来的）是gelen adam（来的人）省略adam（人）后的一种省略形式，结构本身还是形容词。也就是说，-An形动词结构被看作是定语，在句子中独立使用时表达的名词意义并非本身所固有，而是来自被省略掉的中心语。汉语中也有类似的结构。例如：

考过的没几个。（考过的指代考过的人）

送水的不干了。（送水的指代送水工）

要做的还很多。（要做的指代要做的事）

---

①附加在以元音结尾的动词后时，需在-An前添加增辅音y。

朱德熙（1961，1966）把这种"的"字短语看作名词性结构，可以独立作主宾语，也可以作定语，"VP的"可以指代整个"VP的N"。他（1983）认为"VP的"可以指动作的施事，也可以指受事、与事和工具等（朱德熙，1999：19—20）。例如：

施事：游泳的/开车的/坐在主席台上的/什么事儿也不会干的

受事：新买的/小孩儿画的/从图书馆借来的/让人家瞧不起的

与事：你刚才跟他打招呼的（那个人）/我借给他钱的（那个人）/我向他请教过的（那个人）

工具：吃药的（杯子）/裁纸的（刀）/我开大门的（那把钥匙）/装书的（箱子）

土耳其语的-An形动词与汉语的"VP的"功能极为相似，-An形动词亦可以指代施事、受事和工具等。例如：

施事：ava giden（去打猎的）/ sigara içen（抽烟的）/ yerde oturan（坐地上的）

受事：kalan（剩下的）/ en çok satan（最畅销的）/ yeni yayımlanan（新出版的）

工具：gösteren（有指示作用的）/ yel kesen（挡风的）/ kurutan（有干燥作用的）

吕叔湘（1979）曾指出，省略现象必须具备两个条件才能成立："第一，如果一句话离开了上下文或者说话的环境意思就不清楚，必须添补一定的词语才清楚；第二，经过添补的话是实际上可以有的，并且添补的词语只有一种可能，这样才能说明是省略了这个词语。否则只能说是隐含。"（吕叔湘，1979：67—68）。从上文中的例子我们可以看出，土耳其语的-An形动词离开了具体的上下文意义也是明确的，即便需要添补，答案也不是唯一的。据此，我们认为这一现象应被视为一种"隐含"而不是"省略"。

我们收集了TS Corpus中含有词缀-An的相关例句，发现它作为名词的主要特点表现在以下几个方面：

1. 可以附加复数、领属和各种格词缀，在句中充当主语、谓语、宾语、定语和补足语。

例4-50

Hamamda **çalışanlar**　　koşturup duruyorlardı.（作主语）

浴场　工作-NOML-pl　　　　忙碌

浴场的工作人员忙得团团转。

例 4-51

Bir kitabı en iyi **okuyan** onu bir başka dile **çeviren**dir.（主语，谓语）
一 书-ACC 最 好 读-NOML 它-ACC 一 其他 语言-DAT 翻译-NOML
将一本书读得最透的人是把这本书翻译成其他语言的人。

例 4-52

Gelenleri toplayıp buraya getirecek.（作宾语）
来-NOML-pl-ACC 集中 这儿-DAT 带来
他将把来的人集中起来带到这儿。

例 4-53

Köyde her önüne **gelene** durmadan bunu anlatıyordu.（作补足语）
村里 每 面前 来-NOML-DAT 不停地 这个 讲述
他不停地对村里遇到的人讲述着这件事。

例 4-54

Kokusunu **bilenlerimizin** tümü hisseder bu duyguyu.（作定语）
气味-3sgPOS-ACC 知道-NOML-pl-1plPOS-GEN 所有-3sgPOS 感觉到 这 感觉-ACC
所有知道这气味的人都能够体会到这感觉。

2. 可与后置词连用充当句子的状语。由于结构和功能的限制，临时作为名词的-An形动词从用法来看，只能和başka，kadar，için等后置词连用。例如：

例 4-55

Yaşlıların hatırasında **kalanlardan** başka hiçbir miras yok gibiydi.
老年人 回忆 留下-NOML-pl-ABL 除此之外 没有 遗产 没有 好像
除了老人的回忆，似乎就没有任何遗产了。

例 4-56

Kahve **kapanana** kadar oturdum.
咖啡馆 关闭-NOML-DAT 直到 坐
我一直坐到咖啡馆关门。

例4-57

Bugün işlemlerini tamamlayamamış **olanlar** için ne düşünüyorsun?

今天　手续　　没能完成　成为-NOML-pl 对于　什么　　想

对于今天没能完成手续的人，你怎么看？

3. 可附加否定词缀，并能够支配分句中的宾语和补足语。例如：

例4-58

Yalnız ben miyim **bunları** **sevmeyen**?（否定形式，支配宾语）

仅仅　我　　吗　这些-pl-ACC　喜欢-NEG-NOML

只有我不喜欢这些吗？

例4-59

Bu uygulama değişik tatlılar **yapmaktan hoşlananlar** için mükemmel bir seçim.

这　程序　　不同的　甜点　做-NOML-ABL 喜欢-NOML-pl 对于　极好的　　一　选择

这个程序对于喜欢做各种甜点的人来说是极好的选择。（支配补足语）

事实上，不论从语法功能角度还是从语义功能角度来看，-An形动词在句子中都具备了名词特征，理应是一种句法名词化现象。从名词化的程度来看，-An形动词名词化呈现出一个连续渐变的过程，一些-An形动词只是临时地在句中充当名词，名词化程度低，属于句法名词化现象；另一些-An形动词名词化程度高，最终转变为真正的名词，属于词汇名词化现象。如下图：

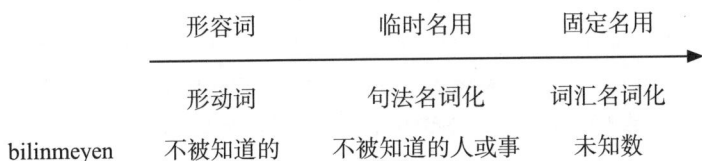

	形容词	临时名用	固定名用
	形动词	句法名词化	词汇名词化
bilinmeyen	不被知道的	不被知道的人或事	未知数

图4.3　-An形动词名词化连续统

4.2.2.2　词缀-DIK构成的名词化结构

词缀-DIK根据语音和谐规律，拥有-dık/-dik/-duk/-dük/-tık/-tik/-tuk/-tük八种变体形式。-DIK词缀附加领属性词缀后可在句中临时充当名词。该名词化结构能够表示现在或过去的时间，有人称变化。例如：

例 4-60a

Ben bir şey gördüm. (我看见一件事。)

例 4-60b

Bekçi hırsızı yakaladı. (保安抓住了小偷。)

例4-60a和例4-60b是两个能够表达完整意义的独立句子。如果要把两个句子合为一个句子，就需要将例4-60b名词化，用来替代句a中的bir şey（一件事）。转换的结果如下。

例 4-60c

Ben [bekçinin   hırsızı   yakaladığı] nı   gördüm.

我   保安-GEN   小偷-ACC   抓住-NOML-3sgPOS-ACC   看见

我看见保安抓住了小偷。

例4-60c中动词yakala-（抓住）附加词缀-DIK后临时作名词充当主句的宾语。我们还可以将这个句子继续扩充。例如：

例 4-60d

Ali [[(benim) [bekçinin hırsızı **yakaladığı**] nı **gördüğüm**] ü] anladı.

阿里 我-GEN   保安-GEN 小偷-ACC 抓住-NOML-3sgPOS-ACC 看见-NOML-1sgPOS-ACC 知道

阿里知道我看见保安抓住了小偷。

例 4-60e

Ahmet [[[Ali'nin [(benim)[bekçinin   hırsızı   yakaladığı] nı

阿赫麦特 阿里-GEN 我-GEN 保安-GEN 小偷-ACC 抓住-NOML-3sgPOS-ACC

gördüğüm] ü]   anladığı] nı]]]   biliyordu.

看见-NOML-1sgPOS-ACC 知道-NOML-3sgPOS-ACC 知道

对于阿里知道我看见保安抓住了小偷这件事，阿赫麦特也知道了。

理论上说由词缀-DIK构成的名词化结构可以使句子得到无限的扩展（Kıran，1979：54—56）。通过对相关例句的考查，我们发现由词缀-DIK构成的名词化结构的特点主要表现为以下几个方面：

1. 可以附加复数、领属和各种格词缀，在句中充当主语、宾语、定语、补足语和状语。例如：

例 4-61

Kolordu Komutanının özel bir trenle **geldiği** dün gece duyulmuştu.（作主语）

军 指挥官-3sgPOS-GEN 个人的 一 火车 来-NOML-3sgPOS 昨天 夜晚 被知道

昨天晚上已经得知军长乘专列到来。

例 4-62

Hiç **düşünmediğimi** nasıl anladılar?（作宾语）

从不 考虑-NEG-NOML-1sgPOS-ACC 怎么 知道

他们怎么知道我从没考虑过。

例 4-63

Kardeşi **aldıklarının** parasını ödeyemedi.（作定语）

他弟弟 买-NOML-3plPOS-GEN 钱-3sgPOS-ACC 没还

他弟弟没能还上买东西的钱。

例 4-64

O soruları **sorduğuna** pişman oldu.（作补足语）

那 问题-pl-ACC 问-NOML-3sgPOS-DAT 后悔

他很后悔问了那些问题。

例 4-65

Dönüp **geldiğimde** burada kimse kalmamıştı.（作状语）

返回 来-NOML-1sgPOS-LOC 这里 任何人 没有留下

我回来的时候这里已经没人了。

2. 可与后置词连用充当句子中的状语。例如：

例 4-66

Duyduğumuza göre hafta sonu hava da güzel olacakmış.

听-NOML-1plPOS-DAT 根据 星期 末 天气 也 好

我们听说周末天气也会很好。

例 4-67

Belki vapura **bindiğimden** beri gözlüyordu beni.

可能 船 乘-NOML-1sgPOS-ABL 自从 观察 我

可能从我上船开始他就一直盯着我。

例 4-68

Bu parfüm **hoşuna gitmediği** için onun yanında kullanmıyorum.

这 香水 喜欢-NEG-3sgPOS 因为 他的 身边 不使用

因为他不喜欢这香水，所以和他在一起时我就不用。

3．可附加否定词缀，能够支配分句中的宾语和补足语。例如：

例 4-69

Orhan'ın bir şey **yapmadığı** belliydi.（否定形式）

奥尔汗-GEN 一 事 做-NEG-NOML-3sgPOS 明显的

很明显奥尔汗什么事都没做。

例 4-70

Seni **sevdiğimi** herkes biliyor.（支配宾语）

你-ACC 爱-NOML-1sgPOS-ACC 每个人 知道

所有人都知道我爱你。

例 4-71

Sizin oraya **gittğiniz** yalan mı?（支配补足语）

你们-GEN 那里-DAT 去-NOML-2plPOS 谎话 吗

你们去那里是个谎言吗？

部分-DIK形动词在名词化过程中逐渐固化为真正的名词，如bildik（相识的人），bastık（一种甜品）等，属于词汇名词化现象[1]。

4.2.2.3 词缀-AcAK构成的名词化结构

土耳其语言学界普遍认为-AcAK词缀最早出现在13世纪，当时该词缀并不常用，直至15世纪才开始被广泛使用（Üstüner，2000）。土耳其语中，-AcAK词缀

---

① 详见本书3.2.1.1。

附加在动词后能够临时充当名词，功能多样，使用广泛。从意义角度来看，可以表达将要做的事（-AcAk şey）或将要做某事的人（-AcAk olan），也可以表达某一事件"将要发生"的全过程。-AcAK形动词名词化过程与-DIK形动词名词化过程类似。胡拜尔曾指出：当我们想把"Ayşe gelecek"（阿伊赛将会来）和"Ali buna çok şaştı"（阿里对此很惊讶）合并为一个句子的时候，按照土耳其语的结构，第一句的谓语必须名词化，这就是句法中的名词化。那么合并后的句子就是"Ali Ayşe'nin geleceğine çok şaştı"（阿里对阿伊赛将要到来感到很惊讶）(Huber，2008：241)。

由词缀-AcAK构成的名词化结构，其主要特点包括：

1. 可以附加复数、领属和除位格之外的所有名词的格词缀，在句中充当主语、宾语、补足语和定语等成分。例如：

⊗例 4-72

Bizim　　**diyeceğimiz**　　işte budur!（作主语）

我们的　说-NOML-1plPOS　就是　这

我们要说的就是这个。

⊗例 4-73

Bu gece　　**uyuyabileceğimi**　　ümit etmiyorum.（作宾语）

这　夜　　睡-ABIL-NOML-1sgPOS-ACC　没期望

我没指望今夜能睡着。

⊗例 4-74

Türkiye'nin destek　　**vereceğine**　　inanıyoruz.（作补足语）

土耳其-GEN　　支持　给-NOML-3sgPOS-DAT　相信

我们相信土耳其将给予支持。

⊗例 4-75

Tiyatroya　**gideceklerin**　　biletleri önceden alınmıştı.（作定语）

剧院-DAT　去-NOML-pl-GEN　票-3plPOS　事先　　被买

要看戏的人提前买了票。

2. 可与后置词连用充当句子中的状语。例如：

❖ 例 4-76

Çok korkmuştum ve **ağlayacak gibi** hissetmiştim.

非常　害怕　　和　哭-NOML　像　　　感觉

我非常害怕，感觉要哭了。

❖ 例 4-77

İşlem uzun　**süreceği**　　　　　**için** 5-6 saat önce havalimanına gitmesi gerekiyor.

手续　长　持续-NOML-3sgPOS　由于 5—6小时 之前　飞机场　　　去　　需要

由于手续办理时间长，他需要提前5—6个小时去机场。

3. 可附加否定词缀，能够支配分句中的宾语和补足语。例如：

❖ 例 4-78

　Beni　　　　　**bırakmayacağını** söylemiştin.（否定形式，支配宾语）

我-ACC　抛弃-NEG-NOML-2sgPOS-ACC　说

你说过不会离开我的。

❖ 例 4-79

Bugün　**sınava**　　**girecekler**, üst kattaki dersanede toplansın.（支配补足语）

今天　考试-DAT 进入-NOML-pl 上层的　　　教室　　集合

今天要参加考试的人到楼上教室集合。

部分-AcAK形动词在名词化的过程中逐渐固化为真正的名词，如giyecek（衣服），içecek（饮料），gelecek（将来），silecek（雨刷）等，属于词汇名词化现象[①]。

4.2.2.4 词缀-AsI构成的名词化结构

词缀-AsI从结构上来看是由词缀-gA+sIg结合而成的复合词缀，在古时它是将来时形动词词缀，构词能力非常强（Korkmaz，2014：837）。随着语言的发展演变，该词缀各项功能不断退化，在土耳其语中使用相当有限，构词能力弱，通常在句子中临时充当形容词和名词。通过考查相关例句，我们发现词缀-AsI构成的名词化结构的主要特点包括：

1. 多与var（有/存在），yok（没有/不存在），gel-（来），geç-（过去/消失），

---

① 详见本书3.2.1.2。

kaç-（逃脱/消失），tut-（抓住/碰巧发生）等词连用，表达做某事的"内在愿望"
（Internal Motives）。例如：

例4-80

Benim dışarda　biraz daha　**oturasım**　var.

我的　在外面　一会儿　再　坐-NOML-1sgPOS 有

我想在外面再坐一会儿。

例4-81

Oralara　**gidesim**　geldi.

那里-DAT　去-NOML-1sgPOS　来

我想去那里。

例4-82

O　asık　yüzü görünce insanın yemek　**yiyesi**　de kaçar.

那 吊着的 脸　看　人-GEN　饭 吃-NOML-3sgPOS　则 消失

看到那张吊着的脸就不想吃饭了。

2. 通常在句子中充当主语，而不能充当宾语。例如[1]：

例4-83a

Tam o sırada **Ayşenin**　**gülesi**　gelmiş.

刚好 那 时候 阿伊赛-GEN　笑-NOML-3sgPOS　来

就在那时，阿伊赛突然想笑。

例4-83b

*Ben　**Ayşenin**　**gülesini**　hemen sezdim.

我　阿伊赛-GEN　笑-NOML-3sgPOS-ACC　立刻　感觉

*我立刻感觉到阿伊赛（的）想笑。

例4-83中名词化结构"Ayşenin gülesi（阿伊赛的想笑）"在句子中能够作主
语，但不能作句子的宾语，因此例4-83b的表达方式是错误的。如果想表达例

---

[1]例句引自Yaldır（2004：145—146）。

4–83b的含义，可以使用其他名词化结构。例如：

例 4–83c：

Ben **Ayşenin** **gülmek** **istediğini** hemen sezdim.

我　阿伊赛-GEN　笑-NOML　想-NOML-3sgPOS-ACC 立刻　感觉

我立刻感觉到阿伊赛想笑。

3．通常不能使用否定形式。例如：

例 4–84a：

Benim senin ile **konuşasım** geldi.

我-GEN　你　和　说话-NOML-1sgPOS　来

我想和你说说话。

例 4–84b：

*Benim senin ile konuşmayasım var.

我-GEN　你　和　说话-NEG-NOML-1sgPOS　有

*我（有）不想和你说话。

例4–84中由动词konuş-（说话）和词缀-AsI构成的名词化结构，只能使用肯定形式，如例4–84a中的konuşasım（我想说话），而不能使用否定形式konuşmayasım（我不想说话），如例4–84b。如果要表达否定意义，可以采用其他方式。例如：

例 4–84c：

Benim kimse ile **konuşasım** yok.

我-GEN 任何人 和 说话-NOML-1sgPOS 没有

我不想和任何人说话。

4.2.2.5 形动词名词化与动名词名词化的对比分析

形动词名词化与动名词名词化是土耳其语句法名词化的重要内容。它们之间的主要区别体现在以下几个方面：

第一，从时体角度来看，动名词名词化结构不能用于表达时体，而形动词名词化结构通常具有时体意义，如由词缀-AcAK构成的名词化结构可以用来表达将来时，未完成体；由词缀 -DIK 构成的名词化结构主要表达过去和一般现在时（non-future events），完成体。对比以下两个句子。

例 4-85a

Bu işi onun **yapmasına** karar verdik.

这 事 他-GEN 做-NOML-3sgPOS-DAT 裁决

我们决定由他来做这件事。

例 4-85b

Bu işi onun **yaptığına** karar verdik.

这 事 他-GEN 做-NOML-3sgPOS-DAT 裁决

我们认定是他做了这件事。

例4-85a和例4-85b两个句子使用了相同的词，但是采用了不同的名词化结构，因此两句表达的意义便不相同。例4-85a使用-mA动名词名词化结构，不能表达动作具体发生或实现的时间，分句中的动作还没有实现，但是将来有可能实现；例4-85b使用-DIK形动词名词化结构，表明分句动作已经完成（实现），是一个具体的事件。

动作通常都具有时体特征，时是动作的时间占有性质，体则是动作的运动状态，动作在概念化时，其时体意义也相应发生改变。动名词名词化过程中，认知者认识到的是一个有时间终点的动作概念；而形动词名词化过程中，认知者往往能够观察到动作发展的内在过程，感知到时间距离的推近或拉远。

第二，从功能角度来看，-mA 和 -mAk 动名词名词化结构体现的是"行为"（acts/actions）；-AcAK 和 -DIK 形动词名词化结构体现的则是"事实"（facts）[1]（Sezer，1991；Kornfilt，1997；Göksel&Kerslake，2005；Turan&Köşe，2013）。例如：

例 4-86a

Aylin kapıyı **kapatmayı** unuttu.

阿伊琳 门-ACC 关-NOML-ACC 忘记

阿伊琳忘记关门了。

---

[1]也有学者将此处的"facts"翻译为"事件"。由于认知语法中的"事件"对应表达的是"event"，为避免概念混淆，本书将"facts"译为"事实"；下同。

例 4-86b

Aylin   kapıyı   **kapattığını** unuttu.
阿伊琳 门-ACC 关-NOML-ACC 忘记
阿伊琳忘记已经关过门了。

例4-86a中-mA动名词名词化结构表达"关门"这一动作行为，阿伊琳忘记的对象是"关门"这一行为；例4-86b中-DIK形动词名词化结构表达"关门"这一具体事件，阿伊琳忘记的对象是"关过门"这一事件。换句话说，阿伊琳已经关了门，但她忘记做过这件事。例4-86a中名词化结构的动作行为没有完成，而例4-86b中名词化结构的动作已经完成。再如（Yaldır, 2004：195）：

例 4-87a

*Kadının yeni bir ev   **alacağı**   hepimizi şaşırttı.
女人-GEN 新 一 房子 买-NOML-3sgPOS 我们-ACC 使惊讶
女人（将要）买房子让我们很惊讶。

例 4-87b

Kadının yeni bir ev   **alması**   hepimizi şaşırttı.
女人-GEN 新 一 房子 买-NOML-3sgPOS 我们-ACC 使惊讶
女人买房让我们很惊讶。

例 4-87c

Kadının yeni bir ev   **alacağı**   biliniyor.
女人-GEN 新 一 房子 买-NOML-3sgPOS 被得知
大家知道女人将要买房。

例4-87中分别使用了动名词和形动词名词化结构。它们均在句中充当主语，表达"女人买房"这一意义。对比例4-87a和例4-87b，前者的表述是不合语法的（ungrammatical），因为通常-mA动名词名词化结构用来表达"行为（acts）"，而-AcAK形动词名词化结构则用来表达"事实（facts）"。"使我们感到惊讶"的是"女人买房"这一行为，而不是"女人买房"这一事实的发生过程。而例4-87c中能够使用-AcAK形动词名词化结构，是因为"得知的"是"女人买房"这一将要发生的事件。

第三，从命题角度来看，-mA和-mAk动名词名词化结构表达的行为不能够被证实是真或是假，而-AcAK和-DIK形动词名词化结构不论最终结果如何，都可以被证实是真或是假。例如：

例4-88a

Ali　bana　içkiyi　　　bıraktığını　　söyledi.
阿里　我-DAT　酒-ACC　戒断-NOML-3sgPOS-ACC　说
阿里告诉我他戒酒了。

例4-88b

Ali　bana　içkiyi　　bırakmaya　söz verdi.
阿里　我-DAT　酒-ACC　戒断-NOML-ACC　答应
阿里答应我要戒酒。

例4-88c

Ali　Can'ın　içkiyi　　　bırakmasını　　önerdi.
阿里　江-GEN　酒-ACC　戒断-NOML-3sgPOS-ACC　建议
阿里建议江要戒酒。

例4-88a"içkiyi bıraktık（戒酒）"形动词名词化结构描述了一个事实，是一个已经完成的事件，可以被证实是真或是假，也就是说阿里是否戒酒是可以被观察到的。而例4-88b和例4-88c中动名词名词化结构中戒酒这件事是否发生不得而知，无法证实是真或是假。

第四，从意义驱动的角度来看，分句是使用形动词名词化结构还是使用动名词名词化结构，会受到主句动词意义的影响。如果主句动词是表达告知意义的动词，如bildir-（通知），açıkla-（宣布），söyle-（说），haber ver-（通报），anlat-（讲述），belirt-（阐明），ilan et-（宣布）等，那么分句则更多使用-DIK和-AcAk形动词名词化结构；如果主句动词是表达愿望、兴趣、打算和感觉的动词，如iste-（想要），rica et-（请求），dile-（希望），özle-（渴望），sinirlen-（生气），bık-（厌烦）等，那么分句则更多使用-mA动名词名词化结构；当动词含有某种语气，如表达条件、命令，且主句主语与分句主语一致时，则使用-mAk动名词名词化结构。

第五，从历史演变过程来看，动名词名词化结构是由动词附加词缀直接转化为名词，而形动词名词化结构通常是由动词附加词缀转化为形容词，再由形容词转化为名词。如-An词缀是词缀-GAn脱落"G"得来的，主要功能是让动词具有形容词功能。在土耳其语中它几乎可以附加在任何动词后，使其形容词化（adjectivisation）。在具体的上下文中，形容词化后的-An结构可临时充当名词使用。

4.2.3 独立小句名词化结构

在土耳其语句法结构中，分句根据动词的形态可分为两类：一类是无变位动词分句[①]，即类动词分句；另一类是有变位动词分句[②]，这类分句中分句动词有时、体、态以及人称等变位（Taylan，1993：162）。例如：

⊗ 例4-89

Sen burada oturuyorsun   sanıyordum.
你 这儿-LOC 住-PROG-2sg 以为-PROG-PST-1sg
我以为你住在这儿。

例4-89中"Sen burada oturuyorusun.（你住在这儿）"是一个表达完整意义的独立句子。它作为分句能够充当主句的宾语，具备名词的功能。我们将这种现象称为独立小句名词化。

土耳其语中能够实现独立小句名词化的方式主要有三种。

第一，由连词ki引导的独立小句名词化。

连词ki是源自波斯语的外来词，无实义，能够连接两个分句构成主从复合句。在ki复合句中通常谓语位于句首，其他句子成分位于ki之后。例如：

⊗ 例4-90

Baktım   **ki** gelmiyorsun[③].
 谓语   补足语
意识-PST-1sg 来-NEG-PROG-2sg
我知道你没来。

ki引导的独立小句名词化结构通常充当主句的主语、宾语、定语、状语、补足语等成分。例如：

---

①çekimsiz eylemli yan tümceler.
②çekimli eylemli yan tümceler.
③类似于"Gelmediğine baktım."（Telli，2013：1065）。

例4-91

Ahmet **ki** en sevdiğim arkadaşımdır.（作主语）

阿赫麦特 最 喜欢的-1sgPOS 朋友-1sgPOS

阿赫麦特是我最喜欢的朋友。

例4-92

Sen de biliyorsun **ki** Ayhan pek çalışmadı.（作宾语）

你 也 知道-PROG-2sg 阿伊汗 非常 努力-NEG-PST-2sg

你也知道阿伊汗不是很努力。

例4-93

Bazı kelimeler vardır **ki** bunlar da can düşmanı kadar önemlidir[①].（作定语）

一些 词 有 这些 也 死敌 一样 重要

有一些词就像死敌一样重要。

例4-94

Küçük ağa inanıyordu **ki** onların da eğişmesi muhakkaktı[②].

（作补足语）

小 少爷 相信-PROG-PST-3sg 他们-GEN 也 改变-NOML-3sgPOS 可能的-PST-3sg

小少爷相信他们一定也会变的。

例4-95

Tam dışarı çıkıyordum **ki** telefon çaldı.（作状语）

正当 向外 出-PROG-PST-1sg 电话 响-PST-3sg

我正要出门时电话响了。

第二，由连词diye引导的独立小句名词化。

diye是由动词"demek（说）"附加词缀"-A"固化而成，无实义，用于连接主从复句。由其引导的独立小句名词化结构通常充当主句的宾语或状语等成分。例如：

---

①Can düşmanı kadar önemli olan bazı kelimeler vardır.

②Küçük ağa onların değişmesinin muhakkak olduğuna inanıyordu.

例4-96

Bu hafta sonu pikniğe gideceğiz **diye** düşündük.（作宾语）

这 周 末 野餐 去-FUT-1pl 想-PST-1pl

我们想这周末去野餐。

例4-97

Gücenirsiniz **diye** bir şey söylemedim.（作状语）

生气 一 事 说-NEG-PST-1sg

怕您生气，我什么也没说。

第三，由部分动词引导的独立小句名词化。

土耳其语中的部分动词，如san-（认为），zannet-（认为），benze-（好像），arzu et-（希望）等，可以直接支配独立小句，使其充当主句的宾语和补足语。例如：

例4-98

Biz sen bugün işe gideceksin **sandık**.（作宾语）

我们 你 今天 工作 去-FUT-2sg 以为-PST-1pl

我们以为你今天会去上班。

例4-99

Kitaplar hayli yıpranmışa **benziyor**.（作补足语）

书 相当多的 磨损-DUB-3sg-DAT 像-PROG-3sg

这些书看上去很破旧了。

例4-100

Osman biz de onun takımına girelim **arzu etti**.（作宾语）

奥斯曼 我们 也 他们的 队 进入 希望-PST-3sg

奥斯曼希望我们能加入他们队。

▶ 4.3 句法名词化中动、名词特征的消长

土耳其语句法名词化是动词附加构词词缀完成形态与功能转变的过程。在这

一转变的过程中，动词范畴和名词范畴均发生了相应的调整。由于独立小句名词化多是源自波斯语语法的现象（Koç，1981：173），因此本节对独立小句名词化现象不作分析，重点探讨动名词名词化和形动词名词化这两种结构中动、名词特征的变化。

4.3.1 动词特征

土耳其语动词的典型特征包括时态、语态、语气、情态、否定和及物性等。句法名词化得以实现的前提是对这些典型特征进行调整。下面我们将从这六个方面出发逐一考查土耳其语句法名词化结构中动词的特征。

4.3.1.1 时态

关于土耳其语中的时态（time），通常认为包括过去时、现在时和将来时三种（Demir，2013：121）。其中过去时包括肯定过去时（Belirli geçmiş zaman）和主观过去时（Belirsiz geçmiş zaman），现在时包括现在进行时（Şimdiki zaman）和宽广时（Geniş zaman）（Benzer，2012：23）。所谓宽广时，即一般现在时，表示通常性、规律性、习惯性的状态或动作。

土耳其语中能够实现句法名词化的词缀有 -mAk，-mA，-Iş，-An，-DIK，-AcAK 和 -AsI。其中前三个已基本丧失体现时态的能力，我们无法通过词缀的形态去判定动作发生的时间，只能凭借上下文的时间参照点来确定。例如：

例 4-101

Sinemaya tek başına **gitmesi** beni çok üzdü.
电影院　单独地　去-NOML-3sgPOS　我　非常使难过
他独自去看电影让我很不开心。

在例 4-101 中，我们无法通过句中 -mA 动名词名词化结构本身确定动作发生的时间，但根据主句动词 üz-（使难过）使用的时态——肯定过去时，我们可以推断该动作已经发生。

而词缀 -An，-DIK，-AcAK 和 -AsI 则具有时间意义，其中词缀 -An 表达宽广时，词缀 -AcAK 和 -AsI 表达将来时，词缀 -DIK 表达过去时或现在时。

-DIK 形动词名词化结构通常表达过去时和现在时，也就是说 -DIK 形动词名词化结构中的动作或发生在主句动作之前，或与主句动作同时发生。例如：

例 4-102

Ben	sizin	dün çok	**eğlendiğinizi**	duydum.

我　你们-GEN　昨天 非常　玩-NOML-2plPOS-ACC　得知

我听说你们昨天玩得很开心。（动作发生在主句动作之前）

例 4-103

Ben	Ayşe'nin	şimdi kitap	**okuduğunu**	biliyorum.

我　阿伊赛-GEN　现在 书　读-NOML-2sgPOS-ACC　知道

我知道阿伊赛正在读书。（动作同时发生）

-AcAK 形动词名词化结构通常表达将来时，由其构成的名词化结构中的动作发生在主句动作（说话当时）之后。例如：

例 4-104

Biz	kantinin	dün	**kapanacağını**	unutmuştuk.

我们 小卖店-GEN　昨天　关-NOML-3sgPOS-ACC　忘记-DUB-PST-1pl

我们忘了昨天小卖店会关门。

再对比以下两个句子。

例 4-105a

Orhan'ın	bir şey	**yapmadığı**	belliydi.

奥尔汗-GEN　一 事情　做-NEG-NOML-3sgPOS　显然的

很明显奥尔汗什么事都没做。

例 4-105b

Orha'nın	bir şey	**yapmayacağı**	belliydi

奥尔汗-GEN　一 事情　做-NEG-NOML-3sgPOS　显然的

很明显奥尔汗将不会做任何事。

例 4-105a 和例 4-105b 分别使用了 -DIK 和 -AcAK 形动词名词化结构。两者在句子中均充当主语，前者的动作已经发生，而后者的动作尚未发生。

因此，土耳其语句法名词化中，能够保留时态特征的通常是形动词名词化结构。

4.3.1.2 语态

土耳其语中的语态是通过动词转动词词缀来实现的，即动词词根或词干附加构词词缀构成新的动词，意义不变，语态改变，最终使得句子的主、宾语发生改变（Korkmaz，2014：494—495）。土耳其语中的语态包括主动态、被动态、使动态、反身态、相互态和复合态等六种形式。这六种语态均可以通过相应的词缀来实现。在土耳其语中，语态词缀位于名词化词缀之前，不影响名词化结构的实现，也不会出现歧解。例如：

⊗ 例 4-106a

Satılmayan balıkları denize **döktüklerini** gördüm.（主动态）

没有卖出的 鱼-pl-ACC 海-DAT 倒-NOML-3plPOS-ACC 看见

我看见他们把没卖完的鱼倒进了海里。

⊗ 例 4-106b

Satılmayan balıkların denize **döküldüklerini** gördüm.（被动态）

没有卖出的 鱼-pl-GEN 海-DAT 倒-PASS-NOML-3plPOS-ACC 看见

我看见没有卖完的鱼被倒进了大海。

例4-106a名词化结构使用的是主动态动词dök-（倾倒），例4-106b使用的是被动态动词dökül-（被倾倒）。虽然两个动词的主语不同，但由它们构成的名词化结构在主句中的地位不变，均充当主句的宾语。再如：

⊗ 例 4-107a

Fatma'nın bir mektup **yazacağını** duydu.（主动态）

法特玛-GEN 一 信 写-NOML-3sgPOS-ACC 得知

他听说法特玛会写封信。

⊗ 例 4-107b

Fatma'nın başkasına bir mektup **yazdıracağını** duydu.（使动态）

法特玛-GEN 其他人-3sgPOS-DAT 一 信 写-CAUS-NOML-3sgPOS-ACC 得知

他听说法特玛会让别人写封信。

例4-107a名词化结构使用的是主动态动词yaz-（写），例4-107b使用的是使动态动词yazdır-（使写），由它们构成的名词化结构均充当主句的宾语。

土耳其语句法名词化结构中动词的语态变化不影响名词化结构在主句中的地位，因此，句法名词化结构中动词的语态特征能够得以完整地保留。

4.3.1.3 语气

土耳其语中的语气主要通过"式"[①]的形式来体现，即附加各种式词缀。"式"是用来表达陈述、疑问、祈使和感叹等语气的形态标记。土耳其语中，除了"式"词缀可以表达语气外，-mAk和-mA动名词名词化结构在一定的上下文中也能够表达祈使语气。例如：

例 4-108

Onu korumak için bu sırrı **saklamak** zorunda kaldın.

他　保护　为了 这 秘密　隐藏-NOML　　不得不

为了保护他，你必须保守这个秘密。

例 4-109

Herkesin biraz daha mantıklı **düşünmesi** lazım.

每人-GEN 一点儿 更 合乎逻辑的　想-NOML-3sgPOS　需要的

每个人都必须再好好想想。

需要说明的是，-mAk和-mA动名词名词化结构能够体现语气范畴通常是因为受到主句谓语动词（或形容词）的影响。也就是说，只有当主句动词（或形容词）为gerek-（必须），tavsiye et-（建议），iste-（想要）等表达命令、建议或是愿望意义的动词时，名词化结构才能表达一定的语气。

4.3.1.4 情态

情态概括来说是指说话人对于句子所表达内容的主观态度。情态内部存在等级差别，有强弱之分，形成一个不可能、可能、概然、必然的连续体。对比以下两个句子（Erguvanlı-Taylan，1993：169）。

例 4-110a

Yarın okulda seçim **olduğunu** bilmiyordum.

明天 在学校　选举　有-NOML-3sgPOS-ACC 不知道

我不知道明天学校有选举。

---

①式是用来反映说话人对行为动作所持态度的语法范畴。在土耳其语中，动词有五种式：陈述式、命令式、愿望式、必须式和条件式。

例4-110b

Yarın okulda seçim　　　**olacağını**　　bilmiyordum.

明天　在学校　选举　有-NOML-3sgPOS-ACC　不知道

我不知道明天学校有选举。

例4-110中两个句子分别使用了-DIK和-AcAK形动词名词化结构。从句子结构和意义上来看，二者区别不大，但是它们表达的情态是有区别的。例4-110a中-DIK形动词名词化结构表达的"事件"从说话人的角度来看能够实现的可能性较高；而例4-110b使用-AcAK形动词名词化结构表达的"事件"发生的可能性较低（Erguvanlı-Taylan，1993：169）。

土耳其语句法名词化中，通常只有-DIK和-AcAK形动词名词化结构能够表达情态意义。-DIK形动词名词化结构所表达的动作，通常是安排好并列入计划的，可以看作是一个整体事件，在未来实现的可能性极大，具有必然性。而-AcAK形动词名词化结构所表达的动作实现的可能性相对较低。

4.3.1.5 否定

土耳其语动词的否定形式是通过在动词词根/词干后附加否定词缀"-ma/-me"构成，不影响句子结构，如koş-（跑）>koşma-（没有跑），因此句法名词化结构中"否定"这一范畴被完全保留下来。例如：

例4-111a

Sigara　**içenler** azalıyor.（肯定形式）

烟　吸-NOML-pl　减少

吸烟的人正在减少。

例4-111b

Sigara　**içmeyenler**　　daha sağlıklı.（否定形式）

烟　吸-NEG-NOML-pl　更加　健康的

不吸烟的人更加健康。

4.3.1.6 及物性

土耳其语句法名词化结构完全保留了及物与不及物的对立，也就是说名词化结构中的动词和普通动词一样可以支配宾语、补足语等成分。例如：

例 4-112

Onun **beni** **kırmayacağını** sanıyorum.

他-GEN　我-ACC　打碎-NOML-3sgPOS-ACC　认为

我觉得他不会驳我的面子。

例 4-113

Burada herkes **bisiklete** **binmeyi** öğrenmeli.

这儿　每个人　自行车-DAT　骑-NOML-ACC　学

这儿的每个人都要学骑自行车。

例4-112中，名词化结构中的动词kır-（打碎）可以直接支配宾语ben（我）；例4-113中，名词化结构中的动词bin-（骑）支配补足语bisiklet（自行车）。

4.3.2　名词特征

土耳其语句法名词化结构在句子中承担名词的功能，从而获取名词的特征。其中最主要的特征是人称、数和格。

4.3.2.1　人称和数

在土耳其语句法名词化结构中，因一致关系[①]要求，被修饰语的人称和数要与修饰语的人称和数保持一致，如onların gelmeleri（他们的到来）名词化结构中动名词gelme（来）附加了复数第三人称领属性词缀，目的是为了与修饰语onlar（他们）的人称和数保持一致。

在土耳其语句法名词化中，由词缀-mAk构成的动名词名词化结构通常没有人称和数的变化；由词缀-An构成的形动词名词化结构没有人称的变化，但有单复数的变化。除此之外，其他名词化结构均要根据相关名词或代词的要求附加相应的人称及数的词缀。例如：

[①]一致关系（agreement:uyum）是指特定词类中处于一定句法关系的两个或两个以上的词，要求在聚合关系中有相同的标记范畴（胡壮麟，2013：82）。一致关系是土耳其语句法中一项重要的语法规则，通常包括名词一致关系和动词一致关系。动词一致关系是指动词的人称和数要与有关的名词或代词取得一致；名词一致关系是指名词词组中的被修饰语和修饰语的人称和数取得一致（Uzun，2000：154）。

Benim gelmem（我的到来）
Senin gelmen（你的到来）
Ali'nin gelmesi（阿里的到来）
Bizim gelmemiz（我们的到来）
Sizin gelmeniz（你们的到来）
Onların gelmeleri（他们的到来）

} herkesi sevindirdi（让大家很开心）

此外，有部分名词化结构可以单独表达事物的数量，如由 -mA，-Iş，-An 和 -AcAK 等词缀构成的名词化结构可以直接附加复数词缀 -lAr。例如：

例 4-114

Gülmeler çoğalınca ben anladım bir hata　　　yaptığımı.

笑 -NOML-pl 增多　我　明白　一 错误　做 -NOML-1sgPOS-ACC

笑声一多，我就明白自己犯了个错误。

例 4-115

Bu　kadar sık kavgalar ve　**ayrılışlar** yaşadınız.

这么　频繁的　　争吵　和 分离 -NOML-pl　经历

你们经历了这么多争吵和分离。

例 4-116

Bana saygı　　**göstermeyenlere**　ben de　saygı göstermem.

我　尊重　表示 -NEG-NOML-pl-DAT 我 也　尊重　　不表示

不尊重我的人我也不会尊重他。

例 4-117

Okey **oynayacaklar** için 4 kişinin de aynı zaman ve yerde olması şart.

Okey　玩 -NOML-pl 对于 4 人　　则 同样 时间 和 地点 处于 条件

对于要玩 Okey 的人来说，4 个人得处在同一时间和地点。

4.3.2.2 格

格（case）是土耳其语中重要的语法范畴，用来辨别句子中词与词之间的句法关系。格通常以构形词缀的形式附加在名词的形态变体上，体现名词在句中不同的功能。卡尔坎（Kalkan）分析了 22 位土耳其学者对于格的描述分类，得出结论如下（Kalkan，2006：29）。

表4.1　土耳其语的格

	Me	TB	NEU	MH	VH	ZK	NSİ	SE	DA	KD	NK	HE	KB	TD	SM	AÖ	BG	TG	MK	TNG
Yalın durum (nominatif)	+	+	+	+	+	+	+	+	+	+	+	+	+	+	+	+	+	+	+	+
Yönelme durum (datif, yaklaşma)	+	+	+	+	+	+	+	+	+	+	+	+	+	+	+	+	+	+	+	+
Belirtme durum (akuzatif, yükleme)	+	+	+	+	+	+	+	+	+	+	+	+	+	+	+	+	+	+	+	+
Bulunma durum (lokatif, kalma)	+	+	+	+	+	+	+	+	+	+	+	+	+	+	+	+	+	+	+	+
Ayrılma durum (ablatif, çıkma, uzaklaşma)	+	+	+	+	+	+	+	+	+	+	+	+	+	+	+	+	+	+	+	+
İlgi durumu (genitif, tamlayan)	+	+		+	+	+	+	+	+			+	+	+			+	+	+	+
Vasıta durumu (instrumental, araç, araçlı)	+	+				+		+							+	+	+	+		
Eşitlik durumu (ekvatif)	+	+															+		+	

表4.1中，第一行是土耳其学者姓名的简称[①]，第一列是土耳其语各种格的名称，从上至下分别为原格（零形态）、向格、宾格、位格、从格、所有格、工具格、相等格，其中最重要的格为前六种。

土耳其语句法名词化结构在句中具备名词功能，因此能够像普通名词一样附加各种格词缀。我们对土耳其语句法名词化结构附加格词缀的情况进行了统计，如下表。

表4.2　句法名词化结构附加格词缀统计

	原　格	宾　格	向　格	位　格	从　格	所有格
-mAk	+	+/-	+/-	+	+	+/-
-mA	+	+	+	+	+	+
-Iş	+	+	+	+	+	+
-An	+	+	+	+	+	+
-DIK	–	+	+	+	+	+
-AcAK	–	+	+	+	+	+
-AsI	–	–	–	–	–	–

[①]从左至右：姓名+著作名ME: Muharrem Ergin, Türk Dil Bilgisi；TB: Tahsin Banguoğlu, Türkçenin Grameri；NEU: Nadir Engin Uzun, Anaçizgileriyle Evrensel Dilbilgisi ve Türkçe；MH: Mehmet Hengirmen, Türkçe Temel Dilbilgisi；VH: Vecihe Hatipoğlu, Dilbilgisi Terimleri Sözlüğü；ZK: Zeynep Korkmaz, Türkiye Türkçesi Grameri；NSİ: Nese Atabay-Sevgi Özel-İbrahim Kutluk, Sözcük Türleri；SE: Süer Eker, Çağdas Türk Dili；DA: Doğan Aksan, Her Yönüyle Dil Ana Çizgileriyle Dilbilim；KD: Kemal Demiray, Temel Dilbilgisi；NK: Nurettin Koç, Yeni Dilbilgisi；HE: Haydar Ediskun, Türk Dilbilgisi；KB: Kaya Bilgegil, Türkçe Dilbilgisi；TD: Tufan Demir, Türkçe Dilbilgisi；SM: Sadettin Özçelik, Münir Erten, Türkiye Türkçesi Dilbilgisi；AÖ: Atilla Özkırımlı, Dil ve Anlatım；BG: Besir Göğüs, Anlatım Terimleri Sözlüğü；TG: Tuncer Gülensoy, Türkçe El Kitabı；MK: Mahzar Kükey, Türkçenin Dilbilgisi；TNG: Tahir Nejat Gencan, Dilbilgisi.

从表4.2中我们可以看出，除-AsI外，基本上土耳其语中所有的句法名词化结构都可以附加名词的格词缀，需要说明的是以下几点：

1．由词缀-mAk构成的名词化结构历史上曾经可以附加各种格词缀，但在语言的演变过程中，附加宾格、向格和所有格词缀的形式逐渐被-mA词缀所替代。例如：

⊗ 例4-118

Oğlumuz　şimdi **yürümeğe/yürümeye** başladı.

我们的儿子　现在　走路-NOML-DAT　　　　　开始

我们的儿子开始走路了。

2．由词缀-DIK和-AcAK构成的名词化结构，在句中不能以原格形式（零形态）出现，否则承担的功能就不是名词，而是形容词。例如：

⊗ 例4-119

Hemen gitmeliyim, seninle **tartışacak** zamanım yok.

立刻　　　走　　和你　争吵（的）　时间　没有

我马上就得走了，没时间和你争。

例4-119中，"tartışacak"承担形动词最基本的功能，即在句中充当形容词，修饰名词"zaman"（时间）。

3．由词缀-AcAK构成的名词化结构，通常不能附加位格词缀。如果要表达"某一动作将要发生的时候"，可以使用-AcAK的形容词功能，如başlayacağı zaman（他要开始的时候），göreceği zaman（他要看见的时候），oturacağı zaman（他要坐下的时候）。

4.3.3　动、名词特征的变化

4.3.3.1　动词特征的变化

普遍的语言调查发现，动词作主、宾语时总要失去一些动词的典型特性，同时增加一些名的典型特性（Hopper&Thompson，1985）。土耳其语句法名词化过程中动词特征的变化主要表现在以下四个方面：

第一，动词的时间性受到限制，但并没有完全失去时间性。

土耳其语的动名词名词化结构中，动名词词缀本身不具有时间性，但根据上下文的需要，动名词名词化结构可以被时间副词修饰。例如：

例4-120

Hemen **gitmem** lazım.

立刻 去-NOML-1sgPOS 需要

我得立刻去。

例4-120中动名词名词化结构gitmem（我的去）陈述动作行为，不体现具体发生的时间，被时间副词hemen（立刻）修饰，表达"我得立刻去"的意义。

形动词名词化结构中，形动词词缀本身具有时间性，如-An表示宽广时（一般现在时），-AcAK和-AsI表示将来时，-DIK则根据上下文可以表示过去和现在。事实上，形动词名词化结构可以看作时间词缀和名词化词缀的重合，从功能上来说，既可以表达时间意义，也可以构成名词化结构。例如：

例4-121

Ne zaman onay **verecekleri** belli olmuyor.

什么 时候 批准 给予-NOML-3plPOS 明确的 不是

他们什么时候能批准还不确定。

例4-121使用-AcAK将来时形动词名词化结构，表明该动作目前尚未发生，将来会发生，表达"他们（的）将要批准"的意义，在句中充当主语。

此外，形动词名词化结构中的动词通常可以被时间副词修饰。例如：

例4-122

Sık sık bu kenti **ziyaret ettiğini** ifade etti.

经常 这 城市 拜访-NOML-3sgPOS-ACC 表示

他说他经常来这座城市。

例4-122中形动词名词化结构中的动词ziyaret et-（拜访）带宾语bu kent（这座城市），同时被时间副词sık sık（经常）修饰，表达的意义为"他（的）经常拜访这座城市"，在句中充当宾语。

土耳其语句法名词化过程中，动词没有完全失去时间性这一特点与汉语和英语截然不同。在汉语和英语中，动词作主宾语时会失去时间性，带表示时间、时态的词语受到限制，如汉语动词作主宾语时不能带"曾经、正在、已经、将要、从来、早已、就要、终将、刚刚、马上、常常、一直、偶尔、当即"等时间副词，也不能带表时态的"了、着、过"（沈家煊，1999：275—276）。例如：

他的到来使人惊奇。　　　　　　?他的曾经到来使人惊奇。

这本书的出版是件好事。　　　　*这本书的已经出版是件好事。

我们在看表演杂技。　　　　　　*我们在看表演着杂技

英语动词名词化时同样必须消除时间特征，时态语法标记与动词标记-ing是不相容的（石毓智，2000：71—97）。例如：

He looks the book.　　　　　　*His looksing(looking) the book.

He looked the book.　　　　　　*His lookeding(looking) the book.

英语里，-s是现在时第三人称，-ed是过去时。当转换为名词时，这些时态标记必须去掉，否则就与名词的数量特征发生冲突。因此一旦动词被赋予了时间量，就不能再被名词化了。此外，英语中一个动词如果被时间词修饰，也不能再被名词化，但非时间词没有这一限制。例如：

I know somebody who works often .　*I know an often worker.

I know somebody who works hard.　　I know a hard worker.

当一个动词受时间词修饰时，它就赋予了时间的数量特征，因此不能再被名词化。

第二，动词的情态、语气可以通过不同的名词化结构来体现，并且可以受情态副词修饰。例如：

❤ 例4-123

Kabul edilemeyeceğimi　　düşündüm.

录取 -PASS-NEG-NOML-1sgPOS-ACC　　想

我想我可能不会被录取。

例4-123中形动词名词化结构中动词kabul edileme-（不能被录取）一方面表达动作还未发生，另一方面表达动作发生的一种可能性，表达"我（的）可能将不被录取"的意义，在句中充当宾语。再如：

❤ 例4-124

Doktor　ona　bir　süre　　**dinlenmesini**　söyledi.

医生　他-DAT　一　时间　休息-NOML-3sgPOS-ACC　说

医生要求他休息一段时间。

例4-124中，动名词名词化结构dinlenmesi（他休息）可以表达命令语气，表达"他（的）必须休息"的意义，在句中充当宾语。

而汉语中动词充当主宾语时，不能受一些表示情态的副词修饰，包括"的确、果然、恐怕、恰好、千万、未必、也许、可能、大概、幸好、终究、到底"等，因为情态总是跟动作行为联系在一起（沈家煊，1999：276—277）。例如：

他的认错出自内心。　　　　　　*他的能认错出自内心。

他的赢是有把握的。　　　　　　*他的会赢是有把握的。

第三，动词带状语和补足语不受限制。例如：

⌄ 例4-125

Daha　　geç kalmayacağını　　biliyorum.

　再　迟到-NEG-NOML-3sgPOS-ACC　知道

我知道他不会再迟到。

例4-125中，形动词名词化结构中动词geç kalma-（不迟到）被副词daha（又、再）修饰。名词化结构表达"他（的）将不会再迟到"的意义，在句中充当宾语。

⌄ 例4-126

Performansından　**çok**　　memnun olduğunu　belirtti.

表现-3sgPOS-ABL　非常　满意-NOML-3sgPOS-ACC　表示

他表示对他的表现很满意。

例4-126中，形动词名词化结构中的动词memnun ol-（满意）被副词çok（非常）修饰，同时带补足语performans（表现）。

而汉语中动词作主宾语时，动词带状语和补语受到了限制。例如：

挨了批评　　　　　　*挨了又批评

这本书的出版　　　　*这本书的出版了三个月

第四，动词带主、宾语不受限制。例如：

⌄ 例4-127

Erdem　　bu　**hanımın** kim　　　olduğunu　düşünüyordu.

埃尔德姆　这　女士-GEN　谁　是-NOML-3sgPOS-ACC　想

埃尔德姆正在想这位女士是谁。

例4-127中，形动词名词化结构bu hanımın kim olduğu（这女士是谁）在句中充当宾语，bu hanım（这位女士）在这一名词化结构中充当主语。再如：

⊗ 例 4-128

Bunu　　　　　unutmadığıma　　müteessifim.

这 -ACC　忘记 -NEG-NOML-1sgPOS-DAT　遗憾

很遗憾我没有忘记这事。

例4-128中，形动词名词化结构中的动词unutma-（没忘记）支配宾语bu（这）。名词化结构表达"我（的）没忘记这事"，在句中充当补足语。

而汉语动词作主宾语时，动词带主宾语会受到一定的限制。例如：

给予帮助　　　　　　　　*给予帮助物质

我喜欢打球　　　　　　　*我喜欢我/你打球

从上述分析中我们可以看出，土耳其语句法名词化结构中动词极大地保留了原生动词的特征，尤其是时间性这一方面，与汉语、英语名词化中动词的特征差别较大。

4.3.3.2　名词化程度的梯度渐变

原型范畴理论认为词类的划分并非离散的，动词、名词之间往往处于渐变的状态，典型的动词和名词分别处于连续统的两级。句法名词化结构因不同程度地兼有动词和名词的特征，也处于这个渐变的连续统之中。

在土耳其语句法名词化结构中，动词在保留原生动词特征的同时，在一定程度上体现出名词化倾向。不同的名词化结构名词化程度有所不同。形动词名词化结构中动词的特征明显，只有附加词缀构成名词词组后才能在句中表现出名词功能。例如：

⊗ 例 4-129

Gideceğim　　　herkes tarafından biliniyor.

去 -NOML-1sgPOS　每个人　　方　　被知道

所有人都知道我要去。

例4-129中，形动词名词化结构gideceğim，实际上是第一类型名词词组benim gideceğim（我的将要去）的省略形式。由于gideceğim中单数第一人称领属性词缀 -im已经表明了人称，从语言的经济性角度来说，benim（我的）是可以被省略的。这里的gideceğim更多地保留了动词特征。

和形动词名词化结构相比较，动名词名词化结构中动词的特征呈现出减弱的趋势，如动名词名词化结构中的动词不具备时间性。与此相对，动名词名词化结构中动词的名词化程度明显高于形动词名词化结构。例如：

例4-130a

Yaşlılar **düşmekten** korkuyor.

老人　摔-NOML-ABL　害怕

老人怕摔。

例4-130b

Çocuğun ağaçtan　　**düştüğünü**　　gördüm.

孩子　　树-ABL　摔-NOML-3sgPOS-ACC　看见

我看见小孩从树上摔下来。

例4–130a中düşmek是动名词名词化结构，表达"摔倒"这一行为，在句中直接充当补足语；例4–130b中düştük是形动词名词化结构，表达"摔倒"这一事件，强调动作发生的全过程，本身不能够作名词使用，必须与çocuk（孩子）构成领有关系，形式上构成名词词组çocuğun ağaçtan düştüğü（孩子的从树上掉落），才能在句中充当宾语。因此，由形动词名词化结构到动名词名词化结构，名词性是逐渐增强的，如下图。

```
        形动词          动名词
      ────────────────────────────→
      名词性弱              名词性强
```

图4.4　形动词与动名词的名词性对比

按照认知语法的观点，事物的空间性和过程的时间性是名词与动词的认知基础。那么，我们理解名词化程度时便要以"空间性的获得"（事物的典型特征）和"时间性的消逝"（过程的典型特征）为认知基础。一个句法名词化结构的事物性越典型、过程性越弱，它的指称性就越强，名词化程度也就越高。因此，即便是相同类型的名词化结构，它们的名词化程度也会有所不同。例如：

例4-131a

4 tane dişimi　　**çekeceklerini**　　söylediler.

4 颗　牙齿　拔-NOML-3plPOS-ACC　说

他们说要拔掉我4颗牙。

例 4-131b

Hanım, çekecek nerede?

老婆　　鞋拔　　哪儿

老婆，鞋拔子到哪儿去了？

例4-131a和例4-131b两句都是动词çek-（拔）附加将来时形动词词缀-AcAK构成的名词化结构。前者保留了动词的特性，如将来时表明拔牙这件事即将发生，支配宾语"牙齿"等，过程性强；而后者具备典型的事物性，或者说已成为真正的名词，不再具备典型动词的特征。因此，后者的名词化程度远高于前者。

4.3.3.3 句法、词汇名词化连续统

认知语法认为，名词是语义极标示事物（thing）的象征结构，动词是语义极标示过程（process）的象征结构（兰盖克，2013：188，248）。一个过程的所有成分状态都单独作为关系逐一凸显出来，但是在相应的名词中这些状态是作为一个事物被整体凸显出来的，如下图。

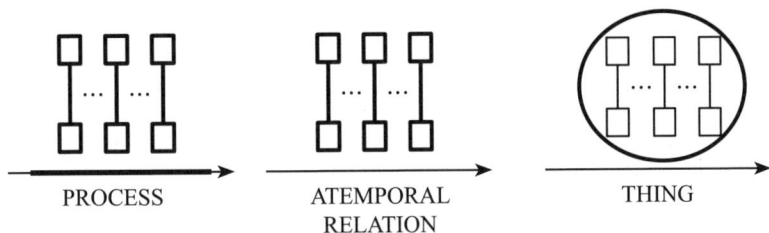

图4.5 过程与事物（兰盖克，2013：251）

土耳其语句法名词化作为典型动词和典型名词之间的语法现象，其内部的空间性（事物）和时间性（过程）相互交融共存，形成一个连续状态。也就是说，句法名词化既是事物性的，也是过程性的，因为时间维度在名词化结构的描写中得到了一定程度的凸显。例如：

例 4-132a

Elini　　　nereye　　koyacağını　　　bilmedi.

手-3sgPOS-ACC 哪儿-DAT 放置-NOML-3sgPOS-ACC 知道-NEG-PST3sg

他不知道把手放哪儿好。

例4-132a中，动词koy-（放置）附加-AcAk名词化词缀后，构成句法名词化结构，充当主句的宾语。"elini nereye koyacağı"（<他的>不知道把手放在哪儿）作为一个事物被整体凸显出来，而"koyacak"（将放置）表达在将来某一时间发生的

事件，凸显"过程"。当这一句法名词化结构的"时间性"逐渐变弱直至完全消逝时，得到的结果就是转变为词汇名词化。例如：

例4-132b

Dolap, sandık, sepet, tabak, bardak birer　**koyacak**tır.

柜子　　箱子　篮子　盘子　杯子 各一个 装东西的物件

柜子、箱子、篮子、盘子、杯子都是用来装东西的物件。

例4-132b中，koyacak在《土耳其语词典》中的释义为içine öteberi koymaya yarayan şey（装东西的物件）。该词已失去了表达时间的功能，不能体现"过程"，是典型的名词。

土耳其语的词汇名词化和句法名词化均是通过构词词缀来实现的，本质上具有相通性。句法名词化与词汇名词化之间不是边界分明、非此即彼的关系，而是分处一个连续统的两极。句法层面的名词化词缀在语言的发展过程中可以转化为词汇层面的名词化词缀，如下图。

图4.6　句法、词汇名词化连续统

从图4.6中我们可以看出，土耳其语句法名词化处于动词和名词之间，与它们形成了一个连续统，由于词汇名词化的结果是产生新名词，因此处于近名词一端。但并不是所有的句法名词化最终都能转化为词汇名词化。目前来说，只有一部分动词在附加句法名词化词缀后，能够形成较为固定的名词义项。

▶4.4 小结

句法名词化是土耳其语名词化研究的重要内容。本章结合前人的研究成果，对土耳其语句法名词化进行了重新界定，认为：土耳其语句法名词化是动词附加构词词缀后，由核心句子转换为名词化结构的过程；该结构包含一致关系和非一致关系两种形式，在句中临时承担名词功能。

土耳其语句法名词化的基本类型包括动名词名词化、形动词名词化和独立小句名词化。实现句法名词化的主要手段为构词词缀。土耳其语句法名词化是动词附加构词词缀完成形态与功能转变的过程。在这一转变的过程中，动词范畴和名词范畴均发生了相应的调整。土耳其语句法名词化作为典型动词和典型名词之间的语法现象，其内部的空间性和时间性相互交融共存，形成一个连续状态。

　　认知语法认为语义是语言的基础，存在于人的概念化过程中，语义结构即概念结构。句子结构取决于这一概念内容是如何观察、感知和理解的。因此，从不同的角度观察和理解名词化，会得出不同的结果，反映在语法上就形成了不同的句法名词化结构。这种观察、理解和构造名词化结构的过程会受认知概念系统、外部世界经验等因素的影响。

第五章　土耳其语名词化的主要认知机制

土耳其学者科朗曾表示，对于母语是土耳其语的人来说，名词化的运用是一种本能，可以凭借感觉自然而然地实现（Kıran，1979：45）。而事实上，语言能力是语言进化和固化的结果。所谓的本能，必然是经过无数次的重复学习最终内化而成的"本能"。土耳其语名词化是一种概念形成过程。这一过程离不开人的经验和对事物的认知方式，名词化的形成与人的认知心理密不可分。因此，本章将尝试从概念转喻和概念隐喻出发，分析土耳其语名词化过程中的主要认知机制。

▶5.1 概念转喻与名词化

5.1.1 土耳其语名词化过程中的概念转喻

认知语法认为，词类的转化本质上是一种概念转喻（conceptual metonymy）。Radden &Kövecses（1999：18—21）将转喻[①]定义为"一个认知过程。在这一过程中，一个概念实体或载体（vehicle）为同一ICM内的另一概念实体或目标（target）提供心理可及[②]"。也就是说，转喻通常体现的是同一认知域中两个概念实体间的关系，始源域和目标域之间具有邻近性，始源域的功能是为目标域提供心理可及。这一过程恰好符合人们对名词化现象的认知方式。例如：

⊗例5-1a

Türküler çağırarak kara tahta **sil**iyorlar.

　歌　（边）唱　黑板　　　擦

他们唱着歌擦着黑板。

⊗例5-1b

Bana　　　**silgi** uzatabilir misin?

我 -DAT　黑板擦　递　　　吗

你能给我递一下黑板擦吗？

---

①下文中的转喻如未加特殊说明均为概念转喻。

②Metonymy is a cognitive process in which one conceptual entity, the vehicle, provides mental access to another conceptual entity, the target, within the same domain or ICM.

例5-1a中动词sil-表示"擦"这一具体动作，例5-1b中动词sil-（擦）附加词缀"-GI"后转变为名词silgi（黑板擦）。原来表示具体动作的动词转换为表示"工具"（黑板擦）的名词，动词的典型特征消失，被赋予了名词的范畴特征。这正是转喻操作下"动作转喻工具"的体现。

土耳其语名词化过程中的转喻思维通常发生在词汇派生过程中。由于土耳其语词汇名词化是通过附加构词词缀使其他词类派生为名词或名词本身再派生名词的一种构词过程，那么我们可以将词汇名词化中的转喻视作一种构词转喻。构词转喻不同于词汇转喻，是词汇派生过程中发生的转喻，转喻思维发生在原生词和派生词之间。而词汇转喻通常发生在一个词的内部，如Evde beş boğaz var（家里有五口人要养活）（Aksan，2016：98）。该句中"boğaz（咽喉）"一词转喻为"yiyeceği sağlanması gereken kimse（要养活的人）"，体现的是词汇转喻。

在前文中我们分析得出了土耳其语词汇名词化词缀的主要特性。这些特性的产生大多与转喻思维有关。

5.1.1.1 多义形成过程中的转喻思维

土耳其语词汇名词化是以"原型"为基础的词汇派生过程，包括以词根为核心和以词缀为核心的两种意义辐射。这一过程中，词根和词缀组成了以典型意义为中心的多义辐射网络。也就是说，词根和词缀以某一"原型"意义为中心向各个方向扩散。这个扩散过程反映了我们大脑中的转喻思维，如下图。

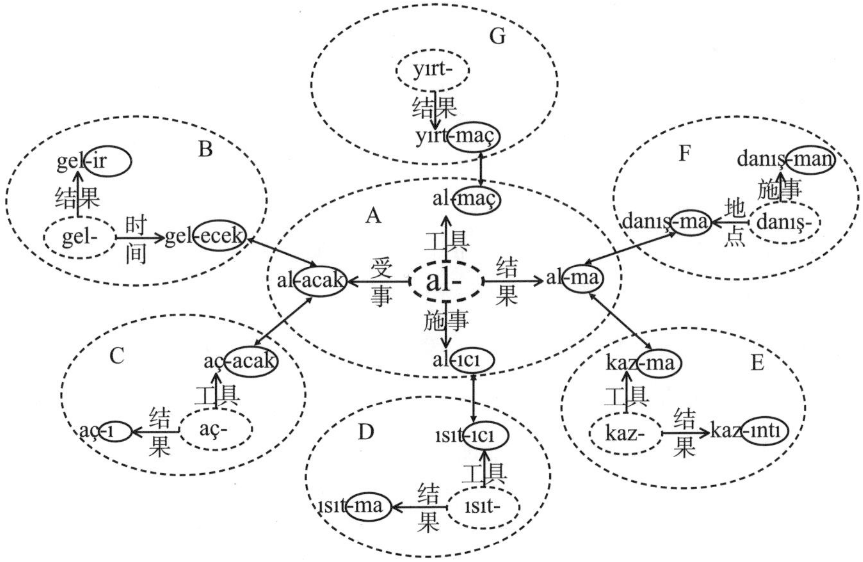

图5.1　名词化多义转喻思维

该图中，域A组成了以动词"al-"为核心的多义网络。al-（拿，接，买）通过附加词缀-mAç，-AcAk，-IcI，-mA派生出四个名词：

almaç：Bir elektrik akımını alıp başka bir kuvvete çeviren cihaz, reseptör（接收机）

alacak：Alınması gerekli şey（预购物品）

alıcı：Satın almak isteyen kimse, müşteri（顾客）

alma：Alma işi, ahiz, derç（获得）

这四个词的派生过程是转喻操作下"动作转喻工具""动作转喻受事""动作转喻施事"和"动作转喻结果"的体现。

域B、C、D、E、F、G分别组成以动词"gel-，aç-，ısıt-，kaz-，danış-，yırt-"为核心的语义网络，派生过程中的转喻如图5.1所示。

域A、B和C组成了以词缀-AcAk为核心的语义网络；域A和D组成了以词缀-IcI为核心的语义网络；域A和E、F组成了以词缀-mA为核心的语义网络；域A和G组成了以词缀-mAç为核心的语义网络。我们只选取了各域中比较典型的意义进行分析解释，事实上上述7个域还可以继续扩散，形成更大的网络。

5.1.1.2 词缀选择过程中的转喻思维

转喻本质上是一种概念现象，也是认知加工过程。它一方面是用一个实体去替代另一个实体的过程，另一方面是在心理上通过一个概念实体提取另一个概念实体的过程。土耳其语词汇名词化过程中，词根/词干为我们提供百科知识通道，使我们能够从所呈现的语言单位联想到相关的概念系统。这一过程体现的就是转喻思维。这一过程的发生不是任意的，会受到各种因素的影响。

在前文中我们提到，土耳其语词汇名词化过程中，词缀不能任意地附加在所有词根/词干后，而词根/词干也不能无条件地附加所有词缀，土耳其语词汇名词化词缀与词根/词干的结合是有选择性的。这种现象的发生主要是由于转喻思维模式的不同而造成的。

我们以词缀-CI和词缀-IcI为例。这两个词缀附加在词根/词干后，均能够表达"具有某种属性的人"的意义。这两个词缀对于词根/词干的词性是有选择的，前者只能附加在名词后，而后者只能附加在动词后，如下图。

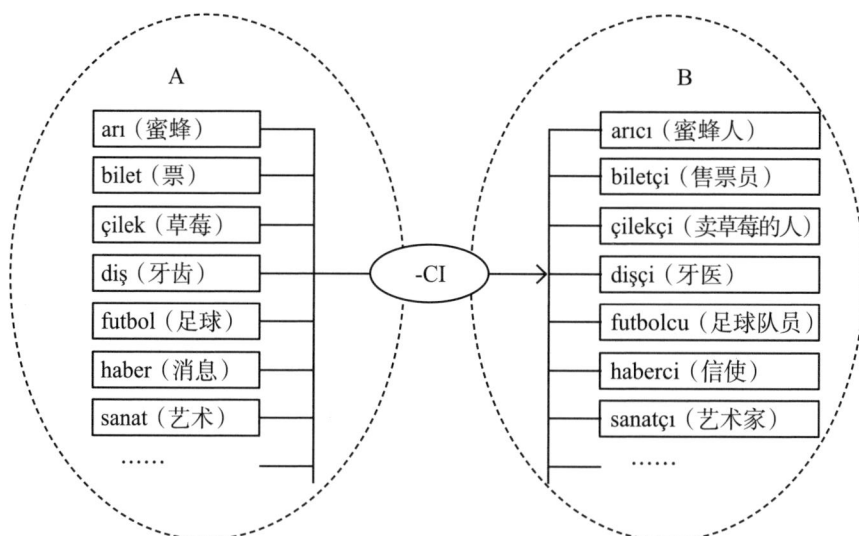

图5.2　词缀-CI的转喻思维

图5.2中，A和B处于同一个认知域下。由于事物间的邻近性，我们能够通过A区中的"事物"联想到B区中的"事物"，体现了从一个"事物"概念到另一个"事物"概念的转喻思维。

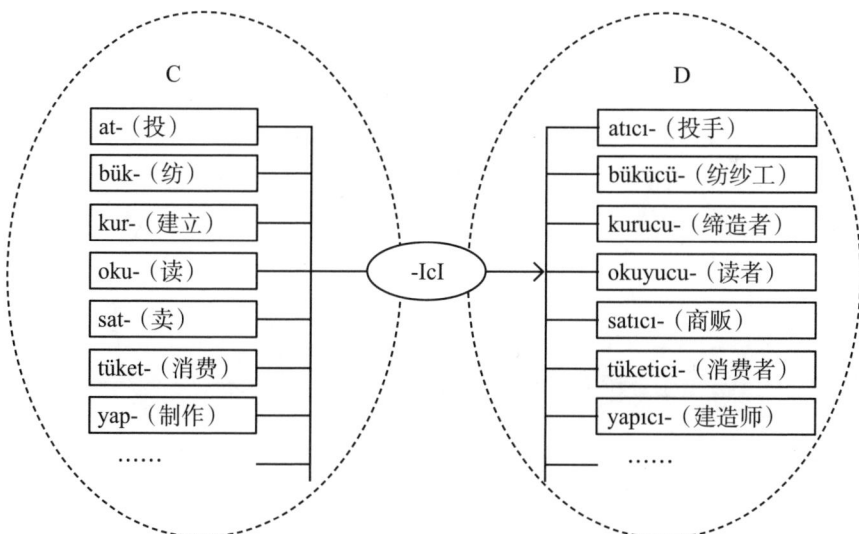

图5.3　词缀-IcI的转喻思维

图5.3中，C和D也处于同一个认知域下。它们的邻近关系不是事物之间切实的邻近，而是概念性的邻近，体现了从"动作"概念到"事物"概念的转喻思维。

也就是说，由于转喻思维模式的不同，即便是能够表达相同意义的词缀，也不能任意地附加在所有词根/词干后。

5.1.1.3 词缀叠加过程中的转喻思维

在土耳其语中，词汇名词化词缀不仅可以附加在词根后，还可以附加在词干后；词缀可以不断地叠加进行转类，继而构成新词，如下图。

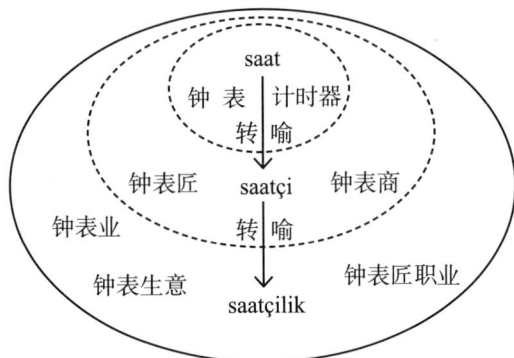

图5.4 saat派生转喻思维

图5.4中，名词saat（表）附加词缀-çi派生出saatçi（钟表匠），继而再附加词缀-lik派生出saatçilik（钟表业）。这种叠加派生的实现，是因为三个词均处于和"钟表"相关的认知域中，具有概念上的邻近性。我们能够以原生词为参照，在转喻思维的作用下一步步理解派生新词的意义，如下图。

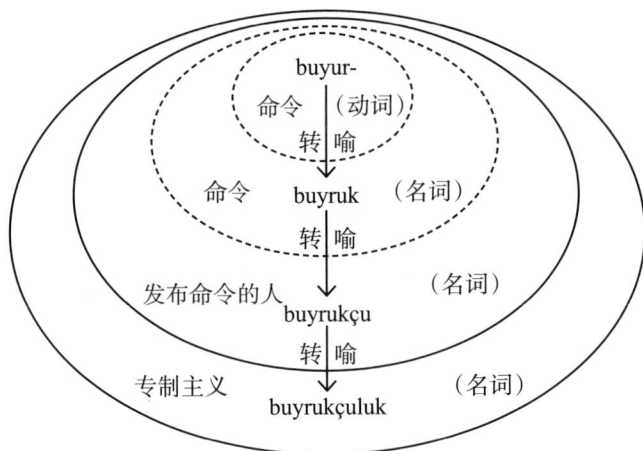

图5.5 buyur-派生转喻思维

图5.5中，动词buyur-（命令）通过附加词缀-uk，-çu，-luk完成了一系列的派生。得到的新词同属于"施事—动作—受事"这一关于人类活动与事件最基本的认知域下。这种叠加派生也是在转喻思维的作用下逐一完成的。

土耳其语词汇名词化的构词特点和语义特征不是凭空而来，而是有其内在动因。这种动因多是由转喻思维所引发的。当词根/词干附加词缀构成的新名词呈现在我们面前时，我们就可以借助转喻的相关知识对其进行识解，找出两个词之间的某些"共同特点"，从而正确地理解和运用该词。

5.1.2 土耳其语名词化的概念转喻模式

关于转喻模式，不同学者从不同角度来分类阐述，如莱考夫和约翰逊（Lakoff&Johnson，1980：36—38）的七分法，温格瑞尔和施密德（Ungerer&Schmid，1996：116）九分法，以及皮尔斯曼和吉拉兹（Peirsman&Geeraerts，2006：276—277）的二十三分法等。拉登和科维塞斯（Radden&Kövecses，1999：30）认为整体和部分之间的区别对转喻过程而言至关重要。他们以ICM[①]为理论基础，对转喻进行了全面的分析，认为产生转喻的关系分为两种类型：一种是整体ICM与部分之间的替代关系；另一种是整体ICM中部分和部分之间的替代关系。我们以他们的分类为参考，对土耳其语词汇名词化的概念转喻模式进行考查，发现土耳其语词汇名词化过程中的概念转喻模式主要可分为两类：动作概念转喻事物概念；事物概念转喻事物概念。

5.1.2.1 动作概念转喻事物概念

动作概念转喻事物概念通常发生在动词名词化过程中。表达动作过程的认知域中通常包含动作以及与动作相关的事物等要素。动作和事物处于同一认知域中，动作可以用来转喻事物。通过对土耳其语动词名词化现象的考查，我们发现动作概念转喻事物概念具体可分为以下六类。

1. 动作转喻施事

在动词派生名词的过程中，动作可以转喻为施事。施事作为动作行为的主体，一般认为它具有[+有生]的语义特征（由人组成的集合体，如学校、机关、团体、协会等也可被涵盖在施事当中）。例如：

⊗ 例 5-2a

Müzik **dinli**yorum.

　音乐　　　听

我在听音乐。

[①]Lakoff（1987：68）提出了理想化认知模型（Idealized Cognitive Model）这一概念，论证对一个词的理解依赖于与之相关的整个概念系统。之所以称为"理想化"认知模型，是因为它不是客观存在的，而是由人主观创造的。

例 5-2b

Sesiyle **dinleyicileri** büyüledi.

声音　　　听众　　使着迷

听众被他的声音给迷住了。

例5-2中，动词dinle-（听）派生出该动作的执行者dinleyici（听众），体现出以动作为参照转喻施事。土耳其语动词名词化词缀中能够实现动作转喻施事的词缀包括：-An，-ArI，-DI，-DIk，-GA，-GAn，-gIç，-GIn，-IcI，-mA，-mAn，-mAz，-mIş，-(A/I)r，-(A/I)z等[1]。

2．动作转喻受事

动作转喻受事，通常是指由动作转喻动作对象，即受动作支配的人或事物。例如：

例 5-3a

Yeni　bir　laptop　**al**dı.

新的　一　笔记本电脑　买

他买了台新电脑。

例 5-3b

Alacaklarım için　bir liste yaptım.

预购物品　　为了　一　清单　做

我列了一张预购物品清单。

例5-3中，动词al-（买）派生出名词alacak（预购物品），以动作"买"转喻"要买的东西"，alacak（预购物品）是动作al-（买）的对象，体现动作转喻受事。土耳其语动词名词化词缀中能够实现动作转喻受事的词缀包括：-AcAk，-Am，-AsI，-CAk，-mAk，-mIş，-sAk等。

3．动作转喻结果/产物

通常人们在表达概念时，不仅需要对动作加以"叙述"，还需要对动作进行"指称"。因此动作可以转喻为动作过程中产生的一系列结果或产物。例如：

例 5-4a

Emine　Hamın kimi **seç**ti?

埃米奈　女士　谁　选

埃米奈选了谁？

---

①例词参见附录，下同。

例 5-4b

Seçimi kim kazandı?

　选举　谁　赢得

谁当选了？

例5-4中，动词seç-（选）派生名词seçim（选举），事物seçim（选举）是动作seç-（选）的结果或产物。土耳其语动词名词化词缀中能够实现动作转喻结果/产物的词缀包括：-A，-AGAn/-AğAn，-Ak，-Al/-l，-AlAk，-AlgA，-Am，-An，-AnAk/(A)nAk，-bAç，-CA，-CAk，-ç，-DI，-GA，-GAn，-GI，-GIn，-gIt，-I，-Iş，-(I)k，-(I)l，-(I)m，-mA，-mAcA，-mAç/-(A)mAç，-mAz，-mAzlIk，-mIk，-mIr，-n/-(I)n，-(I)nç，-(I)ntI/-tI，-(A/I)r，-sAk，-sI，-(I)t，-tAy，-v/(A)v，-(A)y等。动作转喻结果/产物是土耳其语词汇名词化中转喻频率最高的一种模式。

4．动作转喻工具

该转喻是指通过动词词义可以推导出动作行为发生所要使用的工具。例如：

例 5-5a

Duvara bir resim **as**tı.

　墙　一　画　挂

他往墙上挂了幅画。

例 5-5b

Askı hayatımızın vazgeçilmez bir ihtiyacıdır.

衣架　我们的生活（的）不可缺少的　一　需要

衣架是我们生活中的必需品。

例5-5中，动词as-（挂）派生出名词askı（衣架），以"挂"这一具体动作为参照转喻与此动作密切相关的工具"衣架、挂钩"。土耳其语动词名词化词缀中能够实现动作转喻工具的词缀包括：-AcAk，-Aç，-Ağı，-AGAn/-AğAn，-Ak，-Al/-l，-AmAç，-AmAk，-An，-AnAk/(A)nAk，-CAk，-DI，-GA，-GAç，-GI，-gIç，-GIn，-I，-(y)IcI，-Iç，-(I)k，-mA，-mAcA，-mAç/-(A)mAç，-mAk，-mAn，-mIş，-(A/I)r，-(I)t，-(A)y等。

5．动作转喻地点/处所

该转喻是指动作转喻动作行为发生或进行的地点/处所。例如：

例 5-6a

Odasına **gir**di.

　房间　　进入

他进了房间。

例 5-6b

Girişte bekliyorum.

入口处　　等待

我在入口处等着。

例5-6中，动词gir-（进入）派生出名词giriş（入口处），以"进入"这一动作转喻与其相关的地点"入口处"。土耳其语动词名词化词缀中能够实现动作转喻地点/处所的词缀包括：-A，-Ak，-AlgA，-AmAç，-AmAk，-AnAk/(A)nAk，-GA，-(y)Iş，-(I)k，-mA，-(I)t等。

6．动作转喻时间

该转喻是指动作转喻动作行为发生或进行的时间。例如：

例 5-7a

Dün gece çok erken **yat**tı.

昨天　晚上　很　早　躺下

昨晚他很早就睡了。

例 5-7b

Yatsıda bize geldiler.

入夜的时候　我们　来

入夜的时候他们到了我们这儿。

例5-7中，动词yat-（躺下）派生出名词yatsı（入夜时分），以"躺下"这一动作转喻动作进行的时间。土耳其语动词名词化词缀中能够实现动作转喻时间的词缀包括：-A，-AcAk，-gIç，-mIş，-sI等。

综上所述，在土耳其语动词名词化过程中，转喻频率最高的是结果/产物，其次是工具，再次是施事、地点和受事，最少的则是时间。动作概念转喻事物概念的思维过程体现出人有将动作或关系视为抽象事物的能力。

5.1.2.2　事物概念转喻事物概念

事物概念转喻事物概念通常发生在名词再名词化的过程中，即两个事物概念之间的相互转指。土耳其语名词再名词化过程中事物概念转喻事物概念的模式主要有以下九种。

1. 整体转喻部分

整体和部分是我们对世界进行概念化最基本的范畴。整体和部分之间关系密切，可进行转喻。例如：

⊗ 例 5-8a

Oradan bir **adam** geçmişti.

从那儿　一　人　　通过

有个人从那儿过去了。

⊗ 例 5-8b

Adamcağız bunu üzülerek söylemişti.

可怜的人　这　难过地　　说

可怜的人难过地说了这事。

adamcağız（可怜的人）是人群中的一类，是adam（人）的组成部分。从adam到adamcağız的再名词化过程属于整体转喻部分。

2. 部分转喻整体

名词再名词化过程中，事物的部分可以转喻为整体事物。例如：

⊗ 例 5-9a

Annem　iki　kilo **ceviz** aldı.

我母亲　二　公斤　核桃　买

母亲买了两公斤核桃。

⊗ 例 5-9b

Ceviz ağacı **cevizgiller**in örnek bitkisidir.

核桃　树　　胡桃科　典型的　　植物

核桃树是胡桃科的典型植物。

ceviz（核桃）属于cevizgiller（胡桃科）中的一部分，体现了从部分到整体的转喻。

3. 物质/材料转喻客体

客体总是由一定的物质或材料组成，物质/材料可以转喻为客体。例如：

例 5-10a

Bakır demirden daha iyi iletir.

　铜　　铁　　更　好　传导

铜的传导性比铁好。

例 5-10b

Pazardan güzel　　bir **bakraç** aldı.

　市场　漂亮的　一　铜桶　买

她从市场买回来一个漂亮的铜桶。

bakır（铜）是制造 bakraç（铜桶）的材料，体现物质/材料到客体的转喻。

4. 被控制者转喻控制者

被控制的人或物可以转喻为控制者。例如：

例 5-11a

Alkollü　**araba** kullanmayınız.

喝了酒的　汽车　　使用（否定）

请不要酒后开车。

例 5-11b

Arabacıya neden bu yoldan gittiğini sordu.

　司机　为什么这　路　　走　　问

他问司机为什么走这条路。

araba（车）是受arabacı（司机）控制的事物，araba（车）再名词化为arabacı（司机）是被控制物到控制者的转喻。

5. 地点转喻居民

地点名词可以转喻为居住在该地点的人。例如：

例 5-12a

İstanbul mükemmel bir şehir.

伊斯坦布尔　极好的　　一　城市

伊斯坦布尔是个非常棒的城市。

例 5-12b

Ben **İstanbullu**yum.

我　伊斯坦布尔人

我是伊斯坦布尔人。

İstanbul（伊斯坦布尔）转喻为在该地居住生活的 İstanbullu（伊斯坦布尔人）。

6. 范畴转喻成员/特性

范畴与其突显的特性或属性之间存在着转喻关系。例如：

例 5-13a

Aslı'nın sözleri **şaka** değil.

阿斯勒　话　玩笑　不是

阿斯勒的话不是玩笑。

例 5-13b

Şakacıyı　çok　kötü dövdü.

爱开玩笑的人　很　狠狠地　揍

他狠狠地揍了那个爱开玩笑的人。

şakacı（爱开玩笑的人）具有 şaka（玩笑）这一范畴的特性。

7. 机构转喻成员

机构、组织和其成员之间存在着转喻关系。例如：

例 5-14a

Sendika temsilcisi bu toplantıya katıldı.

工会　　代表　这　会议　参加

工会代表参加了这次会议。

例 5-14b

Sendikalı daha yüksek maaş alır.

工会成员　更　　高　工资　拿

工会成员的工资更高。

sendika（工会）这一机构转喻为其成员 sendikalı（工会成员）。

8. 产品转喻产地

产品和产地属于同一个认知域，能够发生转喻。例如：

例 5-15a

Tuz suda nasıl çözülür?

盐　水　怎样　溶解

盐在水中是怎样溶解的呢？

例 5-15b

Türkiye'de dört çeşit **tuzla** vardır.

土耳其　四　种　盐场　有

土耳其有四种盐场。

tuz（盐）的生产地是 tuzla（盐场），通过产品联想到产品的产地。

9. 属性转喻事物/人

人们通常会选取事物的突显属性或特点来认识事物和人。例如：

例 5-16a

Mor soğuk bir renktir.

紫色　冷　一　颜色

紫色是冷色。

例 5-16b

Ciltte oluşan morluklar yaklaşık 1 haftada geçer.

皮肤　形成的　淤青　大约　1　星期　过去

皮肤上的淤青大约一个星期能好。

mor（紫色）派生 morluk（淤青）的过程，体现出色彩这一属性到事物的转喻。然而就同一事物而言，其属性往往不止一种，选用事物的一种属性来转指事物的转喻在广义上也属于部分代整体的转喻类型。

土耳其语名词再名词化过程中体现的转喻模式并非杂乱无章、毫无规律可言，而是有着内在和自然的联系，能够形成一个内部连贯的范畴。但是，按照认知语法的观点，寻找确定数量的转喻模式是无法实现的，因为我们总是能够根据更多语料或更细微的分析对其进行修正和改进（Langacker，1991：284）。

▶ 5.2 概念隐喻与名词化

所谓概念隐喻（conceptual metaphor）是指从一个具体的概念域向抽象概念域的系统映射。它的实质是人们用相对熟悉、具体的概念去理解、感知相对陌生、抽象的概念，采用的方式是把始源域（source）的结构映射到目标域（target）上。概念隐喻不只是语言问题，更是思维问题，是通过某一领域的经验来谈论另一领域经验的认知过程。概念隐喻在土耳其语名词化过程中同样发挥了重要作用。

5.2.1 土耳其语名词化过程中的概念隐喻

概念隐喻的主要功能是使人们理解新概念，方法是从较熟悉的隐喻[①]载体出发，逐步接近新概念。它是帮助人们从已知达到未知，从而认识未知的桥梁。隐喻作为认知世界的思维方式最终会反映在语言层面。通过前文中对土耳其语词汇名词化和句法名词化的考查，我们发现在土耳其语名词化过程中既存在词汇层面的隐喻，也存在句法层面的隐喻。

词汇层面的隐喻可以看作是一种"构词隐喻"。它通常发生在名词化派生构词过程中。例如：

ana>anaç，名词 ana（母亲）附加词缀 -aç 后派生出新名词 anaç。在《土耳其语词典》（2011）中两词的基本释义如下：

ana：anne，çocuğu olan kadın（妈妈，有小孩的女人）

---

① 下文中的隐喻如未加特殊说明均为概念隐喻。

anaç：①Yavru yetiştirecek duruma gelmiş olan hayvan（将要进入哺乳期的动物）

②Yemiş verecek durumdaki ağaç（将结果实的树木）

在 ana>anaç 的派生过程中，我们可以通过 ana（母亲）的人体特征来理解 anaç 的含义。这一过程体现的就是人体隐喻。anaç 具备了类似人的特性，隐喻可以帮助我们更加生动形象地理解 anaç 的含义。

隐喻映射的基础是相似性（similarity），也就是说能够产生映射的两个事物之间要有相似的地方。这个相似性可以是物理的，也可以是心理的。物理的相似性可以是形状、外表或功能上的相似，心理相似性是指文化、传说或其他心理因素使得说话者或听话者认为某些事物之间存在某些相似（束定芳，2000：172；2008：168）。因此当某个事物的形状、结构、功能等特征与另一事物相似时，它们之间就建立起某种相似的联系，从而建立起隐喻映射。

句法层面的隐喻主要建立在本体隐喻之上。所谓本体隐喻是把事件、活动、情感、思想等具有连续性质、抽象的经验看作是不连续、有统一形体的实体或物质的隐喻方式（文旭，2014：63）。例如：

Kitap okuyorum.（我正在读书。）

这是一个典型的动词谓语句，描述一个随时间而变化的过程。当 kitap oku-（读书）通过附加词缀名词化后，就可以被看作是一种"实体"。

❖ 例5-17a

Anne   diziye takılıyor, çocuğundan **kitap   okumasını**   bekliyor.

母亲 电视剧-DAT 陷入 孩子-3sgPOS-ABL 书 读-NOML-3sgPOS-ACC 等待

母亲追剧，却期待她的孩子去读书。（母亲追剧，期待"她孩子的读书"）

❖ 例5-17b

Bence   biraz **kitap   okuman**   lazım.

我认为 一点 书 读-NOML-2sgPOS 需要

我觉得你得读点书。（我认为"你的读书"是需要的）

❖ 例5-17c

Kitap   okuması   beni   mutlu etmek için değil.

书 读-NOML-3sgPOS 我-ACC 使幸福-NOML 为了不是

他不是为了让我高兴而读书。（"他的读书"不是为了让我高兴）

上述例句中，kitap okuma名词化结构在句中承担名词功能。这一动作过程可以被看作是一种实体，进而进行指称、量化。kitap okuma就如同一件物品，可以被期待（例5-17a），可以被需要（例5-17b），也可以被指称（例5-17c）。

认知语法认为名词表示事物，动词表示过程。名词凸显相互联系的一组实体，动词凸显一组实体之间的相互关系，由动词向名词转化，是一个将过程"物化"为实体的过程。而这一过程中隐喻作为一种认知手段，为我们理解抽象概念和进行抽象推理提供了可能。通过实体和物质来理解我们的有关经验，这就使得我们能把一部分经历作为一种同类、可分离的物质来看待。一但可以把经历看作实体和物质，我们就能对它们进行指称、范畴化和量化，并对它们作理性的讨论（束定芳，2000：135）。

土耳其语句法层面的隐喻只能在一定的句式下存在，离开了具体的句子，始源域和目标域之间就失去了隐喻映射关系，隐喻意义就不存在了。因此，句法层面的隐喻可以看作一种临时的隐喻，并且不是所有的句法名词化中都存在着隐喻。

5.2.2　土耳其语名词化的概念隐喻模式

5.2.2.1　词汇名词化的概念隐喻模式

概念隐喻映射不是任意的，而是根植于人的身体经验、日常经历和生活常识。隐喻的产生过程是人类通过始源域的属性获得目标域的概念结构，且能够更加形象鲜明地反映出目标域的结构。土耳其语词汇名词化过程中的概念隐喻大都发生在"人"与"物"这两个范畴。当某个人或物的形状、结构、功能等特征与另一人或物相似时，它们之间就能够建立起某种联系，形成隐喻映射。

1. 以人为始源域进行认知

从认知规律来看，人类最先了解和认识自己的身体并形成概念，继而借助它来认知另一个概念域。由于我们对身体四肢的熟悉使得它们成为所有空间拓展的出发点。这一身体的意象作为严格完整和有结构的有机体，成了我们理解整体世界的一个模型（束定芳，2008：157）。因此，我们可以把人类自身作为始源域，将其特征映射到目标域，用人的特征来理解大量非人的实体，如下表。

表5.1　人体名词隐喻派生

人体名词	词缀	派生名词
baş（头）	-kan	başkan（首领）
	-lık	başlık（标题）
	-çı	başçı（工头）
	-man	başman（显要人物）
	-ak	başak（麦穗）
göz（眼睛）	-e	göze（细胞）
	-cü	gözcü（监视者）
alın（前额）	-aç	alnaç（建筑物的正面）
saç（头发）	-ak	saçak（流苏、穗状物、房檐）
can（心）	-lı	canlı（活物）
boyun（脖子）	-cuk	boyuncuk（花的雌蕊柱）
ayak（脚）	-çak	ayakçak（高跷）
kol（胳膊）	-luk	kolluk（维护安全的警察或宪兵）
parmak（手指）	-lık	parmaklık（栅栏、栏杆）
diş（牙齿）	-li	dişli（齿轮）
dil（舌头）	-cik	dilcik（簧片，小舌状物）
kulak（耳朵）	-lı	kulaklı（土耳其弯刀，双耳浅锅）
yüz（脸）	-ey	yüzey（表面、平面）
öz（自己、本人）	-ek	özek（中心、核）

2. 以物为始源域进行认知

人们可以通过已知"物"的特点，对陌生、未知的"物"或"人"进行认知。这里的"物"可以是具体事物，也可以是抽象概念。例如：

bağ最基本的意义为Bir şeyi başka bir şeye veya birçok şeyi topluca birbirine tutturmak için kullanılan ip, sicim, şerit, tel vb. düğümlenebilir nesne（为了将某物和另一物<多物>接合在一起而使用的绳、带、线等能够打结的物品）。在附加词缀-ıt后派生出名词bağıt（合同、契约），与bağ（绳结）具有相似性。土耳其语名词化过程中，以物为始源进行认知既包含以物映射物，也包含以物映射人，如下表。

表5.2　物体名词隐喻派生

	物体名词	词缀	派生名词
以物映射物	pas（锈）	-ak	pasak（脏东西）
	toz（粉尘）	-ak	tozak（毛毛雨）
	şapka（帽子）	-lı	şapkalı（冠状植物）
	badem（巴旦杏）	-cik	bademcik（扁桃体）
	keçi（山羊）	-lik	keçilik（固执）
	ben（痣，雀斑）	-ek	benek（斑点，太阳黑子）
以物映射人	yük（货物）	-lu	yüklü（孕妇）
	yağ（油）	-cı	yağcı（阿谀奉承的人）
	katır（爆米花）	-cı	katırcı（谎话连篇的人）
	lapa（稀粥）	-cı	lapacı（体弱的人）
	batak（沼泽）	-çı	batakçı（不还钱的人）

3．以动作、感觉为始源域进行认知

土耳其语词汇名词化过程中还能够通过人的动作、感觉等去认识和理解事物，也就是说把具体事物或概念进行"人化"，赋予其本不具备的运动、感觉等人的特性。例如：

gez->gezegen（游览>行星）

动词gez-（参观，游览）本义为Hava alma, hoş vakit geçirme vb. amaçlarla bir yere gitmek, seyran etmek（为了透气或是惬意地消磨时光等目的前往一个地方，散步，溜达）。

该动词附加词缀-egen派生出名词gezegen（行星）：Güneş çevresinde dolanan gök cisimlerin ortak adı（围绕太阳旋转的天体总称）。

这一名词化过程将人的行为动作映射到具体事物上，通过人的行为特点联想到事物的特点，体现了隐喻思维。

土耳其语中能够通过该种隐喻模式实现名词化的词缀主要包括：-Aç，-AgAn/-AğAn，-Cak，-mAç，-DI等。例如：

tut-（抓）的本义是elde bulundurmak, ele almak（拿到手里），附加词缀-aç，派生出名词tutaç（钳子，镊子）：Laboratuvar maşası（实验钳子）。

say-（数）的本义是Bir şeyin kaç tane olduğunu anlamak için bunları birer birer elden veya gözden geçirmek, sayısını bulmak（为了知道事物的数量通过手或眼挨个过

一遍，得出数量），附加词缀-aç，派生出名词sayaç（计数器）：Hava gazı, elektrik, su vb.nin kullanılan miktarını ölçen alet（计量天然气、电和水等用量的工具）。

salın-（身体左右摇晃）的本义是Yürürken uyumlu hareketlerle hafifçe bir yandan bir yana eğilmek（走路时带着节奏感轻轻地由一个方向朝另一个方向倾斜），附加词缀-cak，派生出名词salıncak（秋千，摇篮）：İki ucundan iki iple veya zincirle yüksek bir yere asılan ve üzerine oturulup sallanılan eğlence aracı（两端被两条绳子或链条挂在高处，可以坐在上面摇晃的娱乐设施）。

al-（拿）的本义是Bir şeyi elle veya başka bir araçla tutarak bulunduğu yerden ayırmak, kaldırmak（用手或其他工具将一个事物从其所处的位置移开），附加词缀-maç，派生出名词almaç（接收机）：Bir elektrik akımını alıp başka bir kuvvete çeviren cihaz, alıcı, reseptör（将电流转化为其他能量的工具）。

em-（吸）的本义是Dudak, dil ve soluk yardımıyla bir şeyi içine çekmek（在嘴唇、舌头和呼吸的帮助下吸入某物），附加词缀-meç，派生出名词emmeç（吸尘器）：aspiratör（吸尘器）。

çık-（出来）的本义是İçeriden dışarıya varmak, gitmek（从里面到达/去外面），附加词缀-tı，派生出名词çıktı（打印件）：Bilgisayarda yazılan bir metnin kâğıda dökülmüş biçimi（将电脑中的文本打印到纸上后形成的物品）。

总而言之，在土耳其语词汇名词化的过程中，原生词往往是与人类生活息息相关的词汇，如头、眼、耳朵、手、脚等器官词汇和吃、喝、睡、拿、给、来等表达具体动作的词汇。它们是人类与周围世界建立关联的基本要素。由原生词建立起来的人类经验在派生词的概念形成和意义理解过程中发挥了重要的作用，帮助我们通过已知、熟悉的事物来理解未知、新生的事物。

5.2.2.2 句法名词化的概念隐喻模式

土耳其语句法名词化的概念隐喻模式主要是本体隐喻（Ontological Metaphors）。它是指人们将抽象和模糊的思想、感情、活动、事件、状态等无形的概念视为具体、有形的实体和物质的隐喻，对它们进行辨别、指称、分类和量化，从而使自己更好地理解自己的经验。例如：

例5-18a

[Onun　　　ayrılması]　benim için bir hayal kırıklığı.
他-GEN 离开-NOML-3sgPOS 我　对于 一 幻想　破灭
他的离开打破了我所有的幻想。（"他的离开"对我来说是一场幻想破灭）

例 5-18b

[Onun   ayrılması]   yetmez.

他-GEN 离开-NOML-3sgPOS 不够

他的离开是不够的。

例 5-18c

[Onun   ayrılması]ndan   çok   korkuyorum.

他-GEN 离开-NOML-3sgPOS-ABL 非常   害怕

我很害怕他离开我。(我很害怕"他的离开")

例 5-18d

[Onun   ayrılması]   için   elimden geleni yaparım.

他-GEN 离开-NOML-3sgPOS 为了   尽力而为

为了让他离开我会尽力而为。(为了"他的离开"我尽力而为)

　　Onun ayrılması是由主谓句O ayrıldı（他离开了）转换而成的句法名词化结构，是原生句由陈述向指称转化的形式。句法名词化将一个清晰可见、形象的动作事件（他离开了）转化成为一个概念性的行为实体（他的离开），使得我们能够对它进行指称（例5-18a），量化（例5-18b），把它看成一个原因（例5-18c），对它采取相应行动（例5-18d）。

　　在Lakoff&Johnson（1980）分析看来，人类的概念系统在很大程度上是建立在本体隐喻基础上的。这是因为人类最初的生存方式都是物质性的，这为人类用实体来理解抽象概念提供了深厚的物质基础。土耳其语句法名词化中，诸如此类的本体隐喻有很多。例如：

例 5-19

En   güzel   duygu [sevmek]tir. (Aydoğdu，2007：9)

最   美好的   感觉   爱-NOML

爱是最美好的感觉。

例 5-20

[Raporların   yazılması]   bitti. (Çakır，2011：83)

报告-pl-GEN 写-PASS-NOML 结束

报告写好了。(报告的被写已经结束)

例 5-21

[Dönüş]te   beni de alın.（Aydoğdu，2007：9）

返回-NOML-LOC   我-ACC也   接

回来时把我也接上。

例 5-22

[Tanıştığımız]a   memnun oldum.（Sebzecioğlu，2004：35）

认识-RECIP-NOML-1plPOS-DAT   高兴

很高兴认识您。（对于"我们的相识"我很高兴）

例 5-23

[Onların   hiçbir   şey   yapacağı]   yok artık.（Sebzecioğlu，2004：36）

他们-GEN 任何一个 事情 做-NOML-3sgPOS 没有 再

他们再没什么事要做了。（"他们将要做的事"再也没有了）

总之，我们对客观世界中的实体和物质具有一定的经验结构，这为我们理解另一经验对象提供了基础。也就是说，对客观物质或实体的丰富经验成为了我们理解土耳其语句法名词化的途径或方式。从这个角度来看，物质世界经验的相通性使得二语理解变得更加容易。

▶5.3 概念转喻与隐喻在名词化过程中的互动

概念转喻和概念隐喻是人类基本的思维方式。两者都是运用某一领域的经验来说明和理解另一领域的认知活动，本质上是人类理解周围世界的一种感知和形成概念的工具，也是我们探索、描写和解释土耳其语名词化现象的主要依据。

在土耳其语名词化过程中，概念转喻和隐喻往往相互交织，共同发挥作用。以土耳其语动转名派生词yazıcı（打印机）为例，动词yaz-（写）附加表示施事的词缀-Icı派生出名词yazıcı（打印机）。这一名词化过程既可以看作是转喻思维过程，也可以看作是隐喻思维过程，如图5.6和图5.7。

136

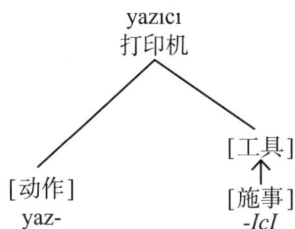

图5.6 yazıcı的转喻模式

图5.6体现了"动作转喻工具"的转喻模式。我们可以从动词词义推导出动作行为发生所使用的工具。

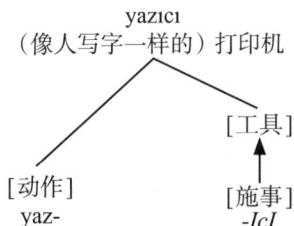

图5.7 yazıcı的隐喻模式

图5.7体现了"以物喻人，以人知物"的隐喻模式。在事件中与施事存在密切联系的是工具，工具在很多方面类似于施事，因此可以将打印机的工作原理看作是"像人写字"一样。

在土耳其语名词化过程中，概念转喻和隐喻不是非此即彼的关系。陆俭明（2009）曾将隐喻和转喻假设为"一个认知域激活另一个认知域"。那么从激活的角度来看，隐喻、转喻是没有明确界限的。客观事物之间是互相联系的，因此在人的心智和大脑中形成的一个个认知域之间肯定也是互相联系的。这种联系促使某一个认知域可以激活（activate）与之密切相关的另一个认知域。

关于转喻与隐喻的互动模式，国内外许多语言学家提出了各自的观点，如古森斯（Goosens, 2003）的隐转喻①、鲁伊斯·德·门多萨（Ruiz de Mendoza, 2002, 2007, 2011）的隐喻、转喻相互作用模式②，以及吉拉兹（Geeraerts, 2003）的棱柱形模式③等。

①Louis Goosens（2003：349—378）提出用"metaphtonymy"（隐转喻）一词来指称隐喻和转喻的相互作用现象，并将它们的互动关系概括为以下四类：来自转喻的隐喻（Metaphor from metonymy）；隐喻内包含转喻（metonymy within metaphor）；转喻内包含隐喻（metaphor within metonymy）；隐喻语境中的非转喻化（Demetonymisation in a metaphorical context）。
②Ruiz de Mendoza和其合作者（2000, 2001, 2002, 2007, 2011）认为转喻本身的性质决定了在概念互动中对隐喻起到辅助性作用，并综合过往研究，总结出隐喻和转喻主要的6种相互作用模式：隐喻始源域中的转喻延伸；隐喻目标域中的转喻延伸；隐喻目标域中的转喻压缩；隐喻始源域中的转喻压缩；对隐喻目标域对应要素之一进行转喻扩展；对隐喻始源域对应要素之一进行转喻扩展。
③Geeraerts（2003：451—461）利用棱柱形的结构区分了三类隐喻和转喻的互动：隐喻和转喻连续发生；隐喻和转喻并行发生；隐喻和转喻交替发生。

137

通过对比分析，我们发现土耳其语名词化过程中的转喻、隐喻互动通常发生在词汇层面，动词名词化和名词再名词化过程均包含两种互动模式。

5.3.1 动词名词化的概念转喻、隐喻互动

在土耳其语动词名词化过程中，概念转喻和概念隐喻的互动表现在以下两个方面：

1. 隐喻始源域中的转喻延伸，即转喻发生在隐喻的始源域内，如 küs->küseğen（生气>含羞草）。动词 küs-（生气）附加词缀 -eğen，能够派生出新的名词 küseğen（含羞草）。这一名词化过程中的转喻、隐喻互动关系如下图。

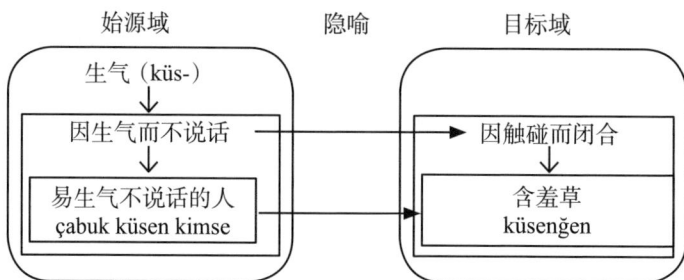

图5.8　küseğen 的转喻、隐喻互动关系

图 5.8 中，始源域中的动词 küs- 通常表达人因为生气而不说话的行为，如 Babası küstü（他爸爸生气了）。通过这一行为动作可以联想到某人"因生气不说话"的场景，体现了转喻过程；而"因生气而不说话"和"因触碰而闭合"构成了隐喻映射，继而将"因生气不说话的人"隐喻为"含羞草"，体现"非人是人（Nonhumans Are Humans）"的隐喻映射。

2. 隐喻目标域中的转喻延伸，即转喻发生在隐喻的目标域内，如 doğ->doğaç（出生>即兴表演）。

动词 doğ-（出生）附加词缀 -aç 后，派生出新的名词 doğaç（即兴表演）。名词化过程中的转喻、隐喻互动关系如下图。

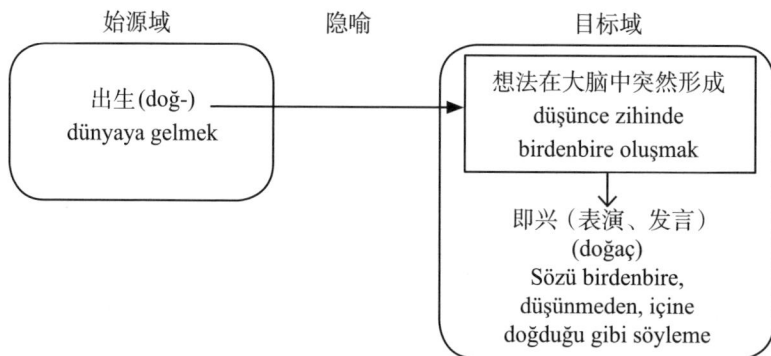

图5.9　doğaç 的转喻、隐喻互动关系

图5.9中，始源域中的动词doğ-（出生）基本意义是指"人的出生"，如1988'de küçük bir köyde doğdu（他1988年出生在一个小村子）。通过人的这一行为我们能够去认识和理解其他事物的发生过程，如思想的产生，这体现了隐喻思维。在目标域中，通过"动作转喻结果/产物"的转喻模式派生出doğaç（即兴表演）这个名词。

5.3.2 名词再名词化的概念转喻、隐喻互动

在土耳其语名词再名词化过程中，概念转喻和概念隐喻的互动也表现为两个方面：

1. 隐喻始源域中的转喻延伸，如eşek>eşeklik（驴>愚蠢、粗鲁的行为）。

名词eşek（驴）通过附加词缀-lik，派生出新的名词eşeklik（愚蠢、粗鲁的行为）。在这一名词再名词化过程中，转喻与隐喻的互动关系如下图。

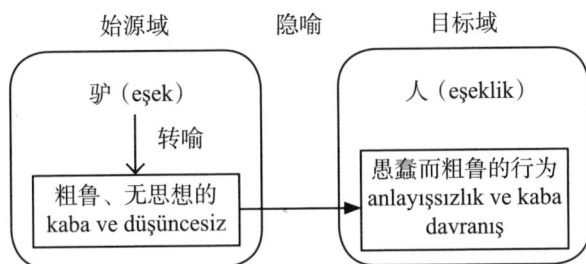

图5.10 eşeklik的转喻、隐喻互动关系

图5.10中细箭头表示转喻，粗箭头表示隐喻。始源域中，从"驴"到驴的特性"粗鲁、无思想"体现了转喻思维，形成的概念最终通过隐喻映射到人的行为方式上。

2. 隐喻目标域中的转喻延伸，如baş>başak（头>麦穗）。

名词baş（头）附加词缀-ak后，派生出新的名词başak（麦穗），这一派生过程中的转喻、隐喻互动关系如下图。

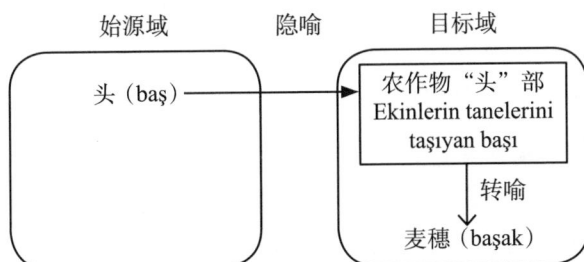

图5.11 başak的转喻、隐喻互动关系

图5.11中，始源域中的"人的头"映射到目标域中"农作物的头部"，体现了隐喻思维。在目标域认知框架中，由"农作物的头部"到"麦穗"体现了"整体到部分"转喻模式。

根据以上分析，我们将土耳其语词汇名词化过程中的转喻、隐喻互动关系表述如下。

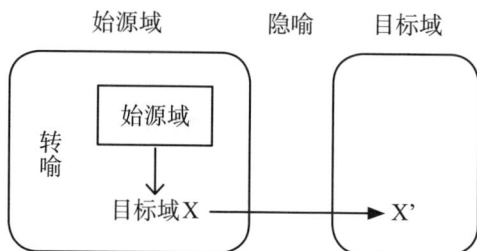

图5.12 隐喻始源域中的转喻延伸

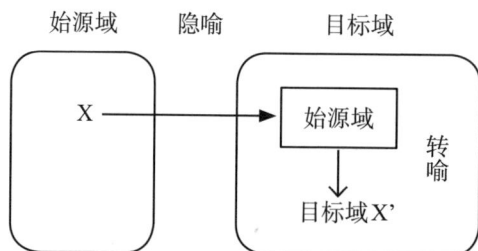

图5.13 隐喻目标域中的转喻延伸

从图5.12和图5.13中我们可以看出，在转喻、隐喻互动中，转喻总是发生在隐喻的始源域或者目标域，跨域的隐喻映射为转喻的延伸提供了框架。

▶5.4 小结

语言研究的根本目的不在于找到生成语言形式的那些固定不变的规则，而在于揭示语言形式背后内在、深层的规律，解释引发语言行为的心理过程。土耳其语名词化之所以能够实现，概念转喻和概念隐喻发挥了重要作用。

本章分析了土耳其语名词化过程中概念转喻和隐喻的运作机制，归纳出概念转喻和概念隐喻的主要模式。

1. 概念转喻的主要模式：动作概念转喻事物概念和事物概念转喻事物概念。其中前者包括动作转喻施事、受事、结果/产物、工具、地点/处所、时间等；后者包括整体转喻部分、部分转喻整体、物质/材料转喻客体、被控制者转喻控制者、地点转喻居民、范畴转喻成员/特性、机构转喻成员、产品转喻产地、属性转喻事物/人等。

2. 概念隐喻的主要模式：土耳其语名词化过程中的概念隐喻既有词汇层面的，也有句法层面的。前者大都发生在"人"与"物"两个范畴，当某个人或物的形状、结构、功能等特征与另一人或物相似时，它们之间就能够建立起某种联系，形成隐喻映射；后者大都建立在本体隐喻的基础之上，是把事件、行为、活动和状态视为实体和物质，从而进行指称或量化。

3. 在土耳其语名词化过程中，概念转喻和概念隐喻往往相互交织，共同发挥作用。两者互动大多发生在词汇名词化过程中，互动模式包括隐喻始源域中的转喻延伸和隐喻目标域中的转喻延伸。

土耳其语名词化本质上是从一个概念到另一个概念的转换过程。这一过程中概念转喻和概念隐喻发挥了重要作用。但是对名词化这一语言现象的识解不仅要依赖于人们大脑内部的概念系统，同时也要受到语境因素的制约。

第六章　影响土耳其语名词化识解的语境因素

▶6.1 认知语境

　　人作为认知主体，总是处于一定的语境之中，意识的产生会受到语境的制约，心智的发展也要依赖于语境。传统的"语境"概念几乎是个包罗万象的范畴，涉及语言的知识，语言的上下文，交际的时间、地点、话题、说话方式，交际者的地位及相互之间的关系，彼此了解的程度，人的世界知识，交际的文化、社会、政治背景等（熊学亮，1999：113—114）。也就是说，传统的语境是包括语言知识、上下文知识、情景知识以及文化背景知识等一系列知识内容的集合体。

　　随着认知科学的兴起，一些学者开始关注语境的"认知性"，引起了语境研究的认知转向。一般认为，最早从认知角度来研究语境的是斯珀波和威尔逊（Sperber&Wilson，1986，2001）。他们在 *Relevance: Communication and Cognition* 中提出了认知环境（cognitive environment）[①]的概念。他们认为"某事实在某时对某人显明，当且仅当他在此时能够对该事实作心理表征并接受该表征为真或可能为真；个人的认知环境是对其显明的事实之集合。一个人的全部认知环境是其所处的物质环境及其认知能力两者的涵项。它不但包括当事人在自己所处的物质环境里所知道的全部事实，而且还包括他有能力进一步了解的所有事实。个人已经知道的事实（即他业已获得的知识）当然会有助于增强他的能力，令其认识更多的事实，因为记忆中的信息是认知能力的一个组成部分。"（Sperber&Wilson，2001：39）

　　熊学亮（1996，1999，2008）在前人的研究基础上进一步探讨了认知语境的概念，以及认知语境在推理过程中的运行机制。他认为认知语境指的是语用者在知识结构中已经建立起来的知识单位、知识单位之间的连接习惯，以及连接知识单位的典型的逻辑方式。语言使用和话语理解所涉及的已经结构化、系统化和逻辑化的百科知识，就是认知语境的内涵，或者说认知语境是语用人已经内在化、认知化或已经固化在头脑里的概念典型和关系典型（熊学亮，2008：19）。有了这

[①]从当前的研究成果来看，认知环境和认知语境两个概念并没有严格的区分，基本上视两者意义等同（胡霞，2015：41）。

种知识或典型，在语言使用中，语用者处理信息的过程，就是先对语言符号在文字平面上的字面意义进行充实，然后在认知平面上对已经充实了的文字信息做进一步的补充和完善。以土耳其语词缀-DAş为例，这一词缀通常附加在名词后。例如：

dil（语言）	＋deş	＞	dildeş（讲同一种语言的人）
gönül（心）	＋daş	＞	gönüldaş（知心朋友）
ırk（种族）	＋taş	＞	ırktaş（同族人）
köy（村）	＋deş	＞	köydeş（同村人）
okul（学校）	＋daş	＞	okuldaş（同窗，同学）
pay（份额）	＋daş	＞	paydaş（股东，入股者）
sınır（边界）	＋daş	＞	sınırdaş（有共同边界的国家/地区）
şekil（形式）	＋daş	＞	şekildaş（有共同形式的事物）
toplum（社会）	＋daş	＞	toplumdaş（社会成员）
vatan（祖国）	＋daş	＞	vatandaş（公民，同胞）
yan（方面，侧）	＋daş	＞	yandaş（拥护者，追随者）
zaman（时间）	＋daş	＞	zamandaş（同时做或发生的事）

通过这些例词，我们发现-DAş词缀多是附加在名词后构成新的名词[1]，表达"共同"意义，即处于某一共同体，或具有某一共同特征。当这些知识在大脑中固化后，我们在某个词中看到-DAş词缀时，不仅能初步推断其词性，同时会自然而然地联想到"共同"的概念，从而推导出整个词的含义。人的知识结构是对外部世界概念化的结果。人们会将经常使用的语言特征存入记忆，并将该类知识结构化。结构化后的结果是，每当我们遇到某种语言特征，大脑便会自动激活与该语言特征相关的知识结构。

关于认知语境的构成，斯珀波和威尔逊认为，认知语境由可被储存在长时记忆中的逻辑信息、百科信息和词汇信息构成（斯珀波、威尔逊，2008：114）。熊学亮则认为认知语境包括语言使用涉及的情景知识（具体场合）、语言上下文知识（工作记忆）和背景知识（知识结构）三个语用范畴，也包括社会团体所共有的集体意识，即社会团体"办事、思维或信仰的方法"，集体意识以"社会表征（social

---

① 也可派生形容词。

representation）"的方式，储存在个人的知识结构里，使个人的语言行为适合社会、文化和政治环境（熊学亮，1999：115—116）。

许葵花（2010）将语境分为物质语境和认知语境。物质语境是客观存在的语言语境、情景语境和文化语境；认知语境是当意义被传达时所激活的储存于大脑中的被个体所认知化了的语言语境、情景语境和文化语境，如图6.1。

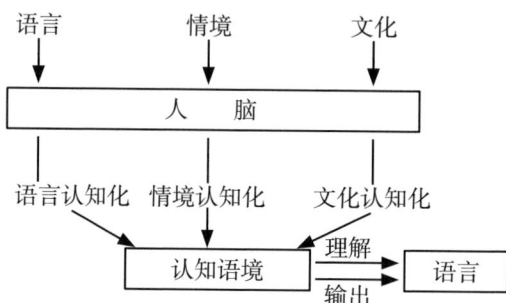

图6.1　认知语境的识解流程（许葵花，2010：4）

从图6.1中可以看出，认知语境涵盖语言语境、情景语境和文化语境，是语言语境、情景语境和文化语境的抽象化形式。认知语境是人脑理解范围内有组织的认知化，语言语境、情景语境和文化语境又是认知语境在真实世界的具体表现形式。

认知语境与传统语境并非对立，在本质上是一致的。认知语境与传统语境的差别在于认知语境包括了语用者大脑中关于世界的假设和认知处理能力。认知语境是在互动过程中为了正确理解话语而存在于人们大脑中的一系列假设。理解每一个话语所需要的语境因素是不同的，因此听话人要在话语理解过程中为每一个话语建构新的语境。换句话说，语境不完全是说话人通过话语预先设定的，而是听话人的一个重新构建，由于人们的认知结构不同，话语推理可能会得出不同的结果。

▶6.2　认知语境与词汇名词化的识解

认知语法认为，语言的意义不仅在于概念内容，更在于人们的识解（construal）。识解是指人们能够以多种方式、从多个角度来理解同一内容，从而产生不同的意义。它反映了人类的一般认知能力。土耳其语词汇名词化的识解过程是对词根/词干意义和词缀意义进行整合的过程。名词化词的意义不等同于词根/词干意义和词缀意义的简单叠加。它的识解会受到认知语境的影响。

人类的大脑中储存了大量关于词语属性的信息，方便在理解语言时顺利地进行提取。当我们遇到一个复杂的名词化词，如oymacılık，首先可以利用形态学的规则对它进行分解。这个词是由动词词根oy-（雕刻），附加一系列名词化词缀构成（oy-ma-cı-lık）。其次，调动大脑中关于词缀意义的百科知识，结合语言形式，对词的意义进行辨识，如下图。

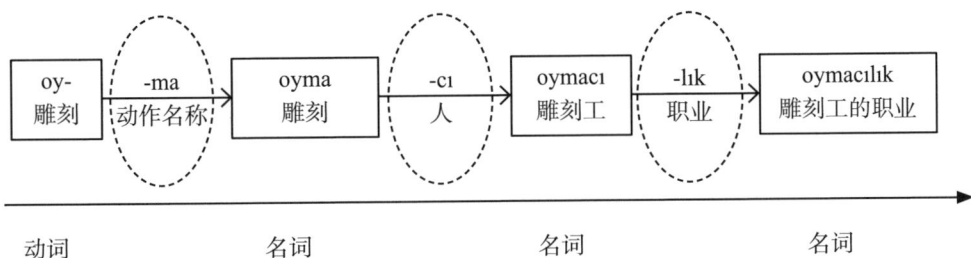

图6.2　oymacılık的识解过程

从图6.2中可以看出，名词化词意义的获得是建立在一定认知语境之上的，是在各种语境条件下词根/词干和词缀的使用特征不断强化和固化的结果，也是人们调动各种知识和经验对其进行抽象的结果。认知是人类能动地认识世界的一个过程。由于认知能力的差异，人的推理能力也有差异，使用不同语言的人对概念的理解也会不同，因此就会构造出不同的心理表征，作出不同的推理判断。

6.2.1　认知语境与名词化词的意义推理

名词化词理解的关键是对词缀意义的识解与确认。在土耳其语中，词汇名词化词缀的特点之一是"多义性"，即同一词缀能够体现多重语义角色，派生出各种各样或具体或抽象的事物名称。在第三章中我们列举了82个名词化词缀[1]，其中26个词缀[2]基本失去派生能力，其余56个词缀中有39个词缀具有两种（含两种）以上的意义。在对这些多义词缀进行意义推理的过程中，认知语境发挥着重要的作用。

认知语法认为，百科知识是以图式（schema）的形式储存在长时记忆中。在处理每一个新信息时，听话者都有许多可供选择的假设来组成自己的认知语境。但这种选择不是随意的，听话者的百科知识结构制约着听话者对语境假设的选择。

---

[1]形态重合的词缀不重复计算。
[2]能产性低于10个词的词缀。

以 -lIk 词缀为例，它是土耳其语中派生能力最强的词缀，在第 10 版《土耳其语词典》(2005) 中，由 -lIk 词缀派生的词数为 4952 个（Bozel，2008：243）；而在第 11 版《土耳其语词典》(2011) 中，由 -lIk 词缀派生的词数已达到 7221 个。-lIk 词缀既可以附加在名词、形容词后派生出名词，也可以附加在名词、形容词后派生出形容词。派生名词时通常表示施事、受事、工具、处所等语义角色，能够表达器具、物品、服装、职业、官衔以及抽象概念等各类名称，据此我们可以初步模拟出该词缀的知识图如下。

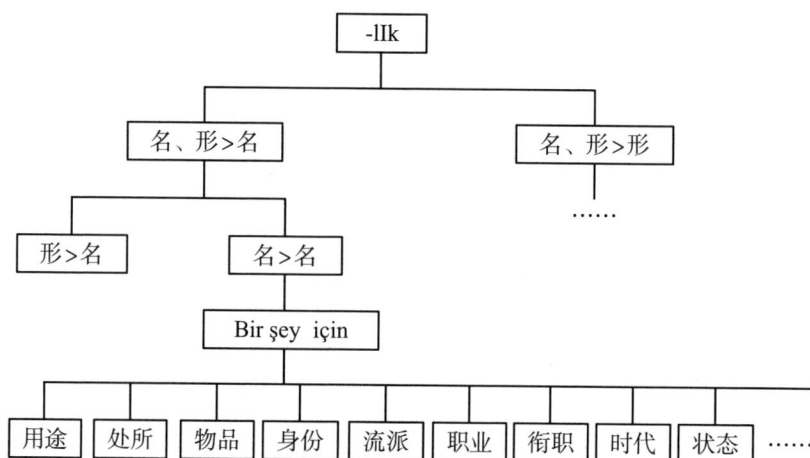

图6.3　-lIk 词缀的知识图

大脑存储这一知识图后，当我们遇见附加 -lIk 词缀的名词化词时，便能够利用该知识图对词缀的意义以及词缀和词根/词干之间的意义联系进行识解，从而对整个名词化词的意义作出初步推理分类。例如：

öğretmenlik（教师的职业）	kömürlük（煤堆）	maddecilik（唯物主义）
doktorluk（医生的职业）	barutluk（火药库）	bölücülük（分裂主义）
gazetecilik（记者的职业）	çamurluk（泥泞地）	deneycilik（经验主义）
kaptanlık（船长的职业）	çaylık（茶园）	gelenekçilik（传统主义）
yazarlık（作家的职业）	çimenlik（草坪）	davranışçılık（行为主义）
manavlık（卖蔬果的职业）	meyvalık（果园）	hayalcilik（空想主义）
askerlik（军人的职业）	odunluk（柴堆）	ırkçılık（种族主义）
aşçılık（厨师的职业）	sazlık（芦苇地）	solculuk（左派）
kılavuzluk（向导的职业）	ağaçlık（林地）	adcılık（唯名论）
mühendislik（工程师的职业）	mezarlık（墓地）	Atatürkçülük（阿塔图尔克主义）

通过百科知识对名词化词缀的意义进行初步推理是准确识解名词化词词义的前提条件。词义的最终确立还有待于心理表征在具体语境中的触发，因为离开了具体的语境，一个孤立的词只具有"意义潜势"。也就是说，我们在理解词的意义时不仅需要提取储存在大脑中的百科知识，还应根据认知语境不断地进行选择和修正，寻求最佳语义。例如：

başlık一词由名词baş（头）附加-lık词缀构成。根据上述知识图，我们可以初步推断出该词可以表示与"头"有关的物品，如帽子、头盔、床头、柱头等。之后，我们通过情景知识进行再推理，进一步明确其词义。

⊗ 例 6-1a

Osmanlı'da, çok çeşitli **başlıklar** kullanılırdı. En yaygın ise kavuk ve külahtı.

奥斯曼人会戴各种各样的**帽子**，最流行的是穆斯林头巾和尖顶帽。

⊗ 例 6-1b

Motosiklet kullanırken koruma **başlığı** kullanmak ülkemizde de zorunludur.

在我国驾驶摩托车必须使用保护**头盔**。

⊗ 例 6-1c

Yatak **başlığı** modellerini incelemek için galerimizi gezebilirsiniz.

想了解**床头**样式，您可以逛逛我们的展示店。

⊗ 例 6-1d

Sütun **başlıkları**, Yunan ve Roma döneminin en önemli mimari ögeleridir.

柱头是希腊和罗马时期最重要的建筑元素。

名词化词的意义并非是词根/词干意义与词缀意义的简单叠加。在许多情况下，词义已超出了语言结构本身所加载的信息。关于语言超载信息部分，熊学亮（1999：160）认为可以将其看作是一种语言接受者对认知语境选择和利用的过程，并构拟出语言接受者在理解语言超载信息部分时的一种可能的认知语境寻找过程，如下图。

语言解码（成功）——► 规约意义

（失败）——► 语境一（具体场合因素）（成功）——► 含义一

（失败）——► 语境二（工作记忆因素）（成功）——► 含义二

（失败）——► 语境三（知识结构因素）（成功）——► 含义三

（失败）——► 交际失败

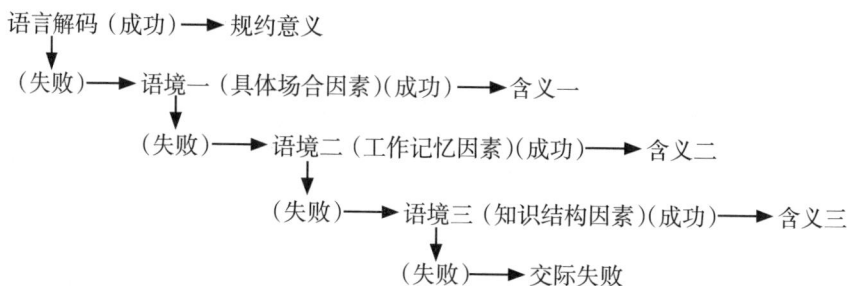

图6.4　单向语境推导模式图（熊学亮，1999：160）

这种过程有时是无序的，即不一定有先后之分，选择和利用由认知系统控制，语用者的控制能力及控制范围，从某种程度上说代表语用者的语用能力。我们以 günlük 为例。

例 6-2a

Günlük tutan kişi diğer bireylere göre duygularını daha rahat kontrol edebilir.

记日记的人相较于其他人更容易控制自己的情绪。

例 6-2b

Bir ormanda, herhangi bir ağacın yanında bir **günlük** buldun. Günlüğün sahibinin ismi yazmıyor. Ne yaparsın?

你在森林里的某一棵树边找到一本日记本，上面没有写明主人的名字，你会怎么做？

例 6-2c

Sohbet **günlük**lerimin kayıt olduğu yeri nasıl bulabilirim? Silinen MSN **Günlük**leri geri alınabilir mi?

我在哪儿能找到我的聊天记录？被删除的MSN记录还能找回来吗？

例 6-2d

Akgünlük Nasıl Kullanılır?

Unutkanlık: **Günlük**, kuru üzümle beraber çiğnenip yenmeye devam edilir.

Günde 21 adet kuru üzüm, 3-5 adet günlük.

如何使用白乳香？

健忘：坚持将乳香与葡萄干一同咀嚼食用。每日21粒葡萄干，3—5粒乳香。

例6-2中各句分别出现在不同的语境下，例6-2a是教授如何写日记，例6-2b 是进行心理测试，例6-2c是在网络论坛进行提问，例6-2d是药物使用介绍。由gün（白天）附加-lIK词缀后派生出的名词günlük，在不同的语境中表达的意义分别是 ①日记（diary）；②日记簿（daybook）；③日志，记录（log）（计算机术语）；④乳香（frankincense）。

因此，当我们对**Günlük**leri buldum!这样一个句子进行意义推理时，认知语境的寻找过程可以用下图来表示。

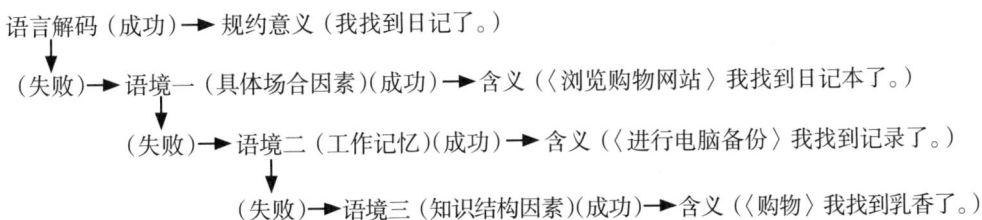

语言解码（成功）➡️ 规约意义（我找到日记了。）

（失败）➡️ 语境一（具体场合因素）（成功）➡️ 含义（〈浏览购物网站〉我找到日记本了。）

（失败）➡️ 语境二（工作记忆）（成功）➡️ 含义（〈进行电脑备份〉我找到记录了。）

（失败）➡️ 语境三（知识结构因素）（成功）➡️ 含义（〈购物〉我找到乳香了。）

图6.5　günlük的意义推理过程

认知语法主张语言意义来源于语言的具体使用，语言知识与世界知识之间没有清晰的界限。意义是概念化过程，语言意义的确定需要结合其所指向的知识领域。"文本"不可能让它的"语境"十分明确地呈现在我们面前，因此对于名词化词我们需要付出更多的认知努力以获得正确有效的理解。

6.2.2 认知语境与名词化词的文化识解

语言是民族文化的表现形式，能够映射出一个民族的思维方式（Ergin，2005：24）。文化不在语言之外，而是蕴含在语言的每一个层级结构上，词汇的字母、音位以及语素都有着深刻的文化渊源。土耳其语词汇名词化不仅是语法上的构词手段，同时也是一种独特的文化表达。名词化词背后的文化内涵能够形成特定的认知，而这一认知又能够进一步限制或引导名词化词的理解。例如：土耳其饮食文化丰富多彩，菜品种类繁多，因此在土耳其语中表达食品名称的词汇数量十分可观。其中不少食品的名称是通过词汇名词化方式构成的，如名词附加词缀-lIk，-lI，-CI，-lAk；动词附加词缀-mA，-mAk，-mAç等。从数量上来看，能够派生食品名称最多的词缀是-mA。本书列举了其中一些，如下表。

表6.1　词缀-mA派生的食品名称

动词	词缀-mA派生的食品名称
bastır-按压	bastırma　使用肉和马铃薯做成的食品
bula-涂抹	bulama　糊状食物
çak-钉	çakma　夹心点心
çek-拉、拖	çekme　使用肉和大米做成的食品
çile-打湿	çileme　使用菠菜、甜菜、大米和麦米做成的食品
daya-依靠、支撑	dayama　用面包和小烤肉加水制成的食品
dil-切成片	dilme　用扁豆、鹰嘴豆和茄子做成的食品
diz-使排成行	dizme　用新鲜藤叶、肉馅和大米做成的食品
doğra-切片、切块	doğrama　用肉块、茄子、鹰嘴豆和番茄做成的食品
dol-充满	dolma　用瓜、菜、葡萄叶等裹馅制成的食品
dondur-使冷冻	dondurma　冰激凌
döv-击打	dövme　麦米饭
dür-使卷成筒状	dürme　一种夹有奶酪、碎肉的饼
ez-捣碎、挤压	ezme　糊、泥、酱
gözle-注视、观察	gözleme　用薄饼和蔬菜、肉制成的卷状食品
ısla-浸湿	islama　用薄饼或碎面包混合肉、水和鸡蛋制成的食品
kapa-关、遮盖	kapama　使用洋葱、蒜或蕃茄与各种肉类制成的食品
kapla-铺上、盖上	kaplama　使用洋葱、米和肉制成的食品
kar-和、混合	karma　使用麦米、香芹、醋和藤叶制成的食品
kat-增加、补充	katma　使用小麦和酸奶制成的食品
kavur-烤	kavurma　烤肉
kıstır-使夹住	kıstırma　使用肉馅和茄子制成的食品
kıy-剁、绞	kıyma　肉馅
kızart-烤	kızartma　使用肉、番茄和洋葱制成的食品
oturt-使坐下	oturtma　使用茄子、蕃茄、辣椒和肉制成的食品
ovala-揉碎、搓	ovalama　混合油和牛奶的肉汤
sık-束紧、挤压	sıkma　一种卷饼，里面夹各种馅
silk-抖动、抖落	silkme　使用肉丁和茄子制成的一种食品
uyut-使入睡	uyutma　用牛奶和无花果制成一种甜点
yağla-涂油	yağlama　用肉馅洋葱配合面饼做成的一种食品

（续表）

动词	词缀-mA派生的食品名称
yığ-堆放、堆积	yığma 使用卷心菜和甜菜制成的一种食品
yap-做	yapma 使用肉馅和面包圈制成的一种食品
yoğurtla-加上酸奶	yoğurtlama 使用茄子、辣椒、马铃薯和酸奶制成的一种食品
yuvarla-滚动、卷起	yuvarlama 使用鹰嘴豆、羊肉和鸡蛋制成的一种食品

从上述例子中我们可以看出，动词附加词缀 -mA 构成的食品名词往往与该食品的制做工艺有关。换句话说，该食品的制作是通过动词所表达的动作来完成的，例如：sarma 是土耳其的传统菜品，源自奥斯曼帝国时期。它的制作方法是使用卷心菜、紫甘蓝、桑椹叶、樱桃叶或其他藤本植物叶包裹大米和肉馅，最终制成卷状食品。sarma 一词正是由动词 sar-（卷、缠、裹）附加词缀 -ma 构成的名词化词，体现了这种食品的制作工艺。

特定的文化能够形成特定的认知，从而限制或引导认知结果的发展。认知语境中最基础的部分是我们业已获得的关于世界的知识。当我们进行交际的时候，这些储存在大脑记忆中关于世界的心理表征会自动地为我们提供话语推理的诸多前提，也就是说这种心理表征作为认知语境的一部分影响我们的语用推理。对比下面两个例子。

⊗ 例 6-3a

Dolmuşun **dolma**sı için beklemek bazen sıkıcı olabilir.

等待小巴**满员**有时让人烦躁。

⊗ 例 6-3b

Anderson, akşam yemeğinde etli kabak, patlıcan, domates ve biber **dolma**sı, karides çorbası, balıktan oluşan Akdeniz mutfağını tercih etti.

安德森晚饭点了地中海菜，有肉粒南瓜、茄子、番茄、**辣椒罐**、虾汤和鱼。

动词 "dol-" 本义为 dolu duruma gelmek（满、充满）。例 6-3a 中的 "dolma" 是动词 "dol-" 的动名词形式，与 "dolmuş" 一起构成句法名词化结构，表示小巴车满员的状态（小巴的满员）。而例 6-3b 中的 "biber dolması"，从上下文来看是一种菜式的名称。根据土耳其菜名的文化特点，这道菜采用的制作工艺应该源自动词 "dol-"，也就是灌装方式。结合修饰语 "biber（辣椒）"，我们便能够确定这是一种将食材灌装到辣椒中的菜品。

另外，原生词的文化义也会影响名词化词的识解，如keçilik一词是由keçi（山羊）附加词缀-lik构成，在土耳其语中keçi（山羊）不仅是动物的名称，还代表性格上的"倔强（inatçı）"。例如：

例 6-4

Keçi geberse de kuyruğunu indirmez.（inatçı, ölür de inadından vazgeçmez.）

山羊死了尾巴也翘着。（固执的人，即便死也改变不了他的固执。）

例 6-5

Bir de okul yıllarınızda size "keçi" diyorlarmış. Hâlâ inatçı mısınız?

Evet hâlâ keçi gibi inatçıyım.

听说在学校的时候大家都称您"山羊"。您还是那么固执吗？

是的，我还是像山羊一样固执。

keçi（山羊）在土耳其文化中代表着"固执、倔强"等特性。每当这个词出现时，人们的大脑里除了山羊的具体形象外，还会出现与其相关的特性，如固执、倔强等文化义。由该词附加词缀-lik派生出的抽象名词keçilik（倔强、顽固）[1]，其意义也就不难理解了。这种名词化词的文化认知更多的是源自原生词的文化义，而不是名词化构词的文化内涵。

土耳其语词汇名词化能够促成某一特定文化的形成。我们将这些文化知识认知化、内在化后存储在大脑中，形成认知语境的一部分。当我们遇到不熟悉的名词化词时，就可以根据需要激活相关的认知语境内容，从而顺利地进行推理和识解。

▶6.3 认知语境与句法名词化的识解

同词的理解一样，句子的理解也是一个认知过程，需要依靠认知语境来帮助确定具体含义。认知语境的一个重要组成部分就是语言知识，包括词汇语法知识、

---

[1]汉语中也有类似的情况，用"牛或驴"来形容性格上的倔强，如"牛脾气""倔驴"等。而土耳其语中常用keçi（山羊）、katır（骡子）和gavur（异教徒）来形容性格上的倔强，派生出keçilik, katırlık和gavurluk（固执）等抽象名词。

篇章知识、逻辑知识、修辞知识、语调、语气等。这些知识在长期的积累过程中也会内在化。当话语表层信息不充分时，我们可以自觉或不自觉地运用已经内在化、认知化的知识来完成对话语的理解。例如：

例6-6

İş 　çok, 　**çalışasım** 　　yok, bahar yorgunluğu erken bastırdı.

工作　多　做-NOML-1sgPOS　没有　春天　疲惫　早　出现

工作很多，但我不想做，春乏提早出现了。

例6-7

Dinledikçe 　**dinleyesim** 　　geliyor.

（越）听　听-NOML-1sgPOS　　来了

我越听越想听。

由形动词词缀-AsI构成的句法名词化结构在这两个句子中均充当主语。这一结构除了在句子中承担名词功能外，还可以表达一种内在意愿，表示"想要"，尤其是在-AsI+var/yok/gel-/tut-等固定搭配中。这一知识内化后，当我们看到"Çay içesim var"这样一句话时，即使没有具体的场合，也能正确地理解为"我想喝茶"，而不是"我有喝茶"。

句法名词化结构所表达的意义有时会存在着超出字面意义的"超载"信息。这种超载信息需要听话人将结构表达式和语境结合起来进行推导。此时协助推导的语境因素主要是认知性质的，是通过认知语境中的各种知识得出超越结构本身的信息量。也就是说，"由于语言使用是一种认知语境的参与过程，语言本身的不完整性，由以认知语境为基础的推理去补足"（熊学亮，1999：115）。

当我们在思考一个句子时，会涉及许多认知运作过程。在没有具体的上下文时，我们会自动地将这个句子纳入经常遇到的上下文中去理解。这一理解过程是受认知语境驱动的。土耳其语句法名词化结构的理解过程大致可以归纳为四个阶段：①对名词化结构的形式进行识别；②将名词化结构与大脑中的知识结构关联起来；③在诸多知识中寻找最具关联性的心理假设；④得出相关结论。句法名词化结构的字面意义不代表话语的最终意义，我们需要利用认知语境进行正确识解。

6.3.1 认知语境与动名词名词化结构的识解

土耳其语中动名词名词化主要通过附加词缀-mA，-mAk和-Iş来实现。这三个词缀的主要句法功能是赋予动词以名词的地位，在具体的使用过程中三者所表达的意义有所不同。例如：

⊗ 例 6-8a

Fazla kilolu kişilerin çoğu [yemek **yeme**si]ni   sever.

更加 重 人 多数 饭 吃-NOML-3sgPOS-ACC 喜欢

大多数胖人都爱吃饭。

⊗ 例 6-8b

[Ayşenin yemek **yiyiş**i]   herkesi güldürdü.

阿伊赛-GEN 饭 吃-NOML-3sgPOS 每个人 使发笑

阿伊赛吃饭的样子逗笑了大家。

例6-8a的"yemek **yeme**si"在句中充当宾语，例6-8b的"yemek **yiyiş**i"在句中充当主语，二者均有"吃饭"的意义。同为动名词名词化结构的-mA和-Iş，在不同的认知语境下产生的理解是不同的。前者通常表达动作行为本身；而后者在表达动作行为的同时，还能体现动作行为的方式（manners）。因此例6-8a中yemek **yeme**si表达的意义是"吃饭"这一行为，而例6-8b中yemek yiyişi表达的意义是"吃饭的方式"。

在土耳其语中，由-mA，-mAk和-Iş词缀构成的动名词名词化结构的共同特点是表达某一动作行为（acts/actions）。但是，在不同的认知语境下它们会表现出一定的差异，如下表。

表6.2　动名词名词化词缀的功能

	-mA	-mAk	-Iş
行为	+	+	+
方式	−	−	+
一致关系	+	−	+
语气	+	+	−

根据以上这些特点，我们初步模拟出动名词名词化结构知识图如下。

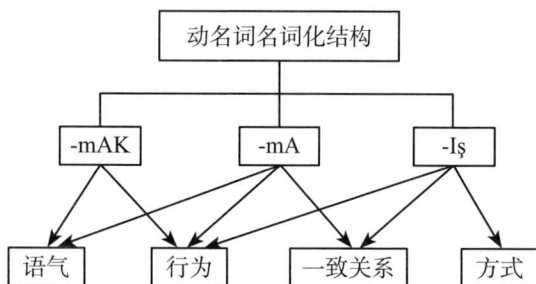

图6.6　动名词名词化结构知识图

当我们大脑中存储了这些知识，就能够对这三种名词化结构的使用情况作出判断和区分。例如-mAk和-mA的关键区别在于一致关系，对比下面两个句子。

例 6-9a

Mühendis **olmak**　　　　istiyorum.

工程师　成为-NOML　想-PROG-1sg

我想成为工程师。

例 6-9b

Mühendis　　　**olma**mı　　　　istiyor.

工程师　成为-NOML-1sgPOS-ACC 想-PROG-3sg

他想让我成为工程师。

例6-9a中-mAk分句的主语即主句的主语，分句没有构成具有一致关系的名词词组，因此形态上无变化；例6-9b中-mA分句的主语与主句主语不一致，分句由省略修饰语"benim（我的）"的第一类型名词词组构成，主语是"我"，而主句的主语是"他"。不具备一致关系的-mAk名词化结构是非限定的（非特指），而具备一致关系的-mA名词化结构是限定的（特指）。在区别由词缀-mA和-Iş构成的名词化结构时也可以利用这一知识图，例如（Göksel&Kerslake，2005：428）。

例 6-10a

Çocuğun ağaçtan　　**düştüğünü**　　gördüm.

孩子-GEN 树-ABL　掉落-NOML-3sgPOS-ACC看见

我看见孩子从树上掉下来。

例 6-10b

Çocuğun   ağaçtan   **düşmesini**   gördüm.

孩子-GEN   树-ABL   掉落-NOML-3sgPOS-ACC   看见

我看见孩子从树上掉下来。

例 6-10c

Çocuğun   ağaçtan   **düşüşünü**   gördüm.

孩子-GEN   树-ABL   掉落-NOML-3sgPOS-ACC   看见

我看见孩子从树上掉下来。

从译文来看，这三个句子都表示"我看见孩子从树上掉下来"[①]。例 6-10a 使用-DIK 形动词名词化结构，例 6-10b 使用-mA 动名词名词化结构，例 6-10c 使用-Iş 动名词名词化结构。它们之间的区别在于，例 6-10a 表达"我看见小孩（已经）从树上掉下来"，也就是说"掉落"的动作已经发生，"我看见了"事件的全过程；例 6-10b 和例 6-10c 所要提供的信息不是"发生了某件事"，而是"某事是如何的"，也就是说后两句强调的是事件本身（名称），小孩"掉落"这一事件已经发生，说话者陈述这一事实。而例 6-10b 和例 6-10c 之间的区别在于，后者在表达动作行为的同时，还能够体现出动作发生的方式。

通过上述分析，我们可以看出动名词名词化的识解是在认知语境的驱动下一步步进行判断和选择的过程，如下图。

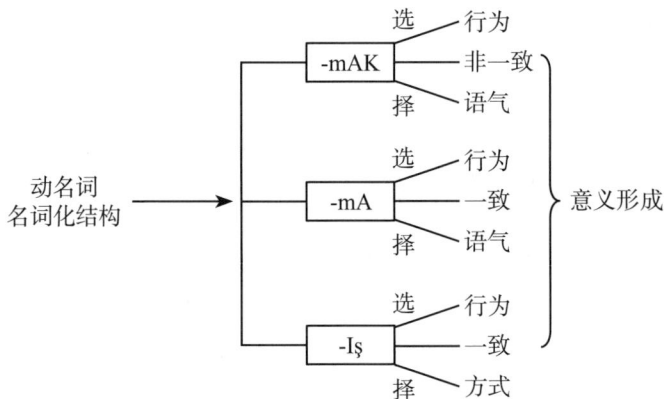

图 6.7　动名词名词化结构的识解过程

认知语境并非凭空自生，也非交际双方大脑中所固有的，而是交际者基于生活的经验，在对当前外部信息的感知、整理与记忆的基础上形成的（黄新华、胡霞，

---

① I saw the child fall from the tree.

2004：249）。辅助语言理解的因素并非总是具体的场合。当我们在理解名词化结构时，如果已通过经验把具体语境内在化、认知化了，此时就不一定要依赖具体的上下文，因为通过感知、知识的激活、假设等这一系列过程完全有可能推理出该结构的真实含义。当然对意义的准确解读还有赖于我们的知识结构和解读能力。

6.3.2 认知语境与形动词名词化结构的识解

形动词是土耳其语中重要的类动词形式，基本的功能是在句中充当修饰语，相当于形容词。在具体的使用过程中，部分形动词名词化，承担名词功能，如由-An，-AcAK，-DIK以及-AsI词缀构成的形动词名词化结构。

和动名词名词化相比较，形动词名词化过程中的认知语境建构要更为复杂，这是因为形动词词缀具备了时间意义，如下表。

表6.3　形动词名词化词缀的时间意义

	过去	现在	将来
-An	+	+	+/-
-AcAk	-	-	+
-AsI	-	-	+
-DIK	+	+	+/-

-An形动词名词化结构类似于汉语中的"VP的"结构，通常表示动作的施事、受事和工具，而其他三类或表示"行为（acts/actions）"，如-AsI；或表示"事实（facts）"，如-AcAK，-DIK。据此，我们初步构拟出形动词名词化结构的知识图，如下。

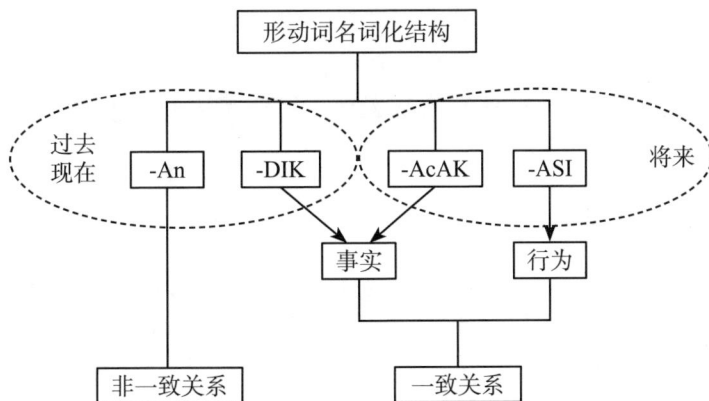

图6.8　形动词名词化结构知识图

从图6.8中可以看出，四种形动词名词化结构的功能既有重合也有不同。例如：-AcAK和-AsI形动词名词化结构从时间角度来看均表示"将来"；从领属关系来看均可以构成主谓一致关系。但前者通常表达"事实"，后者通常表达"行为"，强调内在意愿（Internal Motives），例如（Yaldır，2004：145）：

例6-11a

*Ben　Ayşe'nin　　　　**gülesi**ni　　　　hemen sezdim.
　我　阿伊赛-GEN　笑-NOML-3sgPOS-ACC　立刻　感觉
*我立刻感觉到阿伊赛（的）想要笑。

例6-11b

Ben　　Ayşe'nin　　　　**güleceği**ni　　　　hemen sezdim.
　我　阿伊赛-GEN　笑-NOML-3sgPOS-ACC　立刻　感觉
我立刻感到阿伊赛会笑。

例6-11a、例6-11b两句均由形动词名词化结构充当主句的宾语，表达"阿伊赛的（将要）笑"。例6-11a中"Ayşe'nin gülesi"表达的是阿伊赛内心的愿望，主句主语"我"是无法感觉的，从语义上来看不合逻辑。另外，从语法角度来看-AsI形动词不能作为复合句中的宾语嵌入（embed）到主句中[①]。因此，此句应该采用-AcAK形动词名词化结构。

我们能够通过认知语境对形动词名词化结构进行判断和选择，同样也能通过认知语境对动名词名词化结构和形动词名词化结构进行甄别、对比和识解。土耳其语句法名词化主要通过附加动名词和形动词词缀来实现。这两类词缀是功能性的，均赋予动词以名词的地位，本身没有具体含义，但由这两类词缀构成的名词化结构在句子中表达的话语意义是有区别的。说话人为了表达特定的话语意义，往往会根据认知语境选择一定的句法形式。对比以下三个例子（Yaldır，2004：195）。

例6-12a

　*Babamın　　　eve　erken　**geldiği**　　hepimizi　sevindirdi.
爸爸-1sgPOS-GEN　家-DAT　早　来-NOML-3sgPOS　我们-ACC　使开心
*爸爸（已经）回来的早让我们很开心。

---

①详见本书4.2.2.4。

例 6-12b

Babamın	eve	erken	**gelmesi**	hepimizi	sevindirdi.
爸爸-1sgPOS-GEN	家-DAT	早	来-NOML-3sgPOS	我们-ACC	使开心

爸爸回来的早让我们很开心。

例 6-12c

Babamın	eve	erken	**geldiği**	çabuk	duyuldu.
爸爸-1sgPOS-GEN	家-DAT	早	来-NOML-3sgPOS	很快地	被得知

很快大家都知道爸爸回来的早。

例6-12三句中名词化结构均充当句子的主语,表达"爸爸回来的早"这一意义。由于"使我们感到开心"的是"Babamın eve erken gelmesi(爸爸回来的早)"这一行为,而不是已经发生的"事实"(过程)。因此,这里只能够使用-mA动名词名词化结构,如例6-12b,而不能够使用-DIK形动词名词化结构,如例6-12a。例6-12c中"得知的"内容是"爸爸回来的早"这一已经发生的事实,因此应当使用-DIK形动词名词化结构。

综上所述,形动词名词化结构的识解过程同样是在认知语境的驱动下一步步进行判断和选择的过程,如下图。

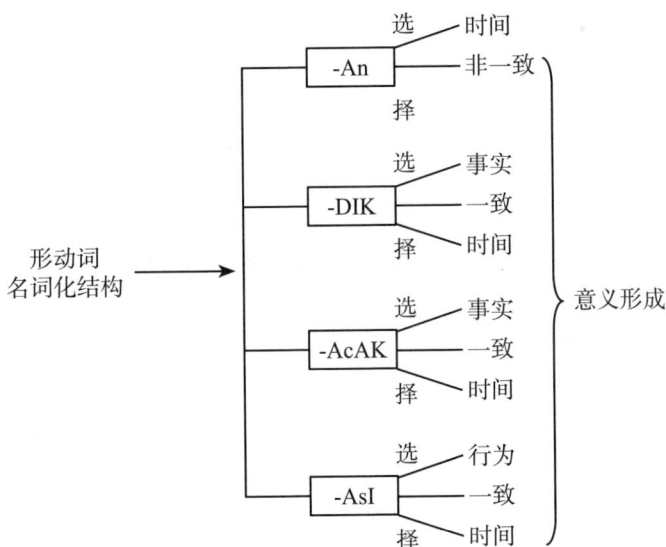

图6.9 形动词名词化结构的识解过程

159

土耳其学者居杰尔奥卢曾经举过一个例子：一个"苹果"的外形、颜色、大小、气味等特点会在我们的大脑中形成一个图式（şema）。我们会毫无意识地运用大脑中的这些图式去解释我们听到的话和看到的事件。人类与外部世界相互影响，从而在大脑中产生这些图式。它们在不同的文化背景下会显现出差异。（Cüceloğlu，1999：208）他提到的图式事实上就是有关的知识结构，即我们对某一认知对象形成的一系列知识。这些知识以图式的形式存储在大脑中，是认知语境的心理表征[①]。大脑中存储的图式通常以静态的方式存在。在被激活之前，它处于一种休眠状态；激活后，其中的相关知识成为认知语境的一部分，从而帮助我们更好地进行推理与理解。

▶6.4 小结

意义与语境具有本质的联系，如影随形。意义不是话语自身固有的内在属性，而是一个不断发展变化的动态建构过程。这一过程是认知性质的。本章以认知语境为基础分析了影响土耳其语名词化识解的语境因素。

首先，名词化词意义的获得是建立在一定认知语境基础上的，是词根/词干和词缀的使用特征不断强化和固化的结果，也是人们调动各种知识和经验对其进行抽象整合的结果。名词化词的意义并非是词根意义与词缀意义的简单叠加。在许多情况下，词义已超出语言结构本身所加载的信息。对于语言超载信息，我们可以通过认知语境不断地进行选择、利用，直至全部意义的获得。土耳其语词汇名词化的识解不仅受到词根/词干意义、词缀意义，以及词根/词干与词缀之间相互关系的影响，更与认知者的百科知识和解读策略有关。

其次，认知语境简单来说就是语用者系统化了的语用知识。辅助语言理解的因素并非总是具体的场合。如果我们通过经验把具体语境内在化、认知化，那么即便没有明确的上下文，也能够对句法名词化结构进行甄别、判断和识解。认知语境不是一种客观存在，而是在理解过程中为了正确理解话语而存在于人们大脑中的一系列假设。这些假设能够帮助我们在理解句法名词化时准确提取相关信息。

---

① 认知语境是通过图式这一心理结构或者说心理形式表现出来的。

第七章　结语

▶7.1 研究结果

语言研究总是在一定的理论指导下进行。本书以认知语法的相关理论为依据，围绕开篇提出的问题对土耳其语名词化现象展开研究。第一，名词化界定与分类；第二，名词化的主要认知机制；第三，影响名词化识解的语境因素。在这三个问题的驱动下，本书的研究结果如下。

第一，土耳其语名词化主要包括两种方式。

一是词汇名词化，即通过附加适当的构词词缀将其他词类的词派生为名词或名词本身再派生名词的过程或结果。综合过往研究，本书共梳理出57个动词名词化词缀和46个名词再名词化词缀[①]，分析得出词汇名词化词缀的主要特点为多功能性、多义性、高能产性、选择性和叠加性。从多功能性来看，土耳其语82[②]个名词化词缀中，具有多功能性的词缀有60个，其中既可以作动词名词化词缀又可以作名词再名词化词缀的有21个；从多义性角度来看，土耳其语中具有多义性的名词化词缀有39个[③]，由名词派生的名词或表示身份、地位、状态等意义，或表示行业、技术及相关行为、状态等意义，或表示地点、工具、物品、动植物类属等意义。由动词派生的名词则主要涉及施事、受事、结果/产物、工具、地点和时间等六类语义角色，其中频率最高的语义角色为结果/产物，共有41个词缀，其次是工具（30个）、施事（15个）、地点（11个）、受事（7个），最低的则是时间（5个）；从能产性来看，构词数量超过10个的词缀有56个，其中有12个词缀的构词数量超过了100个，构词能力最强的词缀为-lIk，由其构成的派生词数量达到了7221个。

二是句法名词化，即动词附加构词词缀后，由核心句子转换为名词化结构的过程或结果。本书以土耳其语数据库TS Corpus中的语料为依据，对土耳其语句法

[①]其他词类的名词化词缀数量极少，从形态上来看都包含在这两类词缀中。

[②]部分词缀既是动词名词化词缀，又是名词再名词化词缀，因此名词化词缀总数小于两类名词化词缀的总和。

[③]形式重合的词缀不进行重复统计。

名词化结构进行分析，发现不同词缀构成的名词化结构拥有各自不同的特点。

1. 动名词名词化主要通过在动词后附加词缀-mAk，-mA 和-Iş 来实现。它们共同的特点是表达某一动作行为（acts/actions）。三者侧重点各有不同，-mAk 和-mA 名词化结构表达基本动作行为（basic actions），-Iş 名词化结构则更多用来表达行为的方式（actions plus manners）。从一致关系来看，-mA 和-Iş 名词化结构具备一致关系，可以构成名词词组；而-mAk 名词化结构不具备一致关系，由-mAk 词缀构成的名词化结构不能用于第一类型名词词组，但可以作第二类型名词词组的修饰语。从语气来看，-mAk 和-mA 名词化结构可以用来表达命令、愿望等祈使语气；而-Iş 名词化结构不具备表达语气的功能。

2. 形动词名词化主要通过在动词后附加词缀-An，-DIK，-AcAK 和-AsI 来实现。它们的共同特点是具有时间性，-An 名词化结构表达一般时，-DIK 名词化结构表达过去时和现在时，-AcAK 和-AsI 名词化结构表达将来时。从一致关系来看，-An 名词化结构不具备一致关系，而-DIK，-AcAK 和-AsI 名词化结构具备一致关系，必须附加表达一致关系的领属性词缀后才能名词化。从功能上来看，-An 名词化结构相当于汉语的"VP 的"，-DIK 和-AcAk 名词化结构通常表达一个具体的事实（facts），-AsI 名词化结构表达动作行为（actions），强调内在意愿（internal motives）。

3. 句法名词化结构中动词的特征发生了变化：动词的时间性受到限制，但并没有完全失去时间性；动词的情态、语气可以通过不同的名词化结构来表达，并且可以受情态副词修饰；动词带状语和补足语不受限制；动词带主、宾语不受限制。可以说句法名词化结构取得了名词的一部分特征，但并未完全转化为名词，多为临时在句中承担名词功能。用原型范畴理论来概括的话，句法名词化产生的"名词"只能属于名词这个范畴的边缘成员。

4. 句法名词化结构的名词化程度各不相同：句法名词化结构中的动词在保留原生动词特征的同时，在一定程度上体现出名词化倾向。形动词名词化结构中的动词本身不具备名词特征，只有构成名词词组时，才能在句子中表现出名词功能。动名词名词化程度要明显高于形动词，由形动词名词化结构到动名词名词化结构，名词性是逐渐增强的。此外，即便是同一类型下的名词化结构，在具体的语境中它们的名词化程度也会呈现出不同。

在土耳其语中，词汇名词化是一种固化的名词化现象，得到的是真正意义上的名词，而句法名词化则应境而生，是临时的名词化现象，脱离了句子就失去了名词功能。词汇名词化和句法名词化不是边界分明、非此即彼的关系。它们分处于一个连续统的两极，本质上具有相通性，句法层面的名词化在语言的发展过程中甚至可以转化为词汇层面的名词化。归纳起来，土耳其语名词化的主要分类如下表。

表7.1 土耳其语名词化的分类

层级	名词化类型	形态标记
词汇	动词名词化	-A，-AcAk，-Aç，-AGAn/-AğAn，-Ağı，-Ak，-Al/-l，-AlAk，-AlgA，-Am，-AmAç，-AmAk，-An，-AnAk/(A)nAk，-Arı，-Ası，-bAç，-CA，-CAk，-ç，-DI，-DIK，-GA，-GAç，-GAn，-GI，-gIç，-GIn，-gIt，-I，-Icı，-Iç，-Iş，-(I)k，-(I)l，-(I)m，-mA，-mAcA，-mAç/-(A)mAç，-mAk，-mAn，-mAz，-mAzlIk，-mIk，-mIr，-mIş，-n/-(I)n，-(I)nç，-(I)ntI/-tI，-(A/I)r，-sAk，-sı，-(I)t，-tAy，-v/(A)v，-(A)y，-(A/I)z
	名词再名词化	-A，-Aç，-Ağı，-Ak，-AlAk，-An，-Ay，-Az，-CA，-CAk，-CAğIz，-Cı，-CIk，-CIl，-CIn，-DAm，-DAş，-dIrlk，-DIç，-dIz，-GA，-GAn，-gIç，-gil/giller，-Ik，-(I)l，-la，-lAk，-lAm，-lAr，-lI，-lIk，-(I)m，-mAç，-mAn，-mAr，-(I)n，-rA，-sAk，-sAl，-sı，-sIk，-sIz，-(I)t，-tI，-(I)z
	其他词类名词化	-CA，-CI，-dAk，-Iz，-lIk，-tI
句法	动名词名词化	-mAk，-mA，-Iş
	形动词名词化	-An，-DIK，-AcAK，-Ası
	独立小句名词化	ki，diye vs.

第二，语言是认知的一个有机组成部分。语言能力是语言进化和固化的结果，进化的过程离不开人的经验和非语言的心理现象。名词化从本质上来说是从一个概念到另一个概念的转换。这一转换过程不是任意的，概念转喻和隐喻发挥着重要作用。本书分析了土耳其语名词化过程中概念转喻和概念隐喻的运作机制，得出概念转喻和概念隐喻的主要模式。

1. 概念转喻的主要模式包括动作概念转喻事物概念和事物概念转喻事物概念两大类。其中前者包括动作转喻施事、受事、结果/产物、工具、地点/处所、时间等；后者包括整体转喻部分、部分转喻整体、物质/材料转喻客体、被控制者转喻控制者、地点转喻居民、范畴转喻成员/特性、机构转喻成员、产品转喻产地、属性转喻事物/人等。

2. 概念隐喻的主要模式包括词汇层面的概念隐喻和句法层面的概念隐喻两大类。前者大都发生在"人"与"物"两个范畴，包括以人为始源域进行认知、以物为始源域进行认知和以动作、感觉为始源域进行认知。后者在很大程度上是建立在本体隐喻的基础之上的。这种隐喻模式是把事件、行为、活动和状态视为实体和物质，从而进行指称或量化。

3. 概念转喻和概念隐喻都是人类认识客观世界的一种工具。它们之间既有区别，也有联系。在土耳其语名词化过程中，二者往往相互交织，共同发挥作用。通常来说，隐喻和转喻的互动发生在词汇名词化过程中，其模式主要包括隐喻始源域中的转喻延伸和隐喻目标域中的转喻延伸两类。

第三，名词化的识解会受到认知语境的影响。认知语境简单来说就是认知者内在化、系统化的百科知识。它以图式的形式储存在大脑中。辅助名词化识解的因素并非总是具体的场合。如果我们已通过经验把具体语境内在化、认知化了，此时即便没有明确的上下文，也能够对名词化现象进行甄别、判断和识解。对于名词化中的超载信息，亦可以通过认知语境不断地进行选择、利用，直至全部意义的获得。

对于母语为土耳其语的人来说，名词化的运用像是一种自觉的无意识行为，尤其是在对话过程中，他们不可能瞬时通过有意识的知觉来处理这么复杂的程序。而事实上，这种无意识是他们在多次甚至是无数次重复某一有意识的过程之后才形成的心理行为模式。也就是说，通过不断的重复，名词化已经在他们的大脑中固化为具体的形式与意义的结合体（form-meaning pairing）。他们用最少的心力就能够将其从大脑中调动出来进行使用。因此，在对名词化进行无意识地运用之前有一个有意识的学习过程。当人们将名词化的相关知识不断重复到一定程度，这个知识就会内化为自身的无意识。

▶7.2 研究局限与未来展望

以往关于土耳其语名词化的研究多是在结构主义、生成语法和系统功能语法框架下进行的。本书以认知语法的相关理论为依据对土耳其语名词化现象进行描写和解释，在一定程度上阐明了土耳其语名词化的主要认知机制，但这只是对土耳其语名词化认知研究的初步尝试，未来还有进一步研究的空间。

第一，土耳其语名词化涵盖的范围极广。本书将其分为词汇名词化和句法名词化，并对其中典型的名词化现象进行了描写分析，如动词名词化、名词再名词化和动名词、形动词，以及独立小句名词化。事实上名词化现象除了这些典型形式外，还包括形容词名词化、拟声词名词化，甚至是数词、代词和副词名词化。这些名词化现象虽然数量不多，但也各具特点，值得我们进一步研究，以拓展名词化研究的广度。

第二，本书对名词化的研究是基于土耳其语词典和TS Corpus数据库的数据分析，目的是为了能够找出一些更加客观、可靠的发现。但是非母语的研究人员，对于转喻和隐喻这些带有民族特点和文化属性的思维方式，敏感度和认知度要远低于母语操作者，个人的心理体验和语言经验或多或少会在语料的分析中留有痕迹，从而影响到结论的解释力。因此，未来的研究应该基于更大规模、更具代表性的语料分析，以便更深入全面地揭示土耳其语名词化的认知机制与模式。

第三，土耳其语名词化实现的方式是附加构词词缀，即一个词附加构词词缀后固定或临时地承担名词功能。这一过程并不是简单的A+B=C的数学转换，也就是说C的属性不等于其构成部分A和B的属性的简单相加。要想使这个公式成立，中间必然存在诸多限制条件。本书认为认知语境是影响名词化识解的关键因素，并尝试构拟名词化识解过程中的认知语境知识图。由于认知语境涉及的内容相当广泛，本书篇幅有限，很多地方的论述只是浅尝辄止，有关认知语境与名词化相互关系的研究未来还有十分广阔的空间。

参考文献

一、中文参考文献

[1] Semine İmge Azertürk，黎海情．2011．土耳其语中的"-ler"和汉语中的"们"分析对比[J]．江西科技师范学院学报（2）：63–68．

[2] 陈建生．2008．认知词汇学概论[M]．上海：复旦大学出版社．

[3] 陈兰香．2013．语言与高层转喻研究[M]．北京：北京大学出版社．

[4] 程琪龙．2006．概念框架和认知[M]．上海：上海外语教育出版社．

[5] 丹·斯珀波，迪埃珏·威尔逊．2008．关联：交际与认知[M]．蒋严，译．北京：中国社会科学出版社．

[6] 丁慧君，彭俊．2015．土耳其语语法[M]．广州：世界图书出版广东有限公司．

[7] 丁慧君．2015．现代土耳其语动词名物化的认知分析[A] // 东方语言文化论丛（第34卷）[C]．北京：军事谊文出版社：218–229．

[8] 高航．2009．认知语法与汉语转类问题[M]．上海：上海交通大学出版社．

[9] Geeraerts，Dirk．2012．认知语言学基础[M]．邵军航，杨波，译．上海：上海译文出版社．

[10] 郭锐．2002．现代汉语词类研究[M]．北京：商务印书馆．

[11] 韩礼德．2015．论语法[M]．杨炳钧，译．北京：北京大学出版社．

[12] 胡霞．2015．认知语境的理论建构[M]．昆明：云南人民出版社．

[13] 胡壮麟．2004．认知隐喻学[M]．北京：北京大学出版社．

[14] 胡壮麟．2013．语言学教程（中文本4版）[M]．北京：北京大学出版社．

[15] 黄新华，胡霞．2004．认知语境的建构性探讨[J]．现代外语（3）：248–254．

[16] 兰盖克．2013．认知语法基础[M]．牛保义，王义娜，席留生，等译．北京：北京大学出版社．

[17] 李福印．2008．认知语言学概论[M]．北京：北京大学出版社．

[18] 李平武．2003．英语词缀与英语派生词[M]．北京：外语教学与研究出版社．

[19] 刘丹青．2012．名词性短语的类型学研究[M]．北京：商务印书馆．

[20] 刘国辉，陆建茹．2004．国外主流语言学派对名词化的研究[J]．外语与外语教学（9）：17–22．

[21] 刘国辉，汪兴富. 2005. 名化、级差转移、原型范畴及名化研究框架体系的思考[J]. 外国语 (4)：37-43.

[22] 刘军，Semine İmge Azertürk. 2015. 汉语后缀和土耳其语后缀的语法性质对比[J]. 西安外国语大学学报 (2)：10-13.

[23] 刘顺. 2003. 现代汉语名词的多视角研究[M]. 上海：学林出版社.

[24] 刘宇红. 词汇与句法界面的双向互动研究[M]. 北京：北京大学出版社，2013.

[25] 刘正光. 2006. 语言非范畴化：语言范畴化理论的重要组成部分[M]. 上海：上海外语教育出版社.

[26] 刘正光. 2007. 隐喻的认知研究——理论与实践[M]. 长沙：湖南人民出版社.

[27] 陆丙甫. 2012. 汉、英主要"事件名词"语义特征[J]. 当代语言学 (1)：1-11.

[28] 陆俭明. 2009. 隐喻、转喻散议[J]. 外国语 (1)：44-50.

[29] 吕叔湘. 1979. 汉语语法分析问题[M]. 北京：商务印书馆.

[30] 齐沪扬. 2004. 与名词动词相关的短语研究[M]. 北京：北京语言大学出版社.

[31] 乔治·莱考夫，马克·约翰逊. 2015. 我们赖以生存的隐喻[M]. 何文忠，译. 杭州：浙江大学出版社.

[32] 曲英梅. 2009. 基于语料库的英汉动名化对比研究[D]. 东北师范大学.

[33] 尚国文. 2014. 用法决定语法——认知语言学的用法基础论[J]. 当代外语研究 (7)：17-21.

[34] 沈家煊. 1999. 不对称和标记论[M]. 南昌：江西教育出版社.

[35] 沈家煊. 1999 转指和转喻[J]. 当代语言学 (1)：3-15.

[36] 沈家煊. 2012. "名动词"的反思：问题与对策[J]. 世界汉语教学 (1)：3-17.

[37] 沈家煊. 2014. 汉语"名动包含"说[J]. 英汉对比与翻译 (2)：1-28.

[38] 沈家煊. 2015. 形式类的分与合[J]. 现代外语 (1)：1-14.

[39] 沈家煊. 2016. 名词和动词[M]. 北京：商务印书馆.

[40] 石定栩. 2004. 动词的名词化和名物化[A] // 语法研究和探索（十二）[C]. 北京：商务印书馆.

[41] 石定栩. 2007. 区分名词与动词的标准、方法及后果[J]. 汉语学习 (4)：3-12.

[42] 石定栩. 2011. 名词和名词性成分[M]. 北京：北京大学出版社.

[43] 石毓智.2000.语法的认知语义基础[M].南昌：江西教育出版社.

[44] 束定芳.2000.隐喻学研究[M].上海：上海外语教育出版社.

[45] 束定芳.2008.认知语义学[M].上海：上海外语教育出版社.

[46] 束定芳.2013.认知语言学研究方法[M].上海：上海外语教育出版社.

[47] 司显柱.2014.英语转类词研究[M].北京：清华大学出版社.

[48] 王冬梅.2010.现代汉语动名互转的认知研究[M].北京：中国社会科学出版社.

[49] 王珏.2000.现代汉语名词研究[M].上海：华东师范大学出版社.

[50] 王立非，刘英杰.2011.我国英语名词研究三十年：回顾与思考[J].外国语
（6）：56-63.

[51] 王寅.2006.认知语言学[M].上海：上海外语教育出版社.

[52] 王治敏.2010.汉语名词短语隐喻识别研究[M].北京：北京语言大学出版社.

[53] 文旭.2014.语言的认知基础[M].北京：科学出版社.

[54] 吴福祥.2011.多功能语素与语义图模型[J].语言研究（1）：25-42.

[55] 吴淑琼.2011.基于汉语句法结构的语法转喻研究[D].西南大学.

[56] 谢之君.2007.隐喻认知功能探索[M].上海：复旦大学出版社.

[57] 熊学亮.1999.认知语用学概论[M].上海：上海外语教育出版社.

[58] 熊学亮.2007.语言学新解（第二版）[M].上海：复旦大学出版社.

[59] 熊学亮.2008.简明语用学教程[M].上海：复旦大学出版社.

[60] 熊仲儒.2017.英汉名词短语的对比研究[M].北京：科学出版社.

[61] 许葵花.2007.认知语境语义阐释功能的实证研究[M].北京：中国人民大学
出版社.

[62] 许葵花.2010.认知语境的语义阐释功能：多义现象中认知语境的有声思维
研究[J].外语电化教学（6）：3-8.

[63] 张高远.2008.英汉名词化对比研究[M].北京：中国社会科学出版社.

[64] 张辉，卢卫中.2010.认知转喻[M].上海：上海外语教育出版社.

[65] 张敏.1998.认知语言学与汉语名词短语[M].北京：中国社会科学出版社.

[66] 张维鼎.2007.意义与认知范畴化[M].成都：四川大学出版社.

[67] 周正清，周运堂.2008.土耳其语汉语词典[M].北京：商务印书馆.

[68] 朱德熙.1961.说"的"[J].中国语文（现代汉语语法研究)(12)：104-124.

[69] 朱德熙．1966．关于《说"的"》[J]．中国语文（现代汉语语法研究）（1）：125-150．

[70] 朱德熙．1983．自指和转指：汉语名词化标记"的、者、所、之"的语法功能和语义功能[J]．方言（1）：16-31．

[71] 朱德熙．1999．朱德熙文集：第二卷[M]．北京：商务印书馆．

[72] 朱德熙．1999．朱德熙文集：第三卷[M]．北京：商务印书馆．

二、土耳其文参考文献

[1] Abdulla, Kamal & Mehman Musaoğlu. 2012. Türk Dili Kavramının Bilişsel-Lengüistik Açıklanması Üzerine[J]. Turkish Studies(7/2 Spring): 35-45.

[2] Adalı, Kübra. 2014. Türkçe Cümlelerde İsim Tamlamalarının Bulunması [D]. İstanbul: İstanbul Teknik Üniversitesi.

[3] Adalı, O. 2004. Türkiye Türkçesinde biçim birimler[M]. İstanbul: Papatya Yayıncılık Eğitim.

[4] Akar, Ali. 2012. Türk Dili Tarihi[M]. İstanbul: ÖTÜKEN.

[5] Akcan, Pınar İbe. 2010. Konu Rolleri: Türkçe Eylem Veritabanı Temelinde Bir Anlambilimsel Konu Rolleri Modeli Önerisi [D]. Ankara: Ankara Üniversitesi.

[6] Akkök, Elif Arıca. 2015. Sözvarlığı Öğretiminde Bilişsel Yaklaşımlar[J]. Dil Eğitimi ve Araştırmaları Dergisi(1/3): 15-28.

[7] Aksan, Doğan. 2004. Kelimebilimi ve Anlambilimi Ölçütlerinden Yararlanarak Bir Yazı Dilinin Eskiliğini Saptama Yolları I: Kavram Alanı-Kelime Ailesi İlişkileri ve Türk Yazı Dilinin Eskiliği Üzerine[J]. Dilbilim ve Türkçe Yazıları. Ankara: Multılıngual Yayınları: 110-119.

[8] Aksan, Doğan. 2007. Her yönüyle dil[M]. Ankara: Türk Dil Kurumu Yayınları.

[9] Aksan, Doğan. 2016. Anlambilim: Anlambilim Konuları ve Türkçenin Anlambilimi[M]. Ankara: Bilgi Yayınevi.

[10] Aksan, Doğan. 2011. Türkçenin Gücü[M]. Ankara: Bilgi Yayınları (13. baskı).

[11] Aksan, Doğan. 2015. Türkiye Türkçesinin Dünü, Bugünü, Yarını[M]. Ankara: BilgiYayınevi (8. basım).

[12] Amanvermez, Funda. 2015. Ortaokul Öğrencilerinin Yazılı Anlatımda Adlaştırma Yapabilme Becerisinin İncelenmesi: -DIk ve -(y)AcAk[J]. International Journal of Languages' Education and Teaching, Mannheim-Germany UDES: 988-1000.

[13] Arslan, A. Alphan. 2011. Türkçe Metinlerden Anlamsal Bilgi Çıkarımı İçin Bir Veri Madenciliği Uygulaması[D]. Ankara: Başkent Ünversitesi.

[14] Arslantaş, H. 2002. Türkçede Dolaylı Anlatım[J]. Ana Dili(27): 46-55.

[15] Aybay, Erdem. 2012. İngilizce ve Türkçe'de Kullanılan Eklerin Karşılaştırılması[D]. Elazığ: Fırat Üniversitesi.

[16] Aydemir, Özgür Kasım. 2007. Tümce Üzerine Dil Felsefesi Bağlamlı Bir Nitel Değerlendirme[J]. Karaman Dil-Kültür-Sanat Dergisi: 49-59.

[17] Aydın, Hülya. 2007. 13. Yüzyıl Anadolu Türkçesinde Sıfat Fiil Ekleri[D]. Sakarya: Sakarya Üniversitesi.

[18] Aydın, İlker. 1971. Türkçece Yan Tümce Türleri ve İşlevleri[J]. Dil Dergisi. Ankara.

[19] Aydoğdu, Özkan. 2007. Türk Dilinde Mastarlar[D]. Elazığ: Fırat Üniversitesi.

[20] Banguoğlu, Tahsin. 2004.Türkçenin Grameri[M]. Ankara: TDK Yayınları.

[21] Banguoğlu, Tahsin. 2007. Türkçenin Grameri[M]. Ankara: TDK Yayınları.

[22] Bayraktar, Nesrin. 2000. Orta Türkçede Fiilimsiler[D]. Ankara: Hacettepe Üniversitesi.

[23] Benzer, Ahmet. 2012. Türkçede Zaman,Görünüş ve Kiplik[M]. İstanbul: Kabalcı Yayınevi.

[24] Biçer, Nurşat & Faruk Polatcan. 2015. Yabancı Dil Olarak Türkçe Öğretiminde Kelime Öğrenme Stratejilerinin Değerlendirilmesi [J]. A. U. Türkiyat Araştırmaları Ensititüsi Dergisi(54): 811-828.

[25] Biray, Himmet. 1999. Batı Grubu Türk Yazı Dillerinde İsim[M]. Ankara: TDK yay.

[26] Bozer, Mutlu. 2008. Türkiye Türkçesindeki Türemiş Adların Aldıkları Yapım Eklerine Göre Anlam ve Görev Özellikleri Bu Konudaki Bilgi ve Bulguların İlköğretim 2. Kademe Türkçe(Dilbilgisi) Derslerinde Kullanılışı[D]. İzmir: Dokuz Eylül Üniversitesi.

[27] Bozkurt, Fuat. 2010. Türkiye Türkçesi-Türkçe Öğretiminde Yeni Bir Yöntem[M]. İstanbul: Kapı Yayınları.

[28] Bulak, Şahap. 2013. Türkçenin Sadeleştirilmesinde Yanlış Ek Kullanımı veya Eklerin Yanlış Kullanılması[J]. The Journal of Academic Social Science Studies(6): 57-76.

[29] Cüceloğlu, Doğan. 1999. İnsan ve Davranışı-Psikolojinin Temel Kavramları[M]. İstanbul: Remzi Kitabevi (9 baskı).

[30] Çakır, Hamide. 2011. Türkçe ve İngilizce Bilimsel Makale Özetlerinde Bilgiyi Kurgulama ve Yazar Kimliğini Kodlama Biçimleri[D]. İzmir: Dokuz Eylül Üniversitesi.

[31] Çapan, Selma. 1996. Bilişsel Gelişim ve Dil Edinimi[J]. Dilbilim Araştırmaları: 284-287.

[32] Çotuksöken, Yusuf. 2011. Yapı ve İslevlerine göreTürkiye Türkçesi'nin Ekleri [M]. İstanbul: Papatya Yayıncılık.

[33] Demir, Musa. 2009. Batı 'Metafor'u ve Doğu 'İstiare'sinin Mukayeseli olarak İncelenmesi[J]. Türkbilig(18): 64-90.

[34] Demir, Nurettin, Emine Yılmaz & Tabir Nejat Gencan. 2013. Türkçe Biçim Bilgisi[M]. Eskişehir: Anadolu Üniversitesi.

[35] Deniz-Yılmaz, Ö. 2009. Türkiye Türkçesinde Eylemsi[M]. Ankara: TDK Yayınları.

[36] Doğan, Enfel&Mustafa Özkan. 2010. Türkçe Cümle Bilgisi[M]. Eskişehir: Anadolu Üniversitesi.

[37] Elbir, Bilal & Fatma Nur Aka. 2015. Yabancılara Türkçe Öğretiminde Kültür Aktarımına Yönelik Yapılan Çalışmaların Değerlendirilmesi[J]Turkish Studies(10/12 Summer): 371-386.

[38] Ergin, Muharrem. 2005. Orhun Abideleri[M]. İstanbul: Boğaziçi Yayınları.

[39] Ergin, Muharrem. 2013. Türk Dil Bilgisi[M]. İstanbul: BayrakBasım/Yayım/Tanıtım.

[40] Erguvanlı-Taylan, Eser. 1993. Türkçe'de -DIK Ekinin Yantümcelerdeki işlevi Üzerine[J]. Dilbilim Araştırmaları. Ankara: Hitit Yayınevi: 161-171.

[41] Erkman-Akerson, Fatma. 2016. Türkçe Örneklerle Dile Genel Bir Bakış[M]. İstanbul: Bilge Kültür Sanat Yayınevi.

[42] Ersoy, Feyzi. 2007. +gil Eki Üzerine[J]. Dil Araştırmaları Dergisi(1): 21-29.

[43] Gedizli, Mehmet. 2012. Türkçede Tek Şekilli ve Çok İşlevli Yapım Ekleri[J]. Turkish Studies(7/4): 3351-3369.

[44] Gedizli, Mehmet. 2013. Türkiye Türkçesindeki Kök Fiillerin Yapı ve Anlam Özellikleri[J]. İnternational Journal of Human Sciences(10/2): 567-582.

[45] Gencan, Tahir Nejat. 1975. Dilbilgisi[M]. Ankara: TDK yay.

[46] Genç, Gülcan. 2005. Eski Anadolu Türkçesinde İsimden İsim Fiilden İsim Yapma Ekleri ve Fonksiyonları[D]. İstanbul : İstanbul Üniversitesi.

[47] Grönbech, K. 2011. Türkçenin Yapısı [M]. Çeviren: Mehmet AKALIN. Ankara: Türk Dil Kurumu Yayınları.

[48] Gülsevin, Gürer. 1993. Türkçede Yapım Ekleri ve Kullanılışları I: Fiilden İsim Yapan Ekler[M]. Malatya.

[49] Gülsevin, Gürer. 1997. Eski Anadolu Türkçesinde Ekler[M]. Ankara: TDK Yay.

[50] Gülsevin, Gürer. 2011. Eski Anadolu Türkçesinde Ekler[M]. Ankara: Türk Dil Kurumu Yayınları.

[51] Güven, Meriç. 2013. -An,-En Sıfat-Fiil Ekinin Dilbilgisel İçlemi, Dönüşmüş Yapılar Kurma ve Ki Bağlayıcısı Tabanında Dönüşüm Gerçekleştirme İşlevi[J]. Turkish Studies(8/8): 1625-1637.

[52] Hacıeminoğlu, Necmettin. 1996. Karahanlı Türkçesi Grameri[M]. Ankara: TDK Yay.

[53] Hatipoğlu, Vecihe. 1974. Türkçede Eklerin Kökeni[J]. Türk dili: 331-340.

[54] Hazar, Mehmet. 2007. Türk Dilindeki Fiilden İsim Yapan -cAk Eki Hakkında[J]. Dil Araştırmaları(Bahar): 141-153.

[55] Hengirmen, Mehmet. 2007. Türkçe Dilbilgisi[M]. Ankara: Engin Yayınevi.

[56] Hengirmen, Mehmet. 2009. Dilbilgisi ve Dilbilim Terimleri Sözlüğü[M]. Ankara: Engin Yayınevi.

[57] Hepçilingirler, Fezya. 2012. Türkçe Dilbilgisi Öğretme Kitabı[M]. İstanbul: Everest Yayınları.

[58] Huber, Emel. 2008. Dil Bilime Giriş[M]. İstanbul: Multilingual Yayıncılık.

[59] İlhan, Nadir. 2009. Türkçede Ek+Kök/Kök+Ek Kaynaşmasıyla Ortaya Çıkan Ekler[J]. Turkish Studies International Periodical For the Languages (Literature and History of Turkish or Turkic)(4/8): 1535-1557.

[60] İmer, Kâmile, Ahmet Kocaman & A. Sumru Özsoy. 2011. Dilbilim Sözlüğü[M]. İstanbul: Boğaziçi Üniversitesi Yayınevi.

[61] İnce, Halide Gamze. 2006. Türkçede Kelime Öğretimi[D]. Bolu: Abant İzzet Baysal Üniversitesi.

[62] Kahraman, Tahir. 2005. Çağdaş Türkiye Türkçesi Dilbilgisi [M]. Ankara: Dumat yay.

[63] Kalkan, Uğur. 2006. Türkiye Türkçesinde Hal(Durum) Kavramı ve Hal(Durum) Eklerinin İşlevleri[D]. Afyonkarahisar: Afyon Kocatepe Üniversitesi.

[64] Karaca, Hasan. 2013. Türkiye Türkçesinde Eklerin İşlevleri[D]. Sivas: Cumhuriyet Üniversitesi.

[65] Karahan, Leylâ. 2010. Türkçede Söz Dizimi(15. baskı)[M]. Ankara: Kültür Bakanlığı Yayıncılık.

[66] Kekilli, Meliha. 2008. Türkiye Türkçesi Ağızlarında Yemek İsimleri[D]. Elazığ: Fırat Üniversitesi.

[67] Kerimoğlu, Caner. 2014. Türkiye Türkçesi Gramerindeki Düzensizlikler ve Eş Zamanlı Gramer Yazımı[J]. Dil Araştırmaları(Bahar): 75-96.

[68] Kerimoğlu, Caner. 2016. Genel Dilbilime Giriş: Kuram ve Uygulamalarla Dilbilimi, Göstergebilim ve Türkoloji(3. Baskı)[M]. Ankara: Pegem Akademi Yayıncılık.

[69] Kıran, Zeynel. 1979. Türkçede Yantümcelerin Sonsuz sayıda Tekrar edilme Özelliği[C]. Genel Dilbilim Dergisi içinde. Ankara:Ankara Dilbilim Çevresi Derneği: 37-53.

[70] Kıvırcık, Şefik Yücel. 2004. Türkçedeki Bazı Bileşik Yapıların Yabancı Dil Olarak Öğretiminde Karşılaşılan Sorunlar ve Çözüm Önerileri[D]. İzmir: Dokuz Eylül niversitesi.

[71] Koç, Nurettin. 1996. Yeni Dilbilgisi[M]. İstanbul: İnkılâp Kitap Evi.

[72] Koç, Sabri. 1981. Türkçede Tümcelerin Adlaştırmasına Dönüşümlü-Üretken Yaklaşım [J]. TDAY Belleten 1978-1979, Ankara: Ankara Üniversitesi Basımevi: 173-180.

[73] Korkmaz, Feryal. 2007. Batı Türkçesinde Tür Değiştirme[D]. İstanbul: İstanbul niversitesi.

[74] Korkmaz, Zeynep. 1992. Gramer Terimleri Sözlüğü[M]. Ankara: TDK Yayınları.

[75] Korkmaz, Zeynep. 1994. Türkçede Eklerin Kullanılış Şekilleri ve Ek Kalıplaşması Olayları [M]. Ankara: TDK Yayınları.

[76] Korkmaz, Zeynep. 2009. Türkiye Türkçesi Grameri Şekil Bilgisi[M]. Ankara: TDK Yayınları.

[77] Korkmaz, Zeynep. 2014. Türkiye Türkçesi Grameri Şekil Bilgisi[M]. Ankara: Türk Dil urumu Yayınları.

[78] Koşaner, Özgün & Umut Yozgat. 2014. Türkçede Kavramsal Karmaşıklar:Düz-Eğretilmece [J]. İnternational Journal of Language Academy(2/4): 195-208.

[79] Kurudayıoğlu, Mehmet. 2006. Türkçenin Morfolojik Yapısının Kelime Hazinesi Açısından Önemi[C]. Büyük Türk Dil Kurultay Bildiriler Kitabı(26-27 Eylül). Ankara: 497-505.

[80] Maclaren, Gülhan Ağbaba. 2007. Türkçe Sözlüklerdeki Tanımlarda Eylemden Türemiş Sözcüklerin Üye ve Rol Yapısının Yeri[D]. Ankara: Ankara Üniversitesi.

[81] Mahçup, Tuğba. 2011. Türkçede Eklerin Kazandırdığı Anlamlar[D]. İstanbul: İstanbul Teknik Üniversitesi.

[82] Nerimanoğlu, Kamil Veli. 2015. Dil(Bilimi) ve Felsefe[J]. Turkish Studies(10/8): 103-140.

[83] Onan, Bilginer. 2005. İlk öğretim İkinci Kademe Türkçe Öğretiminde Dil Yapılarının Anlama Becerilerini(Okuma/Dinleme) Geliştirmedeki Rolü[D]. Ankara: Gazi niversitesi.

[84] Onan, Bilginer. 2009. Eklemeli Dil Yapısının Türkçe Öğretiminde Oluşturduğu Bilişsel (Kognitif) Zeminler[J]. Mustafa Kemal Üniversitesi Sosyal Bilimler Enstitüsü Dergisi(6-1): 237-264.

[85] Onan, Bilginer. 2010. Beynin Bilişsel İşlevleri Üzerine Yapılan Araştırmalar ve Ana Dili ğitimine Yansımaları[J]. TÜBAR(Bahar): 521-561.

[86] Özçamkan, Gülşen. 2012. Kelime Ailelerinde Ses, Biçim ve Anlam[D]. Trabzon: Karadeniz eknik Üniversitesi.

[87] Özkan, Mehmet. 2011. Türkçe Metinlerde Kelime Kök ve Gövdeleri ile Ekler Arasındaki İlişkinin İstatistiksel Analizleri[D]. Muğla: Muğla Üniversitesi.

[88] Paylan, Kerime. 2015. Türkçede Kelime Türetme Yollarına Genel Bir Bakış [D]. Denizli: Pamukkale Üniversitesi.

[89] Sarı, Mustafa. 2014. Türkçenin Batı Dilleriyle İlişkisi[M]. Ankara: Türk Dil Kurumu Yayınları.

[90] Sebzecioğlu, Turgay. 2004. Türkiye Türkçesinde Eylemsilerle Kurulan Tümcelerin Yapısı[D]. Mersin: Mersin Üniversitesi.

[91] Serebrennikov, B. A. & N. Z. Gadjieva. 2011. Türk Yazı Dillerinin Karşılaştırmalı Tarihi Grameri [M]. Çeviren: Tevfik Hacıyev, Mustafa Öner. Ankara: Türk Dil Kurumu Yayınları.

[92] Sir Gerard Clauson. 2007. Türkçede Sekizinci Yüzyıldan Önce Kullanılan Ekler[J]. Çeviren: Uluhan Özalan. Dil Araştırmaları: 185-196.

[93] Şahbaz, Betül. 2011. Tarihî ve Çağdaş Türk Lehçelerinde +lIk/+lUk İsimden İsim Yapım Eki[D]. Ankara: Gazi Üniversitesi.

[94] Tekir, Selma. 2010. Semantik Bilginin Analizi ve Modellenmesi[D]. İzmir: Ege Üniversitesi.

[95] Telli, Burak. 2013. Bağlama Edatı, Ki'li Birleşik Cümleler ve Küçük Ağa'daki ki Bağlayıcısının Fonksiyonları[J]. The Journal of Academic Social Science Studies(6): 1061-1080.

[96] Tosun, İbrahim. 2010. Türkiye Türkçesinde +CA Ekinin Kullanım ve Anlam Çeşitliliği[J]. Turkish Studies International Periodical For the Languages, Literature and History of Turkish or Turkic(5/4).

[97] Tufar, Nicolai. 2010. Türk Dilinde Meronimi: Organ Adları[D]. Ankara: Ankara Üniversitesi.

[98] Türkkan, Bilge. 2008. Türkçe Tarih Söyleminde Adlaştırmanın İşlevleri[D]. İzmir: Dokuz Eylül Üniversitesi.

[99] Uçar, Aygül. 2009. Türkçe Eylemlerde Çokanlamlılık: Uygunluk Kuramı Çerçevesinde Bir Çözümleme[D]. Ankara: Ankara Üniversitesi.

[100] Uluocak, Mustafa. XVIII. 2007. Yüzyıl Sefaretnamelerinde Türetme ve İşletme Ekleri[D]. Bursa: Uludağ Üniversitesi.

[101] Ustaoğlu, Fatma Gülin. 2015. Ortaokul Türkçe Ders Kitaplarında Metafor[D]. İzmir: Dokuz Eylül Üniversitesi.

[102] Uzun, Nadir Engin. 2000. Anaçizgileriyle Evrensel Dilbilgisi ve Türkçe[M]. İstanbul: Multilingual.

[103] Üstüner, Ahat. 2000. Anadolu Ağızlarında Sıfat Fiil Ekleri[M]. Ankara: Türk Dil Kurumu Yayınları.

[104] Yelten, Muhammet. 2013. Türk Dili Anlatım Bilgileri[M]. İstanbul: Der Yayınları.

[105] Yersüren, Nedim. 2009. Türk Dil Bilgisinde Kelime Türleri (Ad ve Ad Soylu Kelimeler)[D]. Sakarya: Sakarya Üniversitesi.

[106] Yıldırım, Gamze. 2011. Türkçede Benzerlik, Eşitlik İfade Eden İsimden İsim Yapma Ekleri[D]. Ankara: Gazi Üniversitesi.

[107] Yıldız, Hüseyin. 2011. Türk Dilinde -Gaç Ekinin Kaynakları -I[J]. Dil Araştırmaları Dergisi(Bahar): 115-140.

[108] Yılmaz, Özlem Deniz. 2009. Türkiye Türkçesinde Eylemsi[M]. Ankara: Türk Dil Kurumu Yayınları.

[109] Zengin, Dursun. 2003. Sıfatların Başka Sözcük Türlerine Kayması[J]. Ankara Üniversitesi Dil ve Tarih Coğrafya Fakültesi Dergisi(43/2): 83-99.

[110] Zülfikar, Hamza. 1991. Terim Sorunları ve Terim Yapma Yolları[M]. Ankara: TDK yay.

三、英文参考文献

[1] Bahadır, Gözde. 2012. Structural Priming in Turkish Genitive-Possessive Constructions [D]. Ankara: The Middle East Technical University.

[2] Bauer, L. 2001. Morphology Productivity[M]. New York: Cambridge University Press.

[3] Dirven, René & Ralf Pörings. 2003. Metaphor and Metonymy in Comparison and Contrast [C]. Berlin, New York: Mouton de Gruyter.

[4] Erguvanlı, E. E. 1984. The Function of Word Order in Turkish Grammar[M]. Berkeley, California: University of California Press.

[5] Goossens, L. 2003. Metaptonymy: the interaction of metaphor and metonymy in Expressions for linguistic action[C]. Dirven R, Porings R(eds.) Metaphor and Metonymy in Comparison and Contrast. Berlin/NewYork: Mouton de Gruyter.

[6] Göksel, A. & C. Kerslake. 2005. Turkish: A Comprehensive Grammar[M]. London and New York: Routledge.

[7] Hopper, P. J. &S. A. Thompson. 1985. The iconicity of the Universal Categories "Noun" and "Verb"[A]. In John Haiman(ed.) *Iconicity in syntax*[C]. Amsterdam: John Benjamins: 151-183.

[8] Kennelly, S. D. 1991. Theta Government in Turkish: Effect On IP Dominated by DP[J]. Dilbilim Yazıları(3): 58-75.

[9] Kornfilt, Jaklin. 1997. Turkish[M]. London: Routledge.

[10] Lakoff, George&Mark Johnson. 2003. Metaphors We Live By[M]. Chicago: The University of Chicago Press.

[11] Langacker, Ronald W. 2004. Metonymy in Grammar[J]. Journal of Foreign, November, General Serial, No. 154.

[12] Langacker, Ronald W. 2004. 认知语法基础（Ⅰ）·理论前提——影印本[M]. 北京：北京大学出版社.

[13] Langacker, Ronald W. 2004. 认知语法基础（Ⅱ）·描写应用——影印本[M]. 北京：北京大学出版社.

[14] Lewis, G. L. 1967. Turkish Grammar[M]. Oxford:Oxford University Press.

[15] Özge, Umut. 2010. Grammar and İnformation: A Study of Turkish İndefinites[D]. Ankara: The Middle East Technical University.

[16] Panther, Klaus-Uwe & Linda L. Thornburg. 2003. The roles of metaphor and metonymy in Englishi -er nominals[C]. Metaphor and Metonymy in Comparison and Contrast. Berlin, New York: Mouton de Gruyter.

[17] Panther, Klaus-Uwe. 2008. Conceptual and Pragmatic Motivation as an Explanatory Concept in Linguistics[J]. Journal of Foreign Languages(5): 2-19.

[18] Panther, Klaus-Uwe, Linda L. 2009. Thornburg & Antonio Barcelona. Metonymy and Metaphor in Grammar[C]. Amsterdam/Philadelphia: John Benjamins Publishing Company.

[19] Panther, Klaus-Uwe. 2014. Metaphor and Metonymy Shaping Grammar:The role of animal terms in expressive morphology and syntax[J]. Journal of Foreign Languages(37 /1).

[20] Peirsman, Y. & D. Geeraerts. 2006. Metonymy as a prototypical category[J]. Cognitive Linguistics(3): 269-316.

[21] Radden, G. & Z. Kövecses. 1999. Towards a theory of metonymy[A]. In Panther, K-U. & G. Radden(ed.). Metonymy in Language and Thought[C]. Amsterdam/ Philadelphia: Benjamins: 21-27.

[22] Ruiz de Mendoza Ibanez, F. J. & A. Galera Masegosa. 2011. Going beyond Metaphtonymy: Metaphoric and Metonymic Complexes in Phrasal Verb Interpretation[J]. Language Value(3): 1-29.

[23] Sezer, Fehmi Engin. 1991. Issues in Turkish Syntax[D]. Cambridge, Massachusetts: Harvard University.

[24] Sperber, Dan & Deirdre Wilson. 2001. Relevance: Communication and Cognition[M]. 北京：外语教学与研究出版社.

[25] Sopaoğlu, Uğur. 2014. The Effects of Morphological Structure of Turkish on Semantic Relatedness[D]. Ankara: Çankaya University.

[26] Şeker, Emrullah. 2015. A Minimalist Approach to Analyzing Phrase Structures Through Universal Principles and Parameters to Identify Parametric Variations Between English and Turkish Languages [D]. VAN: Yüzüncü Yıl University.

[27] Şeker, Emrullah. 2015. Categorization and Syntactical Analysis of Nominalizers in Turkish: A Minimalist Approach[J]. Turkish Studies(10/12): 981-998.

[28] Talmy, L. 2010. 伦纳德·泰尔米认知语义学十讲（英）[M]. 北京：外语教学与研究出版社.

[29] Taylor, John R. 2013. Cognitive Grammar[M]. 认知语法——影印本. 北京：世界图书出版北京有限公司.

[30] Turan&Köşe. 2013. Turkish Syntax, Semantics, Pragmatics and Discourse[M]. Anadolu Üniversitesi.

[31] Underhill, R. 1976. Turkish Grammar[M]. Cambridge, Massachusetts: The MIT Press.

[32] Ungerer, F&Schmid, H. J. 1996. An Introduction to Cognitive Linguistics[M]. London: Longman.

[33] Van Schaaik, G. 2001. Bosphorus Papers: Studies in Turkish Grammar 1996-1999[D]. İstanbul: Boğaziçi University Press.

[34] Yaldır, Yılmaz. 2004. Syntactic nominalizations in Turkish: A Principles and Parameters Framework[D]. Adana: Çukurova University.

[35] Yıldız, Tuğba. 2014. Corpus-Driven Semantic Relations Extraction for Turkish Language [D]. İstanbul: Yıldız Technical University.

缩略语及符号说明

缩略语

缩略语	英语	土耳其语	汉语
1sg	1st person singular	1. tekil şahıs	第一人称单数
2sg	2nd person singular	2. tekil şahıs	第二人称单数
3sg	3rd person singular	3. tekil şahıs	第三人称单数
1pl	1st person plural	1. çoğul şahıs	第一人称复数
2pl	2nd person plural	2. çoğul şahıs	第二人称复数
3pl	3rd person plural	3. çoğul şahıs	第三人称复数
ABL	ablative case	ayrılma durumu	从格
ABIL	ability marker	yeterlilik	能动标记
ACC	accusative case	belirtme durumu	宾格
CAUS	causative	ettirgen	使动态
DAT	dative case	yönelme durumu	向格
DUB	dubitative Past(-mIş)	belirsiz geçmiş zaman	主观过去时
FUT	future tense	gelecek zaman	将来时
GEN	genitive case	tamlayan(ilgi) durum	所有格
INST	instrumental case	vasıta durumu	工具格
LOC	locative case	bulunma durumu	位格
N	noun	isim	名词
NEG	negative	olumsuz	否定
NOM	nominative case	yalın durum	原格
NOML	nominalizer marker	adlaştırma	名词化标记
NP	noun phrase	isim öbeği	名词短语
PASS	passive	edilgen	被动态
PERS	person	şahıs	人称
PL	plural	çoğul	复数
POS	possessive marker	iyelik eki	领属性词缀

（续表）

缩略语	英语	土耳其语	汉语
PROG	progressive(İyor)	şimdiki zaman	进行体
PST	past tense(-DI)	belirli geçmiş zaman	肯定过去时
RECIP	reciprocal	işteşlik	相互态
REFL	reflexive	dönüşlü	反身态
V	verb	eylem	动词
VP	verb phrase	eylem öbeği	动词短语

符号说明

A	词缀中的大写字母A代表两种变体：a, e
C	词缀中的大写字母C代表两种变体：c, ç
D	词缀中的大写字母D代表两种变体：d, t
G	词缀中的大写字母G代表两种变体：g, k
I	词缀中的大写字母I代表四种变体：ı, i, u, ü
K	词缀中的大写字母K代表两种变体：k, ğ
>	表示词类转换
-	词根/词干与词缀的连接符
*	星号位于句首表示不合语法的句子
[...[...]]	多个方括号表示复杂结构的层次关系

附录：-lIk 词缀派生统计表

A			
abacılık	abajurculuk	abartıcılık	abartısızlık
abartmacılık	abazanlık	abdallık	abdestlik
abdestlilik	abdestsizlik	abeslik	ablacılık
ablaklık	ablalık	ablavutluk	abonelik
abraşlık	absürtlük	abullabutluk	abusluk
acarlık	acayiplik	acelecilik	acembuselik
acemilik	acentelik	acıbalık	acıklılık
acılık	acılılık	acımasızlık	acımsılık
acımtıraklık	acısızlık	acillik	âcizlik
aculluk	acyoculuk	açgözlük	açgözlülük
açıcılık	açıkgözlük	açıkgözlülük	açıklanabilirlik
açıklayıcılık	açıklık	açlık	açmacılık
açmalık	açmazlık	adacılık	adaklık
adaletlilik	adaletsizlik	adalılık	adamcılık
adamcıllık	adamlık	adamsızlık	adaşlık
adaylık	adcılık	Âdemcilik	ademimerkeziyetçilik
adımlık	adilik	adillik	adliyecilik
adsızlık	afacanlık	afakîlik	afişçilik
Afrikalılık	afsunculuk	afyonkeşlik	ağabeylik
ağaççılık	ağaçlık	ağaçlılık	ağaçsızlık
agâhlık	ağalık	ağbeneklilik	ağcılık
ağdacılık	ağdalık	ağdalılık	ağırbaşlılık
ağırellilik	ağırkanlılık	ağırlık	ağıtçılık
ağızlık	ağızsızlık	ağlamaklık	ağlayıcılık
ağrılılık	ağrısızlık	ağzıkalabalık	ahbaplık
ahçılık	ahenklilik	ahenksizlik	ahestelik

Ahilik	ahiretlik	ahlâkçılık	ahlâklılık
ahlâksızlık	ahmaklık	ahretlik	ailelik
ailesizlik	ajanlık	akademicilik	akbalık
akçıllık	akgünlük	akıcılık	akılcılık
akıllılık	akılsızlık	akımcılık	akımsızlık
akıncılık	akıntısızlık	akışkanlaştırıcılık	akışkanlık
akışlılık	akışmazlık	akillik	akkorluk
aklıevvellik	aklık	aklıselimlik	akliyecilik
akortçuluk	akortsuzluk	akrabalık	akranlık
akrobatlık	aksaklık	Aksaraylılık	aksesuarcılık
aksilik	akşamcılık	akşamlık	akşınlık
aktarıcılık	aktarlık	aktarmacılık	aktiflik
aktörlük	akutluk	akvaryumculuk	alabalık
alacaklılık	alacalık	alafrangacılık	alafrangalık
alakadarlık	alakalılık	alakasızlık	alaturkacılık
alaturkalık	alaycılık	alaylılık	albaylık
albenisizlik	alçaklık	alçıcılk	aldanmazlık
aldatıcılık	aldırışsızlık	aldırmamazlık	aldırmazlık
aleladelik	âlemcilik	alemdarlık	âlemşümullük
alenilik	Alevîlik	aleyhtarlık	algılayıcılık
alıcılık	alıklık	alımcılık	alımlılık
alımsızlık	alınganlık	alınlık	alırlık
alışıklık	alışılmamışlık	alışılmışlık	alışkanlık
alışkınlık	alışmışlık	alicenaplık	âlicenaplık
âlimlik	alkalik	alkışçılık	alkolik
alkoliklik	alkollülük	alkolsüzlük	allahlık
allahsızlık	allamelik	allâmelik	allık
almamazlık	Almancılık	almaşıklık	alplık
altılık	altımlılık	altıncılık	altınoluk
altlık	altmışdörtlük	altmışlık	alüftelik
amaçlılık	amaçsızlık	amadelik	âmâlık
amansızlık	amatörlük	ambalajcılık	ambalajsızlık

ambarcılık	amcalık	amelelik	Amerikalılık
Amerikancılık	amigoluk	amirallik	amirlik
amiyanelik	amorfluk	amperlik	anacıllık
anaçlık	Anadolululuk	anaerkillik	anaforculuk
anahtarcılık	anahtarlık	analık	analistlik
analizcilik	anamalcılık	ananecilik	anarşistlik
anasızlık	anayasacılık	anayasallık	andavallık
andavallılık	angajmansızlık	angaryacılık	anıklık
anılık	anındalık	anıtsallık	anızlık
animatörlük	Ankaralılık	anketçilik	anketörlük
anlamaklık	anlamamazlık	anlamazlık	anlamdaşlık
anlamlılık	anlamsallık	anlamsızlık	anlaşılmazlık
anlaşmasızlık	anlaşmazlık	anlatımcılık	anlatımsallık
anlatısallık	anlayışlılık	anlayışsızlık	anlık
anlıkçılık	anmalık	anneannelik	annelik
anonimlik	anormallik	ansiklopedicilik	Antalyalılık
antidemokratiklik	antiemperyalistlik	antikacılık	antikalık
antikapitalistlik	antikomünistlik	antipatiklik	antisemitistlik
antisemitlik	antrenmanlılık	antrenmansızlık	antrenörlük
antrenörsüzlük	antrepoculuk	anutluk	apaçıklık
apaşlık	apaydınlık	apayrılık	apışlık
aprecilik	aptallık	arabacılık	arabalık
arabasızlık	arabeskçilik	arabozanlık	arabozuculuk
arabuluculuk	aracılık	aracısızlık	araççılık
araçsallık	araçsızlık	arakçılık	aralık
Araplık	araştırıcılık	araştırmacılık	arayıcılık
arazbarbuselik	Ardahanlılık	ardıllık	ardışıklık
ardiyecilik	argınlık	arıcılık	arıklık
arılık	arınıklık	arınmışlık	arıtıcılık
arızalılık	arızasızlık	ariflik	Aristoculuk
aristokratlık	Aristotelesçilik	arkadaşlık	arkadaşsızlık
arkalık	arkasızlık	arlanmazlık	arlılık

armadorluk	armatörlük	armutluk	Arnavutluk
arpacılık	arpalık	arsızlık	arşınlık
arşivcilik	artağanlık	artçılık	artıklık
artistlik	Artivinlilik	arzuhâlcilik	arzululuk
arzusuzluk	asabilik	asabiyecilik	asalaklık
asaletlilik	asallık	asansörcülük	asıllık
asıllılık	asılsızlık	asırlık	asilik
asillik	asilzadelik	asistanlık	askercilik
askerlik	askıcılık	askılık	askıntılık
aslanlık	aslık	asmalık	asortiklik
asosyallik	asrilik	assolistlik	astarlık
asteğmenlik	astigmatlık	astronotluk	astsubaylık
asudelik	Asyalılık	aşağılık	aşamalılık
aşarcılık	aşçıbaşılık	aşçılık	aşıcılık
âşıklık	âşıktaşlık	aşılılık	aşındırıcılık
aşınmazlık	aşırıcılık	aşırılık	aşırmacılık
aşısızlık	aşikârlık	aşinalık	aşkıncılık
aşkınlık	aşlık	aşurelik	aşüftelik
atacılık	ataerkillik	ataklık	atalık
atanmışlık	ataşelik	Atatürkçülük	atçılık
ateşbazlık	ateşçilik	ateşleyicilik	ateşlik
ateşlilik	ateşperestlik	ateşsizlik	atıcılık
atılganlık	atılımcılık	atımcılık	atıştırmalık
atiklik	atletiklik	atmasyonculuk	atomculuk
avadanlık	avallık	avanaklık	avantacılık
avantajlılık	avantajsızlık	avantasızlık	avarelik
avcılık	Avrupailik	Avrupalılık	avukatlık
ayakçılık	ayakkabıcılık	ayakkabılık	ayaklık
ayaklılık	ayaksızlık	ayarsızlık	ayartıcılık
ayazlık	aydınlatıcılık	aydınlık	aygınlık
ayıcılık	ayıklık	ayılık	ayıngacılık
ayıplılık	ayıpsızlık	ayırıcılık	ayırtmanlık

aykırılık	aylakçılık	aylaklık	aylık
aylıkçılık	aymazlık	aynacılık	aynalık
aynasızlık	aynılık	ayrancılık	ayrıcalık
ayrıcalıklılık	ayrıcalıksızlık	ayrıklık	ayrıksılık
ayrılık	ayrılmazlık	ayrımcılık	ayrımlılık
ayrımsızlık	ayrıntıcılık	ayrıntılılık	ayrıntısızlık
ayrışıklık	aysarlık	ayvalık	ayvazlık
ayyarlık	ayyaşlık	azadelik	azatlık
azgınlık	azıklık	azıksızlık	azınlık
azimlilik	azimsizlik	azizlik	azlık
azmanlık			
B			
babaannelik	babacanlık	babacılık	Babaîlik
babalık	babasızlık	babayanilik	babayiğitlik
Babilik	bacaklık	bacaksızlık	bacanaklık
bacasızlık	bacılık	baççılık	badanacılık
badanasızlık	bademcilik	bademlik	bağcılık
bağdaşıklık	bağdaşmazlık	bağdaştırıcılık	bağdaştırmacılık
bağıcılık	bağıllık	bağımlılık	bağımsızlık
bağıntıcılık	bağıntılılık	bağırganlık	bağırtkanlık
bağışçılık	bağışıklık	bağışlayıcılık	bağlamacılık
bağlamalık	bağlantılılık	bağlantısızlık	bağlaşıklık
bağlayıcılık	bağlık	bağlılık	bağnazlık
bağsızlık	bahadırlık	Bahaîlik	bahanesizlik
baharatçılık	baharcılık	bahçecilik	bahçelik
bahçesizlik	bahçıvanlık	bahçıvansızlık	bahisçilik
bahriyelilik	bahtiyarlık	bahtlılık	bahtsızlık
bakanlık	bakıcılık	bakımcılık	bakımlık
bakımlılık	bakımsızlık	bakırcılık	bakışımlılık
bakışımsızlık	bakilik	bakirelik	bakirlik
bakkallık	baklalık	baklavacılık	baklavalık
balabanlık	balalık	balcılık	baldıranlık

balerinlik	baletlik	balgamsızlık	balıkçılık
balıksızlık	balkanlık	Balkanlılık	ballık
balonculuk	baltacılık	baltalayıcılık	baltalık
balyalık	bambaşkalık	banallik	bandoculuk
banilik	bankacılık	bankerlik	bankerzedelik
banyosuzluk	barbarlık	barcılık	bardakçılık
baretlik	barışçılık	barışçıllık	barışıklık
barışseverlik	barizlik	barmenlik	barokçuluk
baronluk	Bartınlılık	barutçuluk	barutluk
basbayağılık	basıcılık	basıklık	basımcılık
basiretlilik	basiretsizlik	basitlik	basketbolculuk
basketçilik	baskıcılık	baskılık	baskıncılık
baskınlık	baskısızlık	basmacılık	basmakalıplık
basmalık	bastonculuk	başağırlık	başakçılık
başakortçuluk	başaktörlük	başaktrislik	başantrenörlük
başarılılık	başarısızlık	başasistanlık	başatlık
başbakanlık	başbayilik	başçavuşluk	başçiftlik
başdanışmanlık	başdekorculuk	başdelegelik	başdenetçilik
başdenetmenlik	başdizgicilik	başdoktorluk	başdümencilik
başeczacılık	başefendilik	başeksperlik	başgardiyanlık
başgarsonluk	başhakemlik	başhekimlik	başhemşirelik
başhosteslik	başıboşluk	başıbozukluk	başıkalabalık
başimamlık	başkahramanlık	başkaldırıcılık	başkalık
başkanlık	başkâtiplik	başkemancılık	başkentlik
başkentlilik	başkeşişlik	başkomutanlık	başkonsolosluk
başkumandanlık	başlayıcılık	başlık	başmakçılık
başmaklık	başmuallimlik	başmuharrirlik	başmurakıplık
başmüdürlük	başmüezzinlik	başmüfettişlik	başmühendislik
başmürettiplik	başmüşavirlik	başmüzakerecilik	başoyunculuk
başöğretmenlik	başörtülülük	başpapazlık	başpehlivanlık
başpiskoposluk	başrahiplik	başrejisörlük	başsavcılık
başsızlık	başspikerlik	başşehirlilik	baştabiplik

baştanımazlık	başteknisyenlik	başuzmanlık	başvekillik
başvezirlik	başyardımcılık	başyargıcılık	başyaverlik
başyazarlık	başyazmanlık	başyönetmenlik	batakçılık
bataklık	batıcılık	batılılaşmacılık	batılılık
batıllık	batkınlık	batmanlılık	battallık
baturluk	bavcılık	bavulculuk	bayağılık
bayatîbuselik	bayatlık	Bayburtluluk	baygınlık
bayındırcılık	bayındırlık	bayilik	baykuşluk
baylanlık	bayrakçılık	bayraklık	bayraktarlık
bayramilik	Bayramîlik	bayramlık	bayrılık
baysallık	baytarlık	bebeklik	beceriklilik
beceriksizlik	bedavacılık	bedavalık	bedbahtlık
bedbinlik	bedelsizlik	bedenselik	bedevilik
bedhahlık	bediilik	beğenilirlik	beğenirlik
beğenirlilik	beğenmemezlik	beğenmezlik	behimilik
bekârlık	bekçilik	beklenmezlik	bekrilik
bektaşilik	belasızlık	belediyecilik	belediyelik
beleşçilik	beleşlik	belgecilik	belgelik
belgelikçilik	belgeselcilik	belgesizlik	belginlik
belgisizlik	belirginlik	belirlenimcilik	belirlenmezcilik
belirlilik	belirsizlik	belirtililik	belirtisizlik
belitlenebilirlik	belleksizlik	belleticilik	bellilik
bembeyazlık	benbencilik	bencilik	bencillik
beneklilik	bengilik	beniçincilik	benlik
benlikçilik	benmerkezcilik	benzemeklik	benzemezlik
benzerlik	benzersizlik	benzeşiklik	benzeşlik
benzeşmezlik	benzeyişsizlik	benzincilik	benzinlik
beraberlik	berberlik	berduşluk	bereketlilik
bereketsizlik	berklik	berraklık	besbellilik
besicilik	besinsizlik	beslemelik	besleyicilik
bestecilik	bestekârlık	bestelik	beşbinlik
beşeriyetçilik	beşibirlik	beşikçilik	beşiklik

beşincilik	beşlik	beşmilyonluk	beşparalık
betimlemecilik	betimleyicilik	betimsellik	betonculuk
bevliyecilik	beyazlık	beyefendilik	beygircilik
beygirlik	beyhudelik	beyinsizlik	beylik
beynamazlık	beynelmilelcilik	beyzadelik	beyzbolculuk
bezcilik	bezdiricilik	bezekçilik	bezemecilik
bezginlik	bezirgânlık	bezzazlık	bıçakçılık
bıçaklık	bıçkıcılık	bıçkınlık	bıkkınlık
bıktırıcılık	bıyıklılık	bıyıksızlık	bibercilik
biberlik	bibilik	bibliyotekçilik	biçarelik
biçimcilik	biçimlilik	biçimsellik	biçimsizlik
biçkicilik	bidonculuk	bigânelik	bihaberlik
bikeslik	bilardoculuk	bildiklik	bilecenlik
Bileciklilik	bileklik	bileşiklik	biletçilik
bileyicilik	bilgelik	bilgicilik	bilgiçlik
bilgilik	bilgililik	bilginlik	bilgisayarcılık
bilgisayarsızlık	bilgisizlik	bilimcilik	bilimsellik
bilimseverlik	bilimsizlik	bilinçlilik	bilinçsizlik
bilinemezcilik	bilinemezlik	bilinmezlik	bilirkişilik
bilisizlik	bilişimcilik	bilişsellik	bilmemezlik
bilmezlik	bilmişlik	binbaşılık	Bingöllülük
binicilik	binlik	biracılık	biraderlik
birahanecilik	biralık	bircilik	bireycilik
bireylik	bireysellik	biriciklik	birikimcilik
birincilik	birleştiricilik	birlik	birliktelik
biseksüellik	bisikletçilik	bitaplık	bitaraflık
biteklik	biteviyelik	bitiklik	bitimlilik
bitimsizlik	bitirimcilik	bitirimlik	bitirmişlik
bitişiklik	bitişkenlik	bitkicilik	bitkinlik
bitkisellik	Bitlislilik	bivefalik	biyoçeşitlilik
bizarlık	bizdenlik	bloksuzluk	blöfçülük
bodurluk	boğalık	boğazsızlık	boğukluk

188

bohçacılı	bokluk	boksörlük	boktanlık
bolluk	Bolşeviklik	Bolululuk	bombacılık
bomboşluk	bonbonculuk	boncukçuluk	boncukluk
bonfilelik	bonkörlük	bopluk	borazancılık
borçluluk	borçsuzluk	borsacılık	boruculuk
bostancılık	bostanlık	boşboğazlık	boşluk
Boşnaklık	boşunalık	boşvermişlik	botanikçilik
boyacılık	boyasızlık	boydaşlık	boykotçuluk
boyluluk	boynuzluluk	boysuzluk	boyunluk
boyutsuzluk	bozacılık	bozalık	bozgunculuk
bozgunluk	bozmacılık	bozuculuk	bozukluk
bozuşukluk	böcekçilik	böceklik	böğürtlenlik
bökelik	bölgecilik	bölgesellik	bölücülük
bölümlük	bölünmezlik	bönlük	börekçilik
böreklik	Brahmanlık	briketçilik	budalalık
Budistlik	bugünlük	buhurdanlık	buhurluk
bukağılık	bukalemunluk	bulanıklık	bulaşıcıhastalık
bulaşıcılık	bulaşıkçılık	bulaşıklık	bulaşkanlık
bulgarlık	bulgurculuk	bulgurluk	buluculuk
bulunmazlık	buluşkanlık	bulutsuzluk	bunaklık
bungunluk	bunluk	Burdurluluk	burjuvalık
burkuculuk	burkukluk	Bursalılık	bursiyerlik
bursluluk	burukluk	burunluk	burunsalık
buruşukluk	buselik	butaforculuk	butikçilik
buyrukçuluk	buyurgalık	buyurganlık	buyuruculuk
buzculuk	buzluk	bücürlük	büfecilik
büklük	bükücülük	büküklük	bükülgenlik
büryancılık	bütüncüllük	bütünleyicilik	bütünlük
bütünsellik	büyücülük	büyükannelik	büyükbabalık
büyükelçilik	büyüklük	büyüleyicilik	büyülülük
büyüsüzlük	büyütürlük	büzüşüklük	
C			
cadalozluk	cadılık	cafcaflılık	Caferilik

cağlık	cahillik	cakacılık	Calvincilik
cambazlık	camcılık	camlık	cananlık
canavarlık	canciğerlik	candanlık	candaşlık
canilik	cankurtaranlık	canlandırıcılık	canlıcılık
canlılık	cansızlık	cariyelik	casusluk
cavlaklık	caydırıcılık	cazcılık	cazgırlık
cazibedarlık	cazibelilik	cazibesizlik	caziplik
ceberutluk	cefakârlık	cefakeşlik	cehennemlik
Celâlilik	celallilik	celepçilik	celeplik
cellatlık	cemaatsizlik	cenabetlik	cengâverlik
cenkçilik	cennetlik	centilmenlik	cepçilik
cephanecilik	cephanelik	cerrahlık	cesaretlilik
cesaretsizlik	cesurluk	cevahircilik	cevapsızlık
cevizlik	cevvallik	cezasızlık	cıbıldaklık
cıbıllık	cılızlık	cılklık	cımbızcılık
cırtlaklık	cıvıklık	cibiliyetsizlik	cibilliyetsizlik
cibinlik	cicozluk	ciddilik	ciddiyetsizlik
ciğercilik	ciğrelik	cihangirlik	cihanşinaslık
cihanşümullük	cilacılık	cilasızlık	cildiyecilik
ciltçilik	ciltlik	cilvelilik	cilvesizlik
cimrilik	cincilik	cingözlük	cinsellik
cinslik	cinsliksiz	ciritçilik	cismanilik
cismanîlik	civanlık	civanmertlik	civcivlik
civeleklik	coğrafyacılık	cokeylik	coşkululuk
coşkunluk	coşkusuzluk	coşturuculuk	coşumculuk
cömertlik	cumhuriyetçilik	cumhuriyetperverlik	cuntacılık
cübbecilik	cücelik	cümbüşçülük	cümlelik
cünüplük	cüretkârlık	cüretlilik	cüretsizlik
cüsselilik			
Ç			
çabasızlık	çabukluk	çaçalık	çaçaronluk
çadırcılık	çağcıllık	çağçıllık	çağdaşlık

çağdışılık	çağrıcılık	çağrılık	çağrışımcılık
çakıcılık	çakıllık	çakırcılık	çakırdikenlik
çakırkeyiflik	çakışıklık	çakmacılık	çakmakçılık
çakmaklık	çalçenelik	çalgıcılık	çalılık
çalımlık	çalımlılık	çalımsızlık	çalışkanlık
çalışmacılık	çalıştırıcılık	çalıştırıcısızlık	çalmacılık
çaltılık	çamaşırcılık	çamaşırlık	çamlık
çamurluk	çamurlukçuluk	Çanakkalelilik	çanakçılık
çanaklık	çancılık	Çankırılılık	çantacılık
çapacılık	çapaçulculuk	çapaçulluk	çapkınlık
çaplılık	çapraşıklık	çaprazlık	çapsızlık
çapulacılık	çapulculuk	çaresizlik	çarıkçılık
çarıklık	çariçelik	çarkçılık	çarlık
çarpıcılık	çarpıklık	çarşafçılık	çarşaflık
çarşafsızlık	çarşıtlık	çaşıtlık	çatallık
çatanacılık	çatıcılık	çatıklık	çatışıklık
çatışmacılık	çatışmasızlık	çatkılık	çatkınlık
çatlaklık	çatmacılık	çavuşluk	çaycılık
çaydanlık	çayhanecilik	çayırlık	çaylaklık
çaylık	çekememezlik	çekemezlik	çekicilik
çekiklik	çekimserlik	çekimsizlik	çekingenlik
çekiniklik	çekirdekçilik	çekiştircilik	çekiştiricilik
çekmelik	çelebilik	çelimsizlik	çelişiklik
çelişkenlik	çelişkililik	çelişkisizlik	çelişmezlik
çeltikçilik	çeltiklik	çenebazlık	çenelilik
çenesizlik	çengilik	çepellilik	çerçevecilik
çerçilik	çerezcilik	çerezlik	çergecilik
çergicilik	çeribaşılık	çerkezlik	çeşitlilik
çeşnicilik	çeşnilik	çetecilik	çetinlik
çetrefillik	çetrefillilik	çeviklik	çeviricilik
çevirmenlik	çevrecilik	çevrelik	çeviresellik
çevrilgenlik	çevrimsellik	çeyizcilik	çeyizlik

Çıfıtlık	çığırtkanlık	çığlık	çığralık
çıkarcılık	çıkarseverlik	çıkıkçılık	çıkıklık
çıkıntılık	çıkmaklık	çıkmazlık	çıkralık
çıkrıkçılık	çılgınlık	çımacılık	çınarlık
çıngırakçılık	çıplaklık	çıraklık	çıralık
çırçıplaklık	çırılçıplaklık	çırpıcılık	çırpmacılık
çıtçıtçılık	çıtkırıldımlık	çıtlık	çıyanlık
çiçekçilik	çiçeklik	çiçekseverlik	çiftçilik
çiftlik	çifttekercilik	çiğiplik	çiğlik
çiğnemlik	çiğrenkçilik	çikletçilik	çikolatacılık
çikolatasızlık	çilecilik	çilek	çilekçilik
çilekeşlik	çilingirlik	çimenlik	çimentoculuk
Çingenelik	çinicilik	çirişçilik	çirkeflik
çirkinlik	çirozluk	çivicilik	çizerlik
çizgilik	çizgililik	çizicilik	çizmecilik
çobanlık	çobansızlık	çocukluk	çocukluluk
çocuksuluk	çocuksuzluk	çoğulculuk	çoğulluk
çoğunluk	çokbilmişlik	çokçuluk	çokluk
çolaklık	çolpalık	çopurluk	çoraklık
çorapçılık	çorbacılık	çorbalık	Çorumluluk
çökkünlük	çöküklük	çöllük	çömezlik
çömlekçilik	çöpçatanlık	çöpçülük	çöplük
çöplükçülük	çörekçilik	çöreklik	çözgünlük
çözücülük	çözümleyicilik	çözümsüzlük	çözünürlük
çubukçuluk	çubukluk	çuhacılık	çuhadarlık
çukurluk	çulculuk	çulluk	çulsuzluk
çuvalcılık	çürüklük		
D			
dadacılık	dadaşlık	dadcılık	dadılık
dağcılık	dağınıklık	dağıtıcılık	dağıtımcılık
dağlık	dağlılık	dâhilik	daimîlik
daimlik	dairesellik	dakikalık	daktiloluk

dalancılık	dalaverecilik	dalgacılık	dalgasızlık
dalgıçlık	dalgınlık	dalıcılık	dalkavukluk
dallamallık	daltabanlık	dalyancılık	dalyaraklık
damarsızlık	damatlık	damgacılık	damızlık
damlalık	damsızlık	dandiklik	dangalaklık
danışıklık	danışmalık	danışmanlık	dansçılık
dansörlük	dansözlük	daraşlık	darbecilik
darbukacılık	dargınlık	darılganlık	darlık
darmadağınıklık	darmadağınlık	darmadumanlık	Darvincilik
davacılık	davalık	davalılık	davetçilik
davetkârlık	davetsizlik	davranışçılık	davulculuk
dayaklık	dayanaklık	dayanaklılık	dayanaksızlık
dayanıklık	dayanıklılık	dayanıksızlık	dayanılmazlık
dayanırlık	dayanışmacılık	dayatmacılık	dayılık
dazlaklık	debilik	debillik	deccallık
dedektiflik	dedelik	dedikoduculuk	definecilik
deformelik	deftercilik	defterdarlık	değerbilirlik
değerbilmezlik	değerlilik	değersizlik	değimsizlik
değirmencilik	değirmenlik	değirmilik	değişcilik
değişebilirlik	değişiklik	değişinimcilik	değişkenlik
değişkinlik	değişmezlik	değiştiricilik	değnekçilik
dejenerelik	dekadanlık	dekalitrelik	dekametrelik
dekanlık	Dekartçılık	dekoltelik	dekoratörlük
dekorculuk	delegelik	delicilik	delifişeklik
delikanlılık	delilik	delilsizlik	delişmenlik
demagogluk	demetçilik	demircilik	demirsizlik
demlik	demokratiklik	demokratlık	deneklik
denemecilik	denetçilik	deneticilik	denetimcilik
denetimlilik	denetimsizlik	denetleyicilik	denetmenlik
deneycilik	deneyimcilik	deneyimlilik	deneyimsizlik
deneyselcilik	deneysellik	deneysizlik	deneyüstücülük
dengecilik	dengeleyicilik	dengelik	dengelilik

dengesizlik	denizaltıcılık	denizcilik	denizlik
Denizlililik	denkçilik	denklik	denktaşlık
denlilik	densizlik	denyoluk	depoculuk
depremsizlik	derbederlik	derbentçilik	derebeylik
dergicilik	dericilik	derinlik	derişiklik
derlemcilik	derlemcillik	derleyicilik	dermansızlık
dernekçilik	dershanecilik	derslik	dertlilik
dertsizlik	dervişlik	desencilik	desilitrelik
desimetrelik	desinatörlük	despotluk	dessaslık
destancılık	destanlık	destecilik	destekçilik
destekleyicilik	desteklilik	desteksizlik	desteleyicilik
destursuzluk	detaylılık	detaysızlık	deterjancılık
detonelik	devamlılık	devamsızlık	devasalık
devasızlık	devecilik	develik	devimselcilik
devimsellik	devingenlik	devitkenlik	devletçilik
devredebilirlik	devredilebilirlik	devredilmezlik	devriklik
devrimcilik	devşirmecilik	deyyusluk	dırdırcılık
dışalımcılık	dışarılık	dışarlık	dışbellek
dışbükeylik	dışevlilik	dışgebelik	dışkılık
dışmerkezlik	dışsatımcılık	dızdızcılık	didaktiklik
diğerkâmlık	dikbaşlılık	dikenlik	dikicilik
dikişçilik	dikizcilik	dikizlik	dikkafalılık
dikkatlilik	dikkatsizlik	diklik	dikmelik
diktacılık	diktatörlük	dilbazlık	dilberlik
dilcilik	dildaşlık	dilencilik	dilendiricilik
dilleklik	dilmaçlık	dilseverlik	dilsizlik
dinamiklik	dinamitçilik	dincilik	dinçlik
dindarlık	dindaşlık	dingildeklik	dingillik
dingincilik	dinginlik	dinlendiricilik	dinleyicilik
dinlilik	dinsizlik	diplomalılık	diplomatlık
dipsizlik	dirayetlilik	dirayetsizlik	direkçilik
direklik	direktörlük	dirençlilik	dirençsizlik

direngenlik	direnişçilik	direşkenlik	dirilik
dirimlik	dirimselcilik	dirlik	dirliksizlik
dirseklik	dirsizlik	disiplinlilik	disiplinsizlik
diskçilik	diskjokeylik	dispeççilik	distribütörlük
dişçilik	dişilik	dişillik	dişisellik
dişleklik	dişlik	dişlilik	dişsizlik
divanelik	divlek	Diyarbakırlılık	dizayncılık
dizgelilik	dizgicilik	dizicilik	dizlik
dobralık	doçentlik	dogmacılık	doğacılık
doğalcılık	doğallık	doğancılık	doğaseverlik
doğaüstücülük	doğramacılık	doğruculuk	doğruluk
Doğuculuk	Doğululuk	doğurganlık	doğuruculuk
doğuştancılık	doksanlık	doktorculuk	doktorluk
doktrincilik	dokumacılık	dokunaklılık	dokunulmazlık
dokuyuculuk	dokuzalmışbeşlik	dokuzaltmışbeşlik	dokuzluk
dokuzunculuk	dolandırıcılık	dolapçılık	dolaşıklık
dolaylılık	dolaysızlık	dolduruşçuluk	dolgunluk
dolmacılık	dolmalık	dolmuşçuluk	doluluk
dominantlık	domuzluk	donanmasızlık	dondurmacılık
dondurulmuşluk	donkişotluk	donsuzluk	donukluk
dopdoluluk	dosdoğruluk	dostluk	dostsuzluk
doygunluk	doymazlık	doymuşluk	doyumluk
doyumluluk	doyumsuzluk	doyuruculuk	döğmelik
döğüşçülük	dökmecilik	döküklük	dökümcülük
döküntülük	döneklik	dönercilik	dönmelik
dönümlük	dönüşlülük	dönüşsüzlük	dönüşümcülük
dördüncülük	dörtlük	döşemcilik	döşemecilik
döşemelik	döşeyicilik	dövmecilik	dövmelik
dövülgenlik	dövüşçülük	dövüşkenlik	dramatiklik
dramaturgluk	duasızlık	dubaracılık	dublajcılık
dublörlük	dukalık	dulluk	dumanlılık
dumansızlık	durağanlık	duraklık	duraksızlık

durallık	durgunluk	durukluk	duruluk
dutçuluk	dutluk	duvakçılık	duvarcılık
duyarlık	duyarlılık	duyarsızlık	duygudaşlık
duygululuk	duygunluk	duygusallık	duygusuzluk
duymamazlık	duymazlık	duyulmamışlık	duyumculuk
duyumsallık	duyumsamazlık	duyumsuzluk	duyurumluk
duyusallık	düdükçülük	düelloculuk	düğmecilik
düğüncülük	dükkâncılık	düklük	dülgerlik
dümbelekçilik	dümbüklük	dümdüzlük	dümencilik
dünürcülük	dünürlük	dünyacılık	dünyalık
dünyevilik	dürümcülük	dürüstlük	düşçülük
düşeslik	düşeylik	düşkünlük	düşlemsellik
düşlemsizlik	düşmanlık	düşsellik	düşsüzlük
düşüklük	düşüncelilik	düşüncellik	düşüncesizlik
düşündeşlik	düşündürmelik	düşündürücülük	düşünücülük
düşünürlük	düvencilik	Düzcelilik	düzelticilik
düzeltmecilik	düzenbazlık	düzencilik	düzenlemecilik
düzenleyicilik	düzenlilik	düzensizlik	düzeylilik
düzeysizlik	düzgüncülük	düzgünlük	düzlemsellik
düzlük	düzmecelik	düzmecilik	düztabanlık
E			
ebedîlik	ebelik	eblehlik	ebruculuk
ecnebilik	eczacılık	edebiyatçılık	edebiyatseverlik
edeplilik	edepsizlik	edilgenlik	edilginlik
edimselcilik	edimsellik	Edirnelilik	editörlük
efelik	efendilik	efkârlılık	efsanevilik
efsunculuk	egemenlik	egoistlik	egzotiklik
egzozculuk	eğiklik	eğimcilik	eğimlilik
eğimsizlik	eğiticilik	eğitimcilik	eğitimlilik
eğitimsizlik	eğitmenlik	eğitsellik	eğlencelik
eğlencesizlik	eğretilik	eğrilik	ehemmiyetlilik
ehemmiyetsizlik	ehliyetlilik	ehliyetsizlik	ehvenlik

ekelik	ekicilik	ekincilik	ekinlik
ekmekçilik	ekmeklik	ekmeksizlik	ekonomiklik
eksantriklik	eksiklik	eksiksizlik	eksperlik
ekstralık	ekstremlik	ekşilik	ekşimtıraklık
ektilik	elastiklik	Elâzığlılık	elbiselik
elbisesizlik	elçilik	eldecilik	elebaşılık
elekçilik	eleklik	elektiriksizlik	elektrikçilik
elektronikçilik	elemansızlık	elemsizlik	eleştirellik
eleştiricilik	eleştirimcilik	eleştirisellik	eleştirmecilik
eleştirmenlik	elezerlik	elitlik	ellik
ellilik	elmacılık	elmalık	eltilik
elverişlilik	elverişsizlik	elzemlik	emanetçilik
emekçilik	emeklilik	emeksizlik	emektarlık
eminlik	emirberlik	emîrlik	emlakçılık
emlik	emniyetlilik	emniyetsizlik	emperyalistlik
emsalsizlik	enayilik	endişelilik	endişesizlik
enerjiklik	enfeslik	engebelik	engellilik
engelsizlik	enginlik	enlilik	ensizlik
entarilik	entelektüellik	entellik	enteresanlık
enternasyonalcilik	entrikacılık	Epikürcülük	Epikurosçuluk
erbaşlık	erdemlilik	erdemsizlik	erdenlik
erdişilik	erekçilik	ereklilik	ereksellik
ergenlik	ergilik	erginlik	eriklik
erillik	erimezlik	erinçsizlik	erinlik
erirlik	erişebilirlik	erişkinlik	eriştelik
erkânıharplik	erkçilik	erkeklik	erkeksilik
erkeksizlik	erkencilik	erketecilik	erketelik
erkincilik	erkinlik	erklilik	erksizlik
erlik	ermişlik	eroincilik	eroinmanlık
erosçuluk	erotiklik	erselik	erseliklik
ersizlik	Erzincanlılık	Erzurumluluk	esaslılık
esassızlık	esenlik	esersizlik	esircilik

esirgemezlik	esirgeyicilik	esirlik	eskicilik
eskilik	Eskişehirlilik	eskortluk	eskrimcilik
esmerlik	esnaflık	esneklik	esprililik
espritüellik	esrarcılık	esrarengizlik	esrarkeşlik
esrarlılık	esriklik	estetikçilik	esvapsızlık
eşadlılık	eşanlamlılık	eşbiçimlilik	eşcinsellik
eşdeğerlik	eşekçilik	eşeklik	eşeylilik
eşeysellik	eşitçilik	eşitlik	eşitsizlik
eşkincilik	eşkıyalık	eşlik	eşlilik
eşraflık	eşreflik	eşseslilik	eşsizlik
eşyasızlık	etçilik	eteklik	etiketçilik
etiketlik	etiketsizlik	etkenlik	etkileşimlilik
etkileşimsizlik	etkileyicilik	etkililik	etkincilik
etkinlik	etkisizlik	etlik	etlilik
etraflılık	ettirgenlik	etyemezlik	evcilik
evcillik	evcimenlik	evdeşlik	evhamlılık
evhamsızlk	evladiyelik	evlatlık	evlatsızlık
evlik	evlilik	evliyalık	evrensellik
evrimcilik	evsizlik	evvellik	eyercilik
eylemcilik	eylemlik	eylemlilik	eylemsizlik
eyyamcılık	ezansızlık	ezbercilik	ezelîlik
ezginlik	ezgisellik	ezicilik	eziklik
ezilmişlik			
F			
faallik	fabrikacılık	fabrikatörlük	façunalık
fadalılık	fahişelik	fahişlik	fahrilik
faiklik	faillik	faizcilik	fakirlik
falcılık	falsosuzluk	fanatiklik	fânilik
fantastiklik	farfaracılık	farfaralık	farkındalık
farklılık	farksızlık	farmasonluk	fasaryalık
fasıklık	fasihlik	fasitlik	fassallık
faşistlik	faşizanlık	faturasızlık	favorilik

fayansçılık	faydacılık	faydasızlık	faytonculuk
faziletlilik	faziletsizlik	fazlalık	fedailik
fedakârlık	felçlilik	felsefecilik	fenalık
fenercilik	feodallik	feracelik	ferahlık
ferasetsizlik	ferdiyetçilik	feriklik	fermenecilik
fermuarcılık	fersahlık	fersizlik	fersudelik
fesatçılık	fesatlık	fettanlık	fetvacılık
fevkaladelik	fevrilik	feylesofluk	fıçıcılık
fıkırdaklık	fıkracılık	fındıkçılık	fındıklık
fırçacılık	fırçalık	fırıldakçılık	fırıldaklık
fırıncılık	fırınlık	fırkacılık	fırsatçılık
fıstıkçılık	fıstıklık	fışkılık	fıtrilik
fidanlık	fidecilik	fidelik	figüranlık
fikirlilik	fikirsizlik	filikacılık	filmcilik
filozofluk	fincancılık	fincanlık	fingirdeklik
firarilik	firavunluk	fistanlık	fişekçilik
fişeklik	fişlik	fitçilik	fitilcilik
fitnecilik	fitnelik	fiyakacılık	fiyakalılık
fiyatlılık	fiziksellik	fizyokratlık	flütçülük
fodlacılık	fodulluk	folklorculuk	folluk
fonksiyonellik	formalık	formalitecilik	formatsızlık
formellik	formülsüzlük	forsluluk	fortçuluk
fotoğrafçılık	fotokopicilik	fotomodellik	francalacılık
francalalık	franklık	Fransızlık	frencilik
Frenklik	frezecilik	fuarcılık	fukaralık
fundalık	futbolculuk	fuzulilik	fütuhatçılık
fütüristlik	fütursuzluk		
G			
gabilik	gaddarlık	gadirlik	gafillik
gailesizlik	gaiplik	galericilik	galvanizcilik
gamlılık	gammazlık	gamsızlık	gangsterlik
ganilik	garajcılık	garantisizlik	garantörlük

199

garazkârlık	garazsızlık	gardıropçuluk	gardiyanlık
garibanlık	gariplik	Garpçılık	Garplılık
garsonluk	gaspçılık	gâvurluk	gaydacılık
gayelilik	gayesizlik	gayretkeşlik	gayretlilik
gayretsizlik	gayriciddilik	gayrimeşruluk	gayriresmîlik
gayrişahsilik	gayritabiilik	gazelhanlık	gazetecilik
gazetelik	Gazianteplilik	gazilik	gazinoculuk
gazlılık	gazozculuk	gazsızlık	gebelik
gebeşlik	gececilik	gecekonduculuk	gecelik
gecikmişlik	geçerlik	geçerlilik	geçersizlik
geçicilik	geçimlik	geçimlilik	geçimsizlik
geçirgenlik	geçiricilik	geçirimlilik	geçirimsizlik
geçişkenlik	geçişlilik	geçişsizlik	geçkinlik
geçmelik	geçmezlik	geçmişseverlik	gedalık
gediklilik	gelecekçilik	gelenekçilik	geleneksellik
geleneksizlik	gelinlik	gelinlikçilik	gelirlilik
gelirsizlik	gelişigüzellik	gelişimcilik	gelişkinlik
gelişmişlik	geliştircilik	gemicilik	gemilik
gençlik	genelcilik	genelgeçerlik	genelleyicilik
genellik	generallik	genişgörüşlülük	genişlik
genlik	gerçekçilik	gerçeklik	gerçeküstücülük
gerdaniyebuselik	gerdanlık	gerdellik	gerekçesizlik
gerekircilik	gereklik	gereklilik	gereksizlik
gerginlik	gericilik	gerilik	gerilimsizlik
gerillacılık	gerillalık	gerzeklik	getirimcilik
gevenlik	gevezelik	gevrekçilik	gevreklik
gevşeklik	geyşalık	gezdiricilik	gezgincilik
gezginlik	gezicilik	gezimcilik	gezlik
gıcıklık	gıcırlık	gıdasızlık	gırnatacılık
gıybetçilik	gidericilik	gidicilik	Giresunluluk
girginlik	giriftarlık	giriftlik	giriftzenlik
girimlik	girişiklik	girişimcilik	girişkenlik

girişkinlik	girişlik	girmelik	gitarcılık
giydiricilik	giyiniklik	giysilik	giysisizlik
gizemcilik	gizemlilik	gizemsellik	gizemsizlik
gizlicilik	gizlilik	gladyatörlük	globallik
godoşluk	golcülük	golfçülük	gollük
golsüzlük	gondolculuk	goşistlik	goygoyculuk
göbeklilik	göçebelik	göçerlik	göçmenlik
göğüslük	gökçeklik	gölgelik	gölgesizlik
göllük	gömlekçilik	gömleklik	gömücülük
gömütlük	gönçlük	göncülük	gönençlilik
gönüldaşlık	gönüllülük	gönülsüzlük	görececilik
görecelik	görecelilik	görecilik	görelik
görelilik	görenekçilik	göreneksizlik	görevcilik
görevdaşlık	görevlilik	görevselcilik	görevsizlik
görgücülük	görgüsüzlük	görkemlilik	görkemsizlik
görklülük	görmemezlik	görmemişlik	görmezlik
görmüşlük	görsellik	görücülük	görülmemişlik
görümcelik	görümlük	görüngücülük	görünmezlik
görüntülük	görünürlük	görüşlülük	görüşmecilik
görüşsüzlük	göstericilik	gösterişçilik	gösterişlilik
gösterişsizlik	göstermecilik	göstermelik	gövdelilik
gövdesizlik	gözcülük	gözdelik	gözeneklilik
gözeneksizlik	gözeticilik	gözetleyicilik	gözetmenlik
gözlemcilik	gözlemecilik	gözlük	gözlükçülük
gözlüklülük	gözlüksüzlük	gözsüzlük	grafikçilik
grafikerlik	gramağırlık	gramercilik	gravürcülük
grevcilik	greydercilik	grostonluk	gudubetlik
gurbetçilik	gurbetlik	gururluluk	gurursuzluk
gübrelik	gübürcülük	gübürlük	güçbeğenirlik
güceniklik	güçlendiricilik	güçlük	güçlülük
güçsüzlük	güdericilik	güdücülük	güdüklük
güdümcülük	güdümlülük	güdümsüzlük	güftecilik

gülcülük	güldürürcülük	güleçlik	güllabicilik
güllük	gülümserlik	gülünçlük	gülütçülük
gümrahlık	gümrükçülük	gümüşçülük	Gümüşhanelilik
günahkârlık	günahlılık	günahsızlık	güncelik
güncellik	gündelik	gündelikçilik	gündüzcülük
gündüzlük	güneşlik	güneşsizlik	güngörmüşlük
günlük	günlükçülük	günübirlik	günücülük
gürbüzlük	gürecilik	güreşçilik	gürlük
gürsoluk	gürültücülük	gürültüsüzlük	güvencecilik
güvencesizlik	güvenilirlik	güvenirlik	güvenlik
güvenlilik	güvenmelik	güvensizlik	güvercinlik
güveyilik	güzellik	güzlük	

H			
habercilik	haberdarlık	haberlik	haberlilik
habersizlik	habislik	hacamatçılık	hacıağalık
hacılık	hacimlilik	hacimsizlik	haddecilik
hademelik	hadımlık	hafızalılık	hafızasızlık
hafızlık	hafiflik	hafifmeşreplik	hafiyelik
hafriyatçılık	haftalık	hahambaşılık	hahamlık
hainlik	hakanlık	hakemlik	hakikatlilik
hakikatsizlik	hakikilik	hâkimlik	hakkâklik
Hakkârililik	haklılık	hakperestlik	hakseverlik
haksızlık	hakşinaslık	haktanırlık	halalık
halaskârlık	halayıklık	halıcılık	halifelik
halimlik	halislik	halkacılık	halkçılık
hallaçlık	hâlsizlik	haltecilik	haltercilik
hamallık	hamamcılık	hamamlık	hamaratlık
hamasilik	hamburgercilik	hamilelik	hamiyetperverlik
hamiyetsizlik	hamlecilik	hamlık	hamurculuk
hamurkârlık	Hanbelilik	hancılık	hanedanlık
Hanefilik	Hanefîlik	hanelik	hanendelik
hanımefendilik	hanımlık	hanlık	hantallık

hanutçuluk	hapazlamacılık	hapçılık	hapislik
harabatilik	harabelik	haraççılık	haramilik
haramlık	haraplık	hararetlilik	harbicilik
harbilik	harbiyelilik	harçlık	harçsızlık
hardallık	hareketlilik	hareketsizlik	haremlik
harfendazlık	hariciyecilik	harikalık	harikuladelik
harislik	haritacılık	haritalık	harmancılık
harmanlık	hasarlılık	hasarsızlık	hasatçılık
hasbilik	hasetçilik	hasetlik	hasımlık
hasırcılık	hasislik	haslık	hasretlik
hasretlilik	hasretsizlik	hassaslık	hastalıklılık
hastalılık	hastanelik	hasutluk	haşarılık
haşatlık	haşinlik	haşlaklık	haşmetlilik
hatalılık	hatasızlık	Hataylılık	hatırlılık
hatırsızlık	hatırşinaslık	hatiplik	hattatlık
havacılık	havadarlık	havailik	havalılık
havarilik	havasızlık	havluculuk	havluluk
havuzculuk	hayalcilik	hayalîlik	hayalperestlik
hayalperverlik	hayâsızlık	haybecilik	haycılık
haydutluk	hayırhahlık	hayırperverlik	hayırseverlik
hayırsızlık	haylazlık	hayranlık	haysiyetlilik
haysiyetsizlik	haytalık	hayvancılık	hayvanlık
hayvanseverlik	hazcılık	hazımlılık	hazımsızlık
hazırcevaplık	hazırcılık	hazırlık	hazırlıklılık
hazırlıksızlık	hazinedarlık	hazinlik	hececilik
hecelik	hediyelik	hekimlik	helallik
helvacılık	helvalık	hemcinslik	hemdertlik
hemfikirlik	hemhâllik	hemhudutluk	hempalık
hemşehrilik	hemşirelik	hentbolculuk	hepçillik
hercailik	hergelecilik	hergelelik	heriflik
herkeslik	hesabilik	hesapçılık	hesaplılık
hesapsızlık	heteroseksüellik	heveskârlık	heveslilik

hevessizlik	heybecilik	heybetlilik	heyecanlılık
heyecansızlık	heykelcilik	heykeltıraşlık	hımbıllık
hımhımlık	hınçlılık	hınzırlık	hırboluk
hırçınlık	hırdavatçılık	hırpanilik	hırsızlık
hırslılık	hırssızlık	hırtapozluk	hırtlık
hısımlık	hışımlılık	hışımsızlık	hışırlık
hıyanetlik	hıyarağalık	hıyarlık	hızarcılık
hızlılık	hiççilik	hiçlik	hiddetlilik
hiddetsizlik	hidivlik	hidrofilik	hidrolik
hijyeniklik	hikâyecilik	hilafetçilik	hilebazlık
hilecilik	hilekârlık	hilesizlik	himayecilik
himayesizlik	hindicilik	hinlik	hinoğluhinlik
hiperbolik	hipermetropluk	hippilik	hisarbuselik
hislilik	hissedarlık	hissîlik	hissizlik
Hitlercilik	hizipçilik	hizmetçilik	hizmetkârlık
hizmetlilik	hocalık	hodbinlik	hodkâmlık
hodpesentlik	hokkabazlık	holiganlık	homojenlik
homoseksüellik	hoppalık	hosteslik	hoşaflık
hoşgörücülük	hoşgörülülük	hoşgörürlük	hoşgörüsüzlük
hoşluk	hoşnutluk	hoşnutsuzluk	hovardalık
hoyratlık	hödüklük	höllük	Hristiyanlık
hudutsuzluk	hukukçuluk	hukukilik	hukuksallık
hukuksuzluk	huluskârlık	humbaracılık	hunharlık
hurdacılık	hurdalık	hurmalık	Hurufîlik
hususilik	huyluluk	huysuzluk	huzurluluk
huzursuzluk	hükümdarlık	hükümlülük	hükümranlık
hükümsüzlük	hüllecilik	hümanistlik	hünerlilik
hünersizlik	hürlük	hürmetkârlık	hürmetsizlik
hürriyetçilik	hürriyetperverlik	hürriyetsizlik	hüzünlülük
hüzünsüzlük			
I			
Iğdırlılık	ılıklık	ılımanlık	ılımlılık

ıpısızlık	ıraklık	ırgatlık	ırkçılık
ırktaşlık	ısırımlık	ıskatçılık	ıslahatçılık
ıslakhatçılık	ıslaklık	Ispartalılık	ısrarcılık
ısrarlılık	ıssızlık	ıstakozluk	ıstampacılık
ıstırapsızlık	ışıkçılık	ışıklılık	ışıksızlık
ıtriyatçılık	ızdırapsızlık	ızgaralık	

İ			
iblisçilik	ibnelik	ibretlik	ibrikçilik
ibriktarlık	icapçılık	icatçılık	icraatçılık
icracılık	içeriksizlik	içgüdüsellik	içicilik
içimlik	içkicilik	içkinlik	içkisizlik
içlik	içlilik	içreklik	içsellik
içtenlik	içtenliksizlik	içtensizlik	içtimailik
idamlık	idarecilik	idarelilik	idaremaslahatçılık
idaresizlik	iddiacılık	iddialılık	iddiasızlık
idealistlik	ideallik	idealsizlik	idmanlılık
idmansızlık	idraksizlik	ifadesizlik	iffetlilik
iffetsizlik	iftariyelik	iftarlık	iftiracılık
iğcilik	iğiplik	iğlik	iğnecilik
iğnedenlik	iğnelik	iğrençlik	iğrengenlik
iğretilik	iğrilik	ihbarcılık	ihlaslılık
ihlassızlık	ihmalcilik	ihmalkârlık	ihracatçılık
ihtikârcılık	ihtilalcilik	ihtiraslılık	ihtirassızlık
ihtişamlılık	ihtişamsızlık	ihtiyaçlılık	ihtiyaçsızlık
ihtiyarlık	ihtiyatilik	ihtiyatkârlık	ihtiyatlılık
ihtiyatsızlık	ikicilik	ikilik	ikincilik
ikirciklik	ikirciklilik	ikircimlik	ikiyüzlülük
ikizlik	ikizlilik	ikrahlık	ikramcılık
iktidarlılık	iktidarsızlık	iktisatçılık	iktisatlılık
iktisatsızlık	ilaçlık	ilaçsızlık	ilahiyatçılık
ilancılık	ilericilik	iletişimcilik	iletişimlilik
iletişimsizlik	iletkenlik	ilgililik	ilginçlik

205

ilgisizlik	ilhanlık	ilikçilik	iliksiz
ilimcilik	ilintililik	ilintisizlik	ilişiklik
ilişiklilik	ilişiksizlik	ilişkililik	ilişkinlik
ilişkisizlik	ilkecilik	ilkelcilik	ilkellik
ilkesellik	ilklik	illegallik	illetlilik
ilmîlik	iltimasçılık	iltizamcılık	imalatçılık
imamlık	imanlılık	imansızlık	imarcılık
imgecilik	imgesellik	imkânsızlık	imlik
imparatoriçelik	imparatorluk	imtiyazlılık	imtiyazsızlık
imtizaçsızlık	imzasızlık	inakçılık	inancılık
inançlılık	inançsızlık	inandırıcılık	inanılmazlık
inanırlık	inanmamazlık	inanmazlık	inansızlık
inatçılık	inatlık	incelemecilik	inceleyicilik
incelik	incirlik	indirgenebilirlik	indirgenlik
indirimsizlik	inekçilik	ineklik	infazcılık
infiratçılık	inginlik	inhisarcılık	inkârcılık
inkılapçılık	insaflılık	insafsızlık	insancılık
insancıllık	insanımsılık	insaniçincilik	insaniyetlilik
insaniyetsizlik	insanlık	insanlılık	insanmerkezcilik
insansılık	insansızlık	insicamlılık	insicamsızlık
inşaatçılık	interaktiflik	intibaksızlık	intikamcılık
intizamlılık	intizamsızlık	inzibatlik	inzibatsızlık
ipçilik	ipekçilik	iplik	iplikçilik
ipsizlik	iptidailik	iradecilik	iradesizlik
irilik	ironiklik	irtibatlılık	irtibatsızlık
isabetlilik	isabetsizlik	İsevilik	isimcilik
isimlik	isimlilik	isimsizlik	İslamcılık
İslamlık	İslâvcılık	ispirtoculuk	ispirtoluk
ispiyonculuk	ispritizmacılık	İstanbulluluk	istatistikçilik
isteklilik	isteksizlik	istemlilik	istemsizlik
istenççilik	istençlilik	istençsizlik	istidatlılık
istidatsızlık	istifçilik	istihkâmcılık	istikrarlılık

istikrarsızlık	istilacılık	istismarcılık	istisnasızlık
isyancılık	isyankârlık	işaretsizlik	işçelik
işçilik	işgalcilik	işgüderlik	işgüzarlık
işitilmemişlik	işitmemezlik	işitmezlik	işkembecilik
işkencecilik	işkillilik	işkilsizlik	işleklik
işlemcilik	işlemecilik	işlemezlik	işlerlik
işletmecilik	işletmenlik	işlevcilik	işlevsellik
işlevsizlik	işlik	işportacılık	işsizlik
iştahlılık	iştahsızlık	işteşlik	iştirakçilik
işvelilik	işverenlik	itaatkârlık	itaatlilik
itaatsizlik	itfaiyecilik	ithalatçılık	itibarlılık
itibarsızlık	iticilik	itikatlılık	itikatsızlık
itilafçılık	itimatsızlık	itinalılık	itinasızlık
itirafçılık	itirazcılık	itirazsızlık	itlik
ittihatçılık	ivazlılık	ivazsızlık	ivecenlik
ivedilik	iyelik	iyicilik	iyilik
iyilikbilirlik	iyilikbilmezlik	iyilikçilik	iyilikseverlik
iyimserlik	izafilik	izansızlık	izbelik
izcilik	izinlilik	izinsizlik	izlemcilik
izlenimcilik	izleyicilik	İzmirlilik	
J			
jambonluk	jandarmalık	jetonculuk	jigololuk
jimnastikçilik	jokeylik	judoculuk	jullük
jurnalcilik			
K			
kabadayılık	kabahatlilik	kabahatsizlik	kabakçılık
kabaklık	kabalacılık	kabalık	kabarecilik
kabarıklık	kabızlık	kabiliyetlilik	kabiliyetsizlik
kabloculuk	kabullenmişlik	kabzımallık	kaçakçılık
kaçaklık	kaçıklık	kaçınganlık	kaçınılmazlık
kaçırganlık	kaçlık	kaçmaklık	kadayıfçılık
kadehdaşlık	kademsizlik	kadercilik	kadersizlik

kadılık	kadınlık	kadınlılık	kadınsalllık
kadınsılık	kadınsızlık	kadifelik	kadirbilirlik
kadirbilmezlik	Kadirilik	kadirşinaslık	kadroculuk
kadroluluk	kadrosuzluk	kadüklük	kafadarlık
kafadaşlık	kafalılık	kafasızlık	kafatasçılık
kafesçilik	kâfirlik	kafiyesizlik	kaftancılık
kağanlık	kâğıtçılık	kâğıtlık	kâhillik
kâhinlik	kahpelik	kahramanlık	Kahramanmaraşlılık
kahvaltılık	kahvecilik	kahvehanecilik	kâhyalık
kaidecilik	kaidesizlik	kaimelik	kaimlik
kakavanlık	kaklık	kakmacılık	kalabalıklık
kalafatçılık	kalantorluk	kalaycılık	kalburculuk
kalçalık	kaldırımcılık	kaldırımsızlık	kalebentlik
kalecilik	kalemkârlık	kalemlik	kalenderlik
kalfalık	kalıcılık	kalıklık	kalımlılık
kalımsızlık	kalınlık	kalıpçılık	kalıplaşmışlık
kalıplık	kalıplılık	kalıpsızlık	kalıtçılık
kalıtsallık	kalifiyelik	kalitelilik	kalitesizlik
kalkancılık	kalkıklık	kalleşlik	kalorifercilik
kalpakçılık	kalpaklık	kalpazanlık	kalplık
kalplilik	kalpsizlik	kaltabanlık	kaltaklık
Kalvencilik	kalyonculuk	kamacılık	kamarotluk
kambiyoculuk	kamburluk	kamışlık	kamikazelik
kâmillik	kampanyacılık	kampçılık	kamyonculuk
kamyonetçilik	kanaatkârlık	kanaatlilik	kanaatsizlik
kanaryalık	kanatlılık	kanatsızlık	kancıklık
kançılarlık	kandaşlık	kandırıcılık	kandilcilik
kandillik	kanıklık	kanıtsızlık	kanilik
kankalık	kanlılık	kanmazlık	kansızlık
kantarcılık	kantarlık	Kantçılık	kantincilik
kantoculuk	kanunculuk	kanunsuzluk	kanyonculuk
kapaklık	kapalılık	kapanıklık	kaparozculuk

kapasitesizlik	kapıcılık	kapılganlık	kapılılık
kapısızlık	kapkaççılık	kapkaranlık	kaplamacılık
kaplamsallık	kaplıcalık	kaplık	kaplılık
kaportacılık	kaprislilik	kaprissizlik	kapsamlılık
kapsayıcılık	kapsızlık	kaptanlık	kaputluk
karaborsacılık	Karabüklülük	karacılık	karaçalılık
Karagözcülük	karagözlük	karakolluk	karakterlilik
karaktersizlik	karalamacılık	karaleylek	karalık
Karamanlılık	karamsalık	karamsarlık	karanfilcilik
karanlık	kararlılık	kararsızlık	karasallık
karatecilik	karavanacılık	karavaşlık	karboksilik
kardeşlik	kardeşsizlik	kardinallik	kargaşacılık
kargaşalık	kargaşasızlık	kargılık	kargoculuk
karıkocalık	karılık	karındaşlık	karışabilirlik
karışıklık	karıştırıcılık	karideşçilik	karikatürcülük
karikatüristlik	karikatürlük	kariyeristlik	karizmatiklik
karlık	karlılık	kârlılık	karmalık
karmanyolacılık	karmaşıklık	karpuzculuk	karsızlık
kârsızlık	Karslılık	karşıcılık	karşılık
karşılıklılık	karşılıksızlık	karşıtçılık	karşıtçıllık
karşıtlık	kartlık	kartonculuk	kartpostalcılık
kartsızlık	kasabalılık	kasacılık	kasadarlık
kasalık	kasaplık	kasavetsizlik	kasetçilik
kasılganlık	kasıtlılık	kasıtsızlık	kasidecilik
kaskatılık	kasketçilik	kaskoculuk	kaslılık
kasnakçılık	kassızlık	Kastamonululuk	kastarcılık
kasvetlilik	kasvetsizlik	kaşıkçılık	kaşıklık
kaşmerlik	katıksızlık	katılık	katılımcılık
katımlık	katırcılık	katırlık	katışıklık
katışıklılık	katışıksızlık	katillik	kâtiplik
katkılılık	katkısızlık	katmercilik	Katolik
Katoliklik	katrancılık	kavaflık	kavakçılık

kavaklık	kavalcılık	kavalyelik	kavaracılık
kavaslık	kavatlık	kavgacılık	kavgalılık
kavgasızlık	kavlık	kavmiyetçilik	kavramcılık
kavramsallık	kavranılmazlık	kavrayışlılık	kavrayışsızlık
kavrukluk	kavukçuluk	kavukluk	kavunculuk
kavurmacılık	kavurmalık	kayağanlık	kayakçılık
kayalık	kaybetmişlik	kayganalık	kayganlık
kaygılılık	kaygısızlık	kayıkçılık	kayınlık
kayınpederlik	kayınvalidelik	kayıplık	kayırıcılık
kayışçılık	kayıtlılık	kayıtsızlık	kaymakamlık
kaymakçılık	kaymelik	kaynakçılık	kaynanalık
kaynatalık	kaypaklık	kayracılık	Kayserililik
kaytaklık	kaytarıcılık	kaytarmacılık	kayyumluk
kazaklık	kazancılık	kazançlılık	kazançsızlık
kazasızlık	kazaskerlik	kazıkçılık	kazmacılık
kebapçılık	kebaplık	kebzecilik	keçecilik
keçilik	kederlilik	kedersizlik	kefencilik
kefenlik	kefillik	kehribarcılık	kekelik
kekemelik	keklik	kekrelik	kekremsilik
keleklik	kelepçilik	kelepircilik	keleşlik
kelimelik	kellecilik	kellik	Kemalistlik
kemancılık	kemankeşlik	kemençecilik	kemercilik
kemerlik	kemiksizlik	kemirgenlik	kemiricilik
kemlik	kemrelik	kenarlık	kenarlılık
kenarsızlık	kendiliğindenlik	kendilik	kendircilik
kenevircilik	kentçilik	kentlilik	kentsellik
kenttaşlık	kepazelik	kepekçilik	kerestecilik
kerestelik	kerimlik	kerizcilik	kerpiççilik
kervancılık	kesatlık	kesedarlık	kesenekçilik
kesicilik	kesiflik	kesiklik	kesimcilik
kesimlik	kesinlik	kesinsizlik	kesintisizlik
keskincilik	keskinlik	kesmelik	kestanecilik

kestanelik	keşişlik	keşmekeşlik	keşşaflık
kethüdalık	ketumluk	keyfilik	keyiflilik
keyifsizlik	kezalik	kıdemlilik	kıdemsizlik
kıkırlık	kılavuzluk	kılcallık	kılçıklılık
kılçıksızlık	kılıbıklık	kılıççılık	kılıfçılık
kılıfsızlık	kılıklılık	kılıksızlık	kıllılık
kılsızlık	kımıltısızlık	kınasızlık	kınlılık
kınsızlık	kıpıklık	kıpırdaklık	kıpırtısızlık
Kıptilik	kıraathanecilik	kıraçlık	kıratlık
kırçıllık	kırgınlık	kırıcılık	kırıkçılık
Kırıkkalelilik	kırıklık	kırılganlık	kırışıklık
kırışıklılık	kırışıksızlık	kırıtkanlık	kırkbeşlik
kırkıcılık	kırkikilik	kırkımcılık	Kırklarelililik
kırklık	kırkyıllık	kırlık	kırmacılık
kırmalık	kırmızılık	kırmızımsılık	Kırşehirlilik
kırtasiyecilik	kısalık	kısıklık	kısımlık
kısırlık	kısıtlılık	kıskacılık	kıskançlık
kısmetlilik	kısmetsizlik	kışkırtıcılık	kışkırtmacılık
kışlık	kıtipiyozluk	kıtıpiyozluk	kıtlık
kıvamlılık	kıvamsızlık	kıvraklık	kıvrıklık
kıvrımlılık	kıvrımsızlık	kıyafetsizlik	kıyakçılık
kıyaklık	kıygınlık	kıyıcılık	kıyılık
kıyımlık	kıymalık	kıymetlilik	kıymetsizlik
kıymettarlık	kıytırıklık	kızaklık	kızanlık
kızarıklık	kızgınlık	kızılbaşlık	kızıllık
kızlık	kibarlık	kibirlilik	kibirsizlik
kibritçilik	kibritlik	kifayetsizlik	kilercilik
kilimcilik	Kilislilik	kilitlilik	kilogramağırlık
kilogramlık	kiloluk	kiloluluk	kilometrelik
kimlik	kimsesizlik	kimyacılık	kimyagerlik
kimyasallık	kincilik	kindarlık	kinlilik
kinsizlik	kiplik	kiracılık	kiralık

kirazlık	kirdecilik	kireççilik	kireçlik
kireçlilik	kiremitçilik	kirişçilik	kirişlik
kirlilik	kirvelik	kişilik	kişiliklilik
kişiliksizlik	kişisellik	kitapçılık	kitaplık
kitaplılık	kitapseverlik	kitapsızlık	klarnetçilik
klasiklik	klaslık	klikçilik	klişecilik
Kocaelililik	kocakarılık	kocalık	kocalılık
kocamanlık	kocasızlık	koçancılık	kodamanlık
kodoşluk	kodüktörlük	kofalık	kofluk
koftilik	koğculuk	kokaincilik	koketlik
kokmuşluk	kokoreççilik	kokoşluk	kokozluk
kokuculuk	kokusuzluk	kolacılık	kolalılık
kolancılık	kolasızlık	kolaycılık	kolaylık
kolbaşılık	kolculuk	koldaşlık	kolejlilik
koleksiyonculuk	kolektiflik	kollayıcılık	kolluk
kolpoculuk	koltukçuluk	koltukluk	komalık
komedyenlik	komiklik	komiserlik	komisyonculuk
komitacılık	kompetanlık	komplekslilik	komplekssizlik
komploculuk	kompostoluk	kompozitörlük	komşuluk
komutanlık	komünistlik	konakçılık	konaklık
konargöçerlik	konduculuk	kondüktörlük	konfeksiyonculuk
konferansçılık	konforsuzluk	koniklik	konservecilik
konsolosluk	konsomatrislik	kontluk	kontörlük
kontrolcülük	kontrolörlük	konukçuluk	konukluk
konukseverlik	konusuzluk	konuşkanlık	konuşmacılık
konuşuculuk	konuşumluk	Konyalılık	koodinatörlük
kooperatifçilik	kopukluk	kopuzculuk	kopyacılık
koramirallik	korgenerallik	korkaklık	korkuluk
korkunçluk	korkusuzluk	korkutuculuk	korluk
kornetçilik	kornişçilik	korsanlık	korsecilik
koruculuk	koruluk	korumacılık	korumalık
korunaklılık	korunaksızlık	korungalık	koruyuculuk

kostümcülük	kostümlük	koşalık	koşuculuk
koşulsuzluk	koşumculuk	koşutçuluk	koşutluk
kovalık	kovanlık	kovboyculuk	kovboyluk
kovculuk	koyuculuk	koyuluk	koyunculuk
kozacılık	kozmapolitlik	köçeklik	köftecilik
köftelik	köfterlik	köhnelik	kökçülük
kökensizlik	köklülük	köksüzlük	köktencilik
kökteşlik	kölelik	kömürcülük	kömürlük
kömürsüzlük	köpeklik	köpoğluluk	köprücülük
köpürgenlik	körlük	körpelik	körükçülük
körükleyicilik	köselik	kösemenlik	kösnüllük
köşelik	köşkerlik	kötülük	kötülükçülük
kötümserlik	kötürümlük	köycülük	köylük
köylülük	kralcılık	kraliçelik	krallık
kravatlılık	kravatsızlık	kredisizlik	krikoculuk
kritiklik	kronikçilik	kroniklik	krupiyelik
kubatlık	kuburluk	kudretlilik	kudretsizlik
kudurganlık	kudurukluk	kuduzluk	kudümzenlik
kuklacılık	kuklalık	kulakçılık	kulaklık
kulaksızlık	kulamparalık	kullanılmışlık	kullanımlılık
kullanımsızlık	kullanışlılık	kullanışsızlık	kulluk
kuluçkalık	kulunluk	kulüpçülük	kumandanlık
kumandansızlık	kumanyacılık	kumarbazlık	kumarcılık
kumarhanecilik	kumaşçılık	kumaylık	kumculuk
kumluk	kumrallık	kumruculuk	kumsallık
kundakçılık	kunduracılık	kupkuruluk	kurabiyecilik
kuraklık	kuralcılık	kurallılık	kuralsızlık
kuramcılık	kuramsallık	kurbanlık	kurguculuk
kurgusuzluk	kurmacılık	kurmaylık	kurnazlık
kurşunculuk	kurşungeçirmezlik	kurşunsuzluk	kurtarıcılık
kurtarımcılık	kurtarmacılık	kurtluk	kurtulmalık
kuruculuk	kuruluk	kurumluluk	kurumsuzluk

kuruntuculuk	kuruntululuk	kuruntusuzluk	kuruşluk
kurutmalık	kuryelik	kuşbazlık	kuşçuluk
kuşkuculuk	kuşkululuk	kuşkusuzluk	kuşluk
kusurluluk	kusursuzluk	kutluluk	kutsallık
kutsuzluk	kutuculuk	kutupsallık	kuvvetlilik
kuvvetsizlik	kuytuluk	kuyuculuk	kuyumculuk
kuzenlik	kuzuluk	küçüklük	küçümenlik
küfecilik	küfelik	küflülük	küfranlık
küfürbazlık	külahçılık	külbastılık	külfetsizlik
külhanbeylik	külhancılık	küllük	kültürlülük
kültürsüzlük	külüstürlük	külyutmazlık	künefecilik
küpelik	kürdanlık	kürekçilik	küresellik
kürkçülük	küskünlük	küslük	küstahlık
kütlesellik	kütlük	kütüklük	kütüphanecilik
L			
laborantlık	lacivertlik	laçkalık	lafazanlık
lafçılık	lağımcılık	lahmancunculuk	laiklik
lakacılık	lakayıtlık	lakçılık	lakerdacılık
lalalık	lalelik	lamacılık	lambalık
lapacılık	lastikçilik	laternacılık	latifecilik
latiflik	latifundiacılık	Latinlik	laubalilik
lavantacılık	lavantalık	lavtacılık	lavukluk
lazımlık	lazlık	leblebicilik	legallik
lehçecilik	lehimcilik	lekecilik	lekesizlik
lektörlük	Lenincilik	levazımatçılık	levazımcılık
leventlik	levhacılık	lezbiyenlik	lezzetlilik
lezzetsizlik	libassızlık	liberallik	liderlik
limanlık	limitsizlik	limonatacılık	limonculuk
limonluk	liralık	liselilik	litrelik
liyakatlilik	liyakatsizlik	lobicilik	lodosluk
lohusalık	lokantacılık	lokmacılık	loncacılık
lostracılık	lostromoluk	loşluk	lotaryacılık

214

lutilik	lüfercilik	lügatçilik	lükslük
lülecilik	lüpçülük	Lütercilik	lüpçülük
lütufkârlık	lüzumluluk	lüzumsuzluk	
M			
maarifçilik	maaşlılık	maaşsızlık	mabeyincilik
Macarlık	maceracılık	maceraperestlik	macunculuk
macunluk	maçoluk	madalyasızlık	madalyonculuk
madaralık	maddecilik	maddelik	maddesellik
maddilik	maddiyatçılık	madencilik	maderşahilik
madikçilik	madrabazlık	mafyacılık	mafyalık
magandalık	mağazacılık	mağdurluk	mağrurluk
mahallelilik	mahallîlik	maharetlilik	maharetsizlik
mahcupluk	mahirlik	mahkemelik	mahkûmluk
mahmurluk	mahpusluk	mahremlik	mahrumluk
mahsusluk	mahurbuselik	mahyacılık	mahyalık
mahzunluk	makarnacılık	makasçılık	makbullük
maketçilik	makilik	makinecilik	makinistlik
maksatlılık	maksatsızlık	makullük	makyajcılık
makyajsızlık	Makyavelcilik	Malatyalılık	malayanilik
malcılık	Malikilik	maliyecilik	maliyetsizlik
maltalık	malullük	malumatfuruşluk	malumatsızlık
malumluk	mamurluk	manalılık	manasızlık
manavlık	mandacılık	mandarinlik	mandıracılık
mandolincilik	manevilik	Manicilik	mânicilik
manidarlık	manifaturacılık	manikürcülük	Manisalılık
manitacılık	mankafalık	mankenlik	mankurtluk
mantarcılık	mantarlık	mantıcılık	mantıkçılık
mantıklılık	mantıksallık	mantıksızlık	mantoluk
manyaklık	manyetizmacılık	manzarasızlık	Maoculuk
marabacılık	marangozluk	maratonculuk	marazlık
Mardinlilik	mareşallik	marifetlilik	marifetsizlik
marinacılık	marjinallik	markacılık	markasızlık

215

marketçilik	Marksçılık	marokencilik	marpuççuluk
martavalcılık	marulculuk	maruzluk	masajcılık
masalcılık	maskaralık	maslahatgüzarlık	masonluk
masraflılık	masrafsızlık	masumluk	maşacılık
maşakkatsizlik	maşalık	maşatlık	matbaacılık
matematikçilik	matemlilik	materyalistlik	matizlik
matlık	matruşluk	mavilik	mavnacılık
mayalık	mayasızlık	mayhoşluk	mayıncılık
maymunluk	mayoculuk	mazbutluk	mazeretsizlik
mazılık	mazlumluk	mebusluk	mecalsizlik
mecburculuk	mecburilik	mecburluk	mecmuacılık
mecnunluk	Mecusilik	meddahlık	medenilik
medeniyetçilik	medeniyetsizlik	medyacılık	medyatiklik
medyumluk	mefhumculuk	mefkûrecilik	mefruşatçılık
meftunluk	megatonluk	megavatlık	mekâncılık
mekanikçilik	mekanikleştiricilik	mekkârecilik	mekruhluk
mekteplilik	mektupçuluk	Melamilik	melankolik
melezlik	melunluk	memalik	memleketçilik
memleketlilik	memleketsizlik	memnuluk	memnuniyetsizlik
memnunluk	memurluk	menajerlik	mendeburluk
menecerlik	menfaatçilik	menfaatperestlik	menfaatperverlik
menfilik	mensupluk	Menşeviklik	meraklılık
meraksızlık	merdivencilik	merdümgirizlik	merhametlilik
merhametsizlik	merkeîlik	merkepçilik	merkezcilik
merkeziyetçilik	mermercilik	mermerlik	Mersinlilik
mersiyehanlık	mertlik	mesafelik	mesafelilik
meselesizlik	mesirelik	mesleksizlik	meslektaşlık
mesnetsizlik	mestçilik	mestlik	mesuliyetsizlik
meşalecilik	meşatlık	meşelik	meşgullük
meşhurluk	meşrubatçılık	meşruluk	meşrutiyetçilik
metafizikçilik	metanetlilik	metanetsizlik	metelik
meteliksizlik	metînlik	metotluluk	metotsuzluk

metrdotellik	metrelik	metreslik	mevcutluk
mevkufluk	Mevlevilik	mevsimlik	meyancılık
meydancılık	meydanlık	meyhanecilik	meyillilik
meyilsizlik	meymenetsizlik	meymentlilik	meyvecilik
meyvelik	meyvesizlik	meyyallik	mezarcılık
mezarlık	mezatçılık	mezbelelik	mezecilik
mezelik	mezhepçilik	meziyetlilik	meziyetsizlik
mığırlık	mıhlayıcılık	mıhsıçtılık	mıknatıslık
mısırcılık	mısırlık	mıymıntılık	mızıkacılık
mızıkçılık	mızmızlık	mızraklık	miçoluk
midecilik	midibüsçülük	midyecilik	midyelik
mihmandarlık	mikropluk	mikropsuzluk	mililitrelik
milimetrelik	militanlık	milletlerarasıcılık	milletseverlik
millîcilik	millîlik	milliyetçilik	milliyetperverlik
milliyetseverlik	milliyetsizlik	milyarderlik	milyarlık
milyonerlik	milyonluk	mimarlık	minarecilik
minecilik	minibüsçülük	minnetsizlik	minnettarlık
mintanlık	minyatürcülük	minyonluk	miralaylık
mirasçılık	mirasyedilik	mirlivalık	misafirlik
misafirperverlik	miskinlik	mistiklik	misyonerlik
mitingcilik	miyopluk	mizaçgirlik	mizahçılık
mobilyacılık	modacılık	modelcilik	modellik
modernlik	mollalık	molozluk	monatçılık
monotonluk	montajcılık	morluk	Moskofluk
mostralık	motelcilik	motokrosçuluk	motorculuk
mozaikçilik	muadillik	muaflık	muallimlik
muammalık	muannitlik	muarızlık	muavinlik
muayyenlik	muazzamlık	mubassırlık	mucitlik
mugalatacılık	muğlaklık	Muğlalılık	muhaberecilik
muhabirlik	muhacirlik	muhafazakârlık	muhafızlık
muhakkiklik	muhaliflik	muhallebicilik	muhallik
muhannetlik	muharebecilik	muharriklik	muharrirlik

muhasebecilik	muhasiplik	muhayyerbuselik	muhayyerlik
muhbirlik	muhkemlik	muhlislik	muhtaçlık
muhtarlık	muhteliflik	muhteremlik	muhterislik
muhteşemlik	mukabelecilik	mukaddesatçılık	mukaddeslik
mukallitlik	mukavemetçilik	mukavemetsizlik	mukimlik
muktedirlik	mumculuk	mumluk	mundarlık
munislik	muntazamlık	murabahacılık	murahhaslık
murakıplık	murdarilik	murdarlık	musahhihlik
musahiplik	musevilik	musikişinaslık	muskacılık
muslukçuluk	Muşluluk	muştuluk	mutaasıplık
mutabıklık	mutasarrıflık	mutçuluk	muteberlik
mutedillik	mutemetlik	mutlakçılık	mutluluk
mutmainlik	mutsuzluk	muvaffakiyetsizlik	muvakkatlik
muvazenesizlik	muvazzaflık	muzafferlik	muzdariplik
muzırlık	muziplik	muzluk	mübahlık
mübalağacılık	mübareklik	mübaşirlik	mübayaacılık
mücadelecilik	mücahitlik	mücellitlik	mücevhercilik
mücrimlik	müdahillik	müdavimlik	müddeiumumilik
müderrislik	müdriklik	müdürlük	müenneslik
müezzinlik	müfessirlik	müfettişlik	müflislik
müfritlik	müfsitlik	müfterilik	müftülük
mühendislik	mühimlik	mühimsemezlik	mühtedilik
mühürcülük	mühürdarlık	müjdecilik	müjdelik
mükelleflik	mükemmeliyetçilik	mükemmellik	mükerrerlik
mülayimlik	mülazımlık	mülkiyelilik	mültecilik
mültezimlik	mümbitlik	mümessillik	mümeyyizlik
müminlik	mümkünlük	mümtazlık	münafıklık
münasebetsizlik	müneccimlik	münekkitlik	münevverlik
münezzehlik	münferitlik	münhasırlık	münkirlik
münzevilik	müphemlik	müptelalık	müptezellik
mürailik	mürebbiyelik	müreffehlik	mürekkepçilik
mürettiplik	müritlik	mürşitlik	mürtecilik

mürtetlik	mürüvvetsizlik	müsaitlik	müsamahakârlık
müsamahasızlık	müsavatçılık	müsavatsızlık	müsavilik
Müslümanlık	müspetlik	müsriflik	müstafilik
müstağnilik	müstahaklık	müstahdemlik	müstakillik
müstantiklik	müstebitlik	müstehaplık	müstehcenlik
müstehlik	müstehzilik	müstemlekecilik	müsterihlik
müstesnalık	müsteşarlık	müsteşriklik	müsveddelik
müşahhaslık	müşavirlik	müşfiklik	müşirlik
müşküllük	müşriklik	müteahhitlik	müteallik
mütecanislik	mütecavizlik	mütedeyyinlik	mütehassıslık
mütekebbirlik	mütemmimlik	mütercimlik	müteşekkirlik
mütevazılık	müthişlik	müttefiklik	müttehitlik
müvesvislik	müvezzilik	müzakerecilik	müzecilik
müzekkerlik	müzelik	müzevirlik	müzikçilik
müziksellik	müzikseverlik	müzisyenlik	müzminlik
N			
naçarlık	naçizlik	nadanlık	nadaslık
nadidelik	nadirlik	nafilelik	nağmalupluk
nahırcılık	nahiflik	nahoşluk	naiplik
nakışçılık	nakıslık	nakışlık	nakkaşlık
nakliyatçılık	nakliyecilik	Nakşibendilik	Nakşilik
nalbantlık	nalburluk	nalıncılık	namahremlik
namazlık	namazsızlık	namdarlık	namertlik
namevcutluk	namuskârlık	namusluluk	namussuzluk
namütenahilik	namzetlik	nanelik	nankörlük
narenciyecilik	narinlik	narsistlik	nasihatçilik
nasiplilik	nasipsizlik	Nasranilik	natırlık
natürellik	nazariyatçılık	nazariyecilik	nazarlık
nazeninlik	nazırlık	naziklik	nazlılık
nebbaşlık	nedensellik	nedensizlik	nefeslik
nefeslilik	nefislik	nekeslik	nekrelik
nemlilik	nemrutluk	nesnelcilik	nesnellik

neşelilik	neşesizlik	neticesizlik	netlik
nevabuselik	Nevşehirlilik	nevyunanilik	neyzenlik
nezaketlilik	nezaketsizlik	nezihlik	nicelik
nifakçılık	Niğdelilik	nihayetsizlik	nikâhlık
nikâhlılık	nikâhsızlık	nikbinlik	nimetşinaslık
ninelik	nisaiyecilik	nisayecilik	nispetçilik
nispetsizlik	nişancılık	nişanlık	nişanlılık
nişastacılık	nitelik	niteliklilik	niteliksizlik
nitellik	niyetçilik	niyetlilik	niyetsizlik
nizamilik	nizamsızlık	nobranlık	noksanlık
noksansızlık	noktacılık	normallik	noterlik
nöbetçilik	nötrlük	numaracılık	numunelik
nuranilik	nurluluk	nursuzluk	nüfuzluluk
nüfuzsuzluk	nüktecilik	nüktedanlık	nümayişçilik
O			
obezlik	objektiflik	obsesiflik	oburluk
ocakçılık	ocaklık	odacılık	odalık
odunculuk	odunluk	ofsetçilik	oğlancılık
oğulluk	okçuluk	okkalık	okluk
oksalik	okşamalık	okşayıcılık	okuldaşlık
okulluluk	okumuşluk	okunaklılık	okunaksızlık
okuryazarlık	okutmanlık	okuyuculuk	Okyanusyalılık
olabilirlik	olağanlık	olağanüstülük	olamazlık
olanaklılık	olanaksızlık	olasıcılık	olasılık
olaycılık	olguculuk	olgunluk	olgusallık
olmazlık	olmuşluk	oltacılık	olumluluk
olumsallık	olumsuzluk	olurluk	oluşumculuk
omurilik	omuzdaşlık	omuzluk	onaltılık
onarıcılık	onarımcılık	onbaşılık	onbiraylık
ondalık	ondörtlük	ongunculuk	ongunluk
onluk	onunculuk	onurluk	onurluluk
onursallık	onursuzluk	operacılık	operatörlük

opsiyonellik	optikçilik	optimallik	optimumluk
orakçılık	oralılık	oramirallik	oranlılık
oransızlık	orantılılık	orantısızlık	ordubozanlık
Ordululuk	ordusuzluk	organiklik	organlık
orgculuk	orgenerallik	orijinallik	orjinallik
orkestracılık	ormancılık	ormanlık	orospuluk
orostopolluk	ortakçılık	ortaklaşacılık	ortaklaşalık
ortaklık	ortakyaşarlık	ortalık	Ortodoksluk
oruçluluk	oryantallik	Osmaniyelilik	Osmanlıcacılık
Osmanlıcılık	Osmanlılık	otacılık	otağcılık
otantiklik	otçulluk	otelcilik	otlakçılık
otluk	otoburluk	otobüsçülük	otokratlık
otomatiklik	otomobilcilik	otonomluk	otoparkçılık
otoritesizlik	otostopçuluk	oturaklılık	oturmalık
oturmuşluk	oturtmalık	otuzbeşlik	otuzluk
ovalık	ovallik	overlokçuluk	oyacılık
oyculuk	oydaşlık	oyluk	oylumsuzluk
oymacılık	oynaklık	oynaşlık	oynatımcılık
oyunbazlık	oyunbozanlık	oyuncakçılık	oyunculuk
oyunluk	ozalitçilik	ozanlık	ozansılık
Ö			
ödeneksizlik	ödleklik	ödüncülük	ödünlülük
ödünsüzlük	öfkelilik	öfkesizlik	öğlencilik
öğrencelik	öğrencilik	öğrenmelik	öğreticilik
öğretmenlik	öğürlük	öğütçülük	öğütücülük
ökelik	öksüzlük	öküzlük	ölçeksizlik
ölçücülük	ölçülük	ölçülülük	ölçüsüzlük
ölçütsüzlük	öldürücülük	ölgünlük	ölmezlik
ölmüşlük	ölülük	ölümlük	ölümlülük
ölümsüzlük	ömürlülük	ömürsüzlük	öncecilik
öncelik	önceliklilik	öncesizlik	öncüllük
öncülük	öndelik	önderlik	önemlilik

önemsemezlik	önemsizlik	öngörülülük	önleyicilik
önlük	önlüklük	önsellik	örenlik
örgücülük	örgütçülük	örgütsüzlük	örneklik
örtüklük	örtülülük	örücülük	öşürcülük
ötücülük	ötümlülük	ötümsüzlük	övgücülük
övücülük	övündürücülük	övüngenlik	öykücülük
öykünmecilik	özdekçilik	özdenlik	özdeşlik
özellik	özengenlik	özenlilik	özensizlik
özenticilik	özentililik	özentisizlik	özerklik
özezerlik	özgecilik	özgüllük	özgülük
özgünlük	özgürlük	özgürlükçülük	özlemlilik
özlemsizlik	özleştirmecilik	özlük	özlülük
öznelcilik	öznellik	özsellik	özseverlik
özürlülük	özürsüzlük	özverililik	özverisizlik
P			
pabuççuluk	pabuçluk	paçacılık	paçalık
paçavracılık	padişahlık	pahacılık	pahalılık
paklık	palalık	palamarcılık	palavracılık
palmiyelik	paltoluk	palyaçoluk	pamukçuluk
panayırcılık	pancarcılık	Panislamcılık	pansiyonculuk
pansumancılık	pantolonculuk	pantuflacılık	papağanlık
papalık	papazlık	papelcilik	papikçilik
parabolik	paracılık	paragözlük	paragözlülük
paralellik	paralık	paralılık	parasızlık
paraşütçülük	parazitlik	parçacılık	parçalayıcılık
parfümcülük	parkçılık	parkecilik	parlaklık
parlamenterlik	parmaklık	particilik	partililik
partisizlik	partizanlık	pasaklılık	pasiflik
paskallık	paslanmazlık	paslılık	paspallık
paspasçılık	pastacılık	pastanecilik	pastırmacılık
pastırmalık	pastişçilik	paşalık	patatesçilik
patavatsızlık	patencilik	patlayıcılık	patriklik

patronculuk	patronluk	pavyonculuk	payandalık
payansızlık	paydaşlık	paylaşımcılık	paytaklık
pazarcılık	pazarlamacılık	pazarlık	pazarlıkçılık
pederlik	pederşahilik	pedikürcülük	pehlivanlık
pejmürdelik	peklik	pekmezcilik	pekmezlik
pelteklik	pembelik	pepelik	pepemelik
perakendecilik	perdahçılık	perdecilik	perdedarlık
perdelik	perdesizlik	peremecilik	perhizkârlık
perişanlık	perukacılık	perukçuluk	pervasızlık
pesimistlik	pespayelik	peşincilik	peşkircilik
peştamalcılık	peştamallık	petrokimyacılık	petrolcülük
pevezenklik	peygamberlik	peyklik	peynircilik
pezevenklik	pırnallık	pısırıklık	piçlik
pidecilik	pikajcılık	piknikçilik	pikoculuk
pilavlık	pilotluk	pimpiriklik	pintilik
pirzolalık	pisboğazlık	piskoposluk	pislik
pislikçilik	Pişekârlık	pişiricilik	pişirimlik
pişkinlik	pişmaniyecilik	pişmanlık	piyangoculuk
piyanistlik	piyanoculuk	piyasacılık	piyazcılık
pizzacılık	plaçkacılık	plakacılık	plakçılık
plancılık	planlamacılık	planlılık	planörcülük
plansızlık	planyacılık	plastikçilik	Platonculuk
poğaçacılık	pohpohçuluk	pokercilik	polemikçilik
polimerlik	polislik	politikacılık	politiklik
popçuluk	popülerlik	pornoculuk	porselencilik
portakallık	portatiflik	portörlük	portrecilik
postacılık	pozitiflik	pörsüklük	pragmacılık
pragmatiklik	pratiklik	pratisyenlik	prenseslik
prenslik	presbiteryenlik	presbitlik	presçilik
preseslik	primitiflik	problemlilik	problemsizlik
prodüktörlük	profesörlük	profesyonellik	profilcilik
programcılık	programlılık	programsızlık	projecilik

propagandacılık	proteinsizlik	Protestanlık	protezcilik
provokatörlük	puanlık	puansızlık	pudralık
pulculuk	pulluk	pullukçuluk	puluçluk
puselik	pusetçilik	puştluk	pusuculuk
pusuluk	putperestlik	püritenlik	pürüzlülük
pürüzsüzlük	püsürüklük	pütürsüzlük	
R			
rabbanilik	rabıtasızlık	radarcılık	radikallik
radyatörcülük	radyoaktiflik	radyoculuk	rafızilik
rağbetsizlik	rahatlık	rahatsızlık	rahibelik
rahiplik	rahmetlik	rakıcılık	rakiplik
rakipsizlik	rallicilik	ramazaniyelik	ramazanlık
randevuculuk	randımanlılık	randımansızlık	rantçılık
raporluluk	raportörlük	raspacılık	rastlantısallık
rasyonellik	raşatçılık	raşitlik	razılık
realistlik	reçelcilik	reçellik	redaktörlük
reellik	refakatçilik	reformculuk	rehberlik
rehbersizlik	reislik	rejisörlük	rekabetçilik
reklamcılık	rekortmenlik	rektörlük	remilcilik
rencidelik	rençperlik	renkçilik	renklilik
renksizlik	renktaşlık	repoculuk	resimcilik
resimlik	resmîlik	ressamlık	reşitlik
reşmecilik	revanicilik	revizyonculuk	rezillik
riayetsizlik	ricacılık	rijitlik	rintlik
risklilik	risksizlik	ritimlilik	ritimsizlik
riyakârlık	Rizelilik	robotluk	rodeoculuk
rolcülük	romancılık	romantiklik	rostoluk
rotatifçilik	röntgencilik	röportajcılık	rötuşçuluk
Rufailik	ruhanilik	ruhbanlık	ruhiyatçılık
ruhluluk	ruhsallık	ruhsatsızlık	ruhsuzluk
Rumelililik	Rumluk	Rusluk	rutinlik
rutubetlilik	rutubetsizlik	rüküşlük	rüsvalık

rüşvetçilik	rütbelilik	rütbesizlik	rüzgârlık
rüzgârsızlık			

S			
saadetlilik	saadetsizlik	saatçilik	saatlik
sababuselik	sabahçılık	sabahlık	sabıkalılık
sabıkasızlık	sabırlılık	sabırsızlık	sabitlik
sabotajcılık	sabunculuk	sabunluk	saçmacılık
saçmalık	saçsızlık	sadakatlilik	sadakatsizlik
sadelik	sadıklık	sadiklik	sadistlik
sadrazamlık	safderunluk	safdililik	safdillik
saflık	safsatacılık	saftaronluk	saftiriklik
saftoriklik	saguculuk	sağaltıcılık	sağcılık
sağdıçlık	sağduyululuk	sağgörülülük	sağgörüsüzlük
sağımlık	sağlamcılık	sağlamlık	sağlamcılık
sağlayıcılık	sağlık	sağlıklılık	sağlıksızlık
sağmallık	sahaflık	sahanlık	sahicilik
sahihlik	sahiplik	sahiplilik	sahipsizlik
sahleplik	sahtecilik	sahtekârlık	sahtelik
sahtiyancılık	sahurluk	sakalık	sakallılık
sakalsızlık	sakarlık	Sakaryalılık	sakatatçılık
sakatlık	sakıncalılık	sakıncasızlık	sakınganlık
sakızcılık	sakillik	sakimlik	sakinlik
sakitlik	saklık	saksafonculuk	saksılık
saksofonculuk	salahiyetlilik	salahiyetsizlik	salaklık
salamuracılık	salamuralık	salaşlık	salatalık
salcılık	salçalık	saldırganlık	saldırıcılık
saldırmazlık	salepçilik	saleplik	salgıncılık
salgınlık	saliklik	salimlik	saliselik
salisilik	sallapatilik	salmalık	salozluk
saltanatçılık	saltçılık	samanlık	sambacılık
samimilik	samimiyetsizlik	Samsunluluk	sanatçılık
sanatkârlık	sanatsallık	sanatseverlik	sanatsızlık

225

sanayicilik	sandalcılık	sandalyecilik	sandalyelik
sandıkçılık	sandviççilik	sangılık	sanıklık
saniyelik	sansasyonellik	sansürcülük	sansürsüzlük
santilitrelik	santimetrelik	santralcilik	santurculuk
sapaklık	sapıklık	sapkınlık	saplantılılık
saplantısızlık	saptanımcılık	saptırıcılık	saraçlık
sarbanlık	sarhoşluk	sarıcalık	sarıcılık
sarılık	sarımsılık	sarımtıraklık	sarısendikacılık
sarışınlık	sarihlik	sarkıklık	sarkıntılık
sarmallık	sarplık	sarraflık	sarsaklık
sarsıcılık	satanistlik	sathilik	satıcılık
satılık	satımlık	satrançcılık	savacılık
savaşçılık	savaşımcılık	savaşkanlık	savcılık
savmacılık	savrukluk	savunmalık	savunmasızlık
savunuculuk	savurganlık	sayacılık	saydamlık
saydamsızlık	sayfalık	saygıdeğerlik	saygılılık
saygınlık	saygısızlık	sayıcılık	sayısallık
sayısızlık	saymamazlık	saymanlık	saymazlık
sayrılık	sazcılık	sazendelik	sazlık
sebatlılık	sebatsızlık	sebepsizlik	sebzecilik
sebzelik	seccadecilik	seciyesizlik	seçeneklilik
seçeneksizlik	seçicilik	seçilmişlik	seçimlik
seçkincilik	seçkinlik	seçmecilik	seçmenlik
sedalılık	sedasızlık	sedefçilik	sedefkârlık
sedyecilik	sedyelik	seferberlik	seferlik
sefillik	sefirlik	sekbanlık	sekilik
sekincilik	sekizincilik	sekizlik	sekretaryalık
sekreterlik	seksenlik	seksüellik	selamlık
selamsızlık	seleklik	selimlik	semazenlik
semboliklik	semercilik	semizlik	sempatiklik
senaryoculuk	senatörlük	sendikacılık	sendikalılık
sendikasızlık	senelik	senyörlük	sepetçilik

sepetlik	sepicilik	seracılık	seramikçilik
seraskerlik	serbestlik	serdarlık	serdengeçtilik
sergerdelik	sergicilik	sergilik	sergüzeştçilik
serinkanlılık	serinlik	serkeşlik	sermayecilik
sermayesizlik	sermestlik	sermuharrirlik	sermürettiplik
sersefillik	sersemlik	serserilik	sertabiplik
sertlik	serüvencilik	servilik	servisçilik
sesçilik	seslik	seslilik	sessizlik
sesteşlik	sevdacılık	sevdalılık	sevdasızlık
sevecenlik	severlik	sevgililik	sevgisizlik
sevicilik	sevimlilik	sevimsizlik	sevinçlilik
sevinçsizlik	seviyelilik	seviyesizlik	seyircilik
seyirlik	seyislik	seyranlık	seyreklik
seyreltiklik	seyyahlık	seyyarlık	sezgicilik
sezgililik	sezgisizlik	sezonluk	sıcacıklık
sıcakkanlılık	sıcaklık	sıçırganlık	sıfırcılık
sığınmacılık	sığırcılık	sığırtmaçlık	sığlık
sıhhatlilik	sıhhatsizlik	sıhhiyecilik	sıkıcılık
sıkılganlık	sıkılık	sıkılmazlık	sıkıntılılık
sıkıntısızlık	sıkışıklık	sıkkınlık	sıklık
sıkmalık	sımsıcaklık	sınıkçılık	sınırdaşlık
sınırlılık	sınırlıortaklık	sınırlısorumluluk	sınırsızlık
sıracılık	sıradanlık	sırcılık	sırdaşlık
sırıtkanlık	sırnaşıklık	Sırplık	sırtçılık
sırtlık	sıskalık	sıtmalık	sıvacılık
sıvışıklık	sıyrıklık	sidiklik	siftinlik
sigaracılık	sigaralık	sigarasızlık	sigortacılık
sigortalılık	sigortasızlık	sihirbazlık	sihirlilik
sihirsizlik	Siirtlilik	silahçılık	silahlık
silahlılık	silahsızlık	silahşorluk	silicilik
siliklik	sililik	silisizlik	silmecilik
simetriklik	simetrisizlik	simgecilik	simgesellik

simitçilik	simsarlık	simyacılık	sineklik
sinemacılık	sinemaseverlik	sinirlilik	sinirsizlik
sinlik	Sinopluluk	sinsilik	sipahilik
siperlik	sirkecilik	sirkelik	sistematiklik
sistemcilik	sistemlilik	sistemsizlik	sitemkârlık
sitemlilik	sitemsizlik	Sivaslılık	sivillik
sivrilik	siyahlık	siyasallık	siyasetçilik
siyasilik	siyonistlik	Slavlık	slogancılık
snopluk	sobacılık	sobalık	sofilik
sofistlik	sofralık	softalık	sofuluk
soğancılık	soğukkanlılık	soğukluk	soğurganlık
soğutuculuk	sokulganlık	solaklık	solculuk
solgunluk	solistlik	solluk	solmazlık
soloculuk	solukluk	soluksuzluk	somurtkanlık
somutluk	sondajcılık	sondalamacılık	sonrasızlık
sonsallık	sonsuzluk	sonuçsuzluk	sononculuk
sorumluluk	sorumsuzluk	sorunluluk	sorunsallık
sorunsuzluk	soruşturmacılık	soruşturuculuk	sosluk
sosyalistlik	sosyallik	sosyetiklik	soydaşlık
soygunculuk	soyluluk	soysuzluk	soytarılık
soyuculuk	soyutçuluk	soyutluk	söğüşlük
söğütlük	sömürgecilik	sömürgenlik	sömürücülük
sönüklük	sörfçülük	sövgücülük	sövücülük
söylevcilik	sözcülük	sözlendiricilik	sözleşmelilik
sözleşmesizlik	sözlük	sözlükçülük	sözlülük
sözsellik	sözsüzlük	spekülatörlük	spermasızlık
spikerlik	sponsorluk	sporculuk	sporseverlik
sportmenlik	spotçuluk	stajyerlik	standartlık
standartsızlık	statükoculuk	stoacılık	stokçuluk
streslilik	stressizlik	striptizcilik	subaylık
subjektiflik	sucukçuluk	suculuk	suçluluk
suçsuzluk	sufilik	suflörlük	suikastçılık

sulaklık	sulhçuluk	sulhperverlik	sulhseverlik
sultanibuselik	sultanlık	suluk	sululuk
sunilik	sunuculuk	suratlılık	suratsızlık
susaklık	suskunluk	susmalık	susuzluk
suyukçuluk	sübyancılık	süflilik	sükûtilik
sülünlük	sümsüklük	sünepelik	süngercilik
sünnetçilik	sünnetlik	sünnetlilik	sünnetsizlik
Sünnilik	süpermarketçilik	süprüntülük	süpürgecilik
süpürgelik	süratlilik	süratsizlik	sürdürümcülük
süreğenlik	sürekçilik	süreklilik	süreksizlik
sürelilik	sürerlik	süresizlik	sürgünlük
sürmelik	sürtüklük	sürücülük	sürükleyicilik
sürümlülük	sürümsüzlük	sürüngenlik	süslemecilik
süsleyicilik	süslülük	süssüzlük	sütanalık
sütannelik	sütannelik	sütannelik	sütannelik
sütsüzlük	sütyencilik	süvarilik	süzgünlük
Ş			
şabanlık	şablonculuk	şafiilik	şahincilik
şahitlik	şahitlilik	şahitsizlik	şahlık
şahmerdancılık	şahsilik	şahsiyetlilik	şahsiyetsizlik
şaibesizlik	şairanelik	şairlik	şakacılık
şakilik	şaklabanlık	şakraklık	şakşakçılık
Şamanlık	şamatacılık	şamdancılık	şamdanlık
şampiyonluk	şanlılık	şanslılık	şansölyelik
şanssızlık	şantajcılık	şapçılık	şapkacılık
şapkalık	şapşallık	şarapçılık	Şarkçılık
şarkıcılık	Şarkiyatçılık	Şarklılık	şarlatanlık
şartlılık	şartsızlık	şaşılık	şaşkınlık
şaşmazlık	şatafatlılık	şatafatsızlık	şebeklik
şefaatçilik	şeffaflık	şefkatlilik	şefkatsizlik
şeflik	şehbenderlik	şehircilik	şehirlilik
şehitlik	şehnamecilik	şehnazbuselik	şehvetlilik

şehvetperestlik	şehvetsizlik	şehzadelik	şekercilik
şekerlemecilik	şekerlik	şekerlilik	şekilcilik
şekildaşlık	şekilsizlik	şemsiyecilik	şemsiyelik
şenlik	şerbetçilik	şerbetlik	şereflilik
şerefsizlik	şeriatçılık	şeriklik	şerirlik
şeritçilik	şevklilik	şevksizlik	şeyhlik
şeyhülislamlık	şeytanlık	şıklık	şıllık
şımarıklık	şıpsevdilik	şıracılık	şıralık
şırıngacılık	Şırnaklılık	şiddetlilik	şifrecilik
Şiilik	şikâyetçilik	şikemperverlik	şilepçilik
şimdilik	şimşirlik	Şintoculuk	şipşakçılık
şirinlik	şirretlik	şistlilik	şişecilik
şişelik	şişkinlik	şişkoluk	şişlik
şişmanlık	şivesizlik	şoförlük	şomluk
şoparlık	şorololuk	şovenlik	şöhretlilik
şöhretsizlik	şövalyelik	şuhluk	şuurluluk
şuursuzluk	şümullülük	şüphecilik	şüphesizlik
T			
tabakçılık	tabaklık	tabanlık	tabansızlık
tabelacılık	tabiatlılık	tabiatsızlık	tabiatüstücülük
tabiilik	tabiiyetsizlik	tabilik	tabiplik
tablacılık	taburculuk	tabutluk	tacizlik
tadımlık	tafracılık	tahammülsüzlük	tahirbuselik
tahlilcilik	tahmincilik	tahrikçilik	tahripkârlık
tahsildarlık	tahtacılık	takacılık	takatsizlik
takatukacılık	takdimcilik	takdirkârlık	takıklık
takılganlık	takıntılılık	takıntısızlık	takipçilik
takipsizlik	taklacılık	taklitçilik	takmamazlık
takmazlık	taksicilik	taktikçilik	takunyacılık
talancılık	talazlık	talebelik	talepkârlık
talihsizlik	taliplik	taliplilik	tamahkârlık
tamburacılık	tamircilik	tamlık	tanıdıklık

tanıklık	tanıklılık	tanıksızlık	tanımamazlık
tanımazlık	tanımazmazlık	tanımlık	tanınmışlık
tanısızlık	tanışıklık	tanışlık	tanıtıcılık
tanıtmacılık	tanıtmalık	tankçılık	tankercilik
tanrıcılık	tanrılık	tanrısallık	tanrısızlık
tanrıtanımazlık	tantanacılık	Tanzimatçılık	Taoculuk
tapıncakçılık	taponculuk	tapuculuk	tarafgirlik
taraflılık	tarafsızlık	taraftarlık	tarakçılık
tarayıcılık	tarhanalık	tarımcılık	tarifsizlik
tarihçilik	tarihsizlik	tarikatçılık	tartıcılık
tartışmacılık	tarumarlık	tasarımcılık	tasarımsızlık
tasarrufçuluk	tasarrufluluk	tasasızlık	tasfiyecilik
tasvircilik	taşçılık	taşeronluk	taşımacılık
taşımalık	taşımlık	taşınırlık	taşınmazlık
taşıyıcılık	taşkalplilik	taşkınlık	taşlamacılık
taşlık	taşralılık	taşyüreklilik	tatilcilik
tatlıcılık	tatlılık	tatlımsılık	tatminkârlık
tatminsizlik	tatsızlık	tatvacılık	tavalık
tavcılık	tavernacılık	tavizcilik	tavizkârlık
tavlacılık	tavşancılık	tavşanlık	tavukçuluk
tayalık	Taylorculuk	tayyarecilik	tazelik
tazılık	tecavüzkârlık	tecrübelilik	tecrübesizlik
tedarikçilik	tedariksizlik	tedbirlilik	tedbirsizlik
tedhişçilik	tedhişsizlik	tedirginlik	tefecilik
teğmenlik	tehditkârlık	tehlikelilik	tehlikesizlik
tekaütlük	tekbencilik	tekçilik	tekdüzelik
tekelcilik	tekerlekçilik	tekfurluk	tekillik
Tekirdağlılık	teklifsizlik	teklik	teklilik
tekmelik	teknecilik	teknikçilik	teknokratçılık
tekstilcilik	telaşlılık	telaşsızlık	telefonculuk
telefonsuzluk	teleksçilik	televizyonculuk	telgrafçılık
telhisçilik	tellaklık	tellallık	telsizcilik

tembellik	temellilik	temelsizlik	temizlemecilik
temizleyicilik	temizlik	temizlikçilik	temkinlilik
temkinsizlik	temlik	temposuzluk	temsilcilik
tenekecilik	teneşirlik	tenhalık	tenisçilik
tenkitçilik	tepelik	tepkililik	tepkinlik
tepkisizlik	terakkiperverlik	terbiyecilik	terbiyelilik
terbiyesizlik	tercümanlık	terecilik	tereddütsüzlük
terlikçilik	terlilik	terörcülük	tersinirlik
terslik	tertemizlik	tertipçilik	tertiplilik
tertipsizlik	terzilik	tesadüfilik	tesellisizlik
tesettürlülük	tesirlilik	tesirsizlik	tesisatçılık
teslimatçılık	teslimiyetçilik	tespihçilik	testicilik
testilik	tesviyecilik	teşhircilik	teşircilik
teşkilatçılık	teşkilatsızlık	teşrifatçılık	teşvikçilik
tetikçilik	tetiklik	tevekkülsüzlük	tezgâhçılık
tezgâhtarlık	tezhipçilik	tezkerecilik	tezlik
tıbbiyelilik	tığlık	tıkanıklık	tıkışıklık
tıkızlık	tıknazlık	tıknefeslik	tımarcılık
tımarhanelik	tırmanıcılık	tırnakçılık	tırnaklık
tırpancılık	tırtıkçılık	tıynetsizlik	ticanilik
tikellik	tiksindiricilik	tilkilik	tilmizlik
tinselcilik	tipoculuk	tirendazlık	tiryakilik
titizlik	titreklik	titreşimlilik	titreşimsizlik
tiyatroculuk	tiyatroseverlik	tohumculuk	tohumluk
tokatçılık	Tokatlılık	tokgözlülük	tokluk
tokmakçılık	toleranslılık	toleranssızlık	tombalacılık
tombilik	tombulluk	tonilatoluk	tonluk
topallık	topbaşbalık	topçuluk	topluluk
toplumculuk	toplumiçincilik	toplummerkezcilik	toplumsallık
toprakçılık	toptancılık	torluk	tornacılık
torpilcilik	torpillilik	torpilsizlik	tostçuluk
totaliterlik	totallik	totemcilik	toyluk

tozluk	törecilik	törelcilik	törellik
töresizlik	töretanımazlık	tövbekârlık	tövbesizlik
tözcülük	Trabzonluluk	trafikçilik	traktörcülük
trampetçilik	trapezcilik	trikotajcılık	trilyonerlik
trilyonluk	Troçkicilik	trolcülük	trompetçilik
tufeylilik	tuğamirallik	tuğbaylık	tuğculuk
tuğgenerallik	tuğlacılık	tuğrakeşlik	tuhafiyecilik
tuhaflık	tuluatçılık	tulumbacılık	tulumculuk
tumturaklılık	Tuncelililik	Turancılık	turbalık
turfandacılık	turfandalık	turistlik	turizmcilik
turşuculuk	turşuluk	tutamlık	tutanakçılık
tutarlık	tutarlılık	tutarsızlık	tutkalcılık
tutkunluk	tutkusuzluk	tutmalık	tutsaklık
tutturmalık	tutturukluk	tutuculuk	tutukluk
tutkluluk	tutuksuzluk	tutulmazlık	tutulmuşluk
tutumluluk	tutumsuzluk	tuvaletçilik	tuzakçılık
tuzculuk	tuzluk	tuzluluk	tuzsuzluk
tüccarlık	tüfekçilik	tüfeklik	tükenmezlik
tükenmişlik	tüketicillik	tülbentçilik	tümamirallik
tümgenerallik	tüpçülük	tüplük	türbedarlık
türdeşlik	türedilik	Türkçecilik	Türkçülük
Türklük	türkücülük	türümcülük	tütsülük
tütüncülük	tütünlük	tüysüzlük	
U			
ucuzculuk	ucuzluk	uçarılık	uçkurluk
uçuculuk	uçukluk	ufaklık	ufuksuzluk
uğruluk	uğultusuzluk	uğurluk	uğursuzluk
uhrevilik	ukalalık	ulemalık	ululuk
ulusalcılık	ulusallık	ulusçuluk	uluslararasıcılık
ulusseverlik	ulussuzluk	umarsızlık	umumilik
umurgörmüşlük	umursamamazlık	umursamazlık	umutluluk
umutsuzluk	unculuk	unluk	unutkanlık

urbasızlık	urgancılık	usançlık	usçuluk
usluluk	ussallık	ustalık	usulsüzlük
uşakçılık	uşaklık	Uşaklılık	utangaçlık
utanmazlık	utçuluk	utkululuk	uvansızlık
uyaksızlık	uyanıklık	uyarcılık	uyarıcılık
uyarlık	uyarlılık	uyduluk	uydurmacılık
uydurukçuluk	uygarlık	uygulanabilirlik	uygulayıcılık
uygulayımcılık	uygunluk	uygunsuzluk	uykuculuk
uykuluk	uykululuk	uykusuzluk	uymacalık
uymacılık	uymamazlık	uymazlık	uyrukluk
uyrukluluk	uyruksuzluk	uysallık	uyumluluk
uyumsallık	uyumsuzluk	uyurgezerlik	uyuşmazlık
uyuşturuculuk	uyuşukluk	uyuşurluk	uyutuculuk
uyuzluk	uzaklık	uzaycılık	uzaylılık
uzlaşıcılık	uzlaşmacılık	uzlaşmazlık	uzlaştırıcılık
uzluk	uzmanlık	uzunluk	
Ü			
ücretlilik	ücretsizlik	üçkâğıtçılık	üçlük
üçüncülük	üfürükçülük	ülkesellik	ülkücülük
ülküdaşlık	ümitlilik	ümitsizlik	ümmetçilik
ümmilik	ündeşlik	üniversitelilik	ünlülük
ünsüzlük	üreticilik	üretimlik	üretkenlik
ürkeklik	ürkünçlük	ürkütücülük	ürünsüzlük
üslupçuluk	üslupsuzluk	üstatlık	üstçavuşluk
üstecilik	üsteğmenlik	üstelik	üstencilik
üstlük	üstsüzlük	üstünlük	üşengeçlik
üşengenlik	ütopyacılık	ütücülük	üyelik
üzerlik	üzgünlük	üzücülük	üzümcülük
üzüntüsüzlük			
V			
vahilik	vahimlik	vahşilik	vaizlik
vakanüvislik	vakarlılık	vakarsızlık	vâkıflık

vakitsizlik	vakurluk	validelik	valilik
Vandallık	Vanlılık	vapurculuk	varakçılık
vardacılık	vardiyacılık	vârislik	variyetsizlik
varlık	varlıklılık	varoluşçuluk	varsıllık
varyemezlik	varyetecilik	vasatlık	vasıflılık
vasıfsızlık	vasıtalık	vasıtasızlık	vasilik
vatandaşlık	vatanperverlik	vatanseverlik	vatansızlık
vatlık	vaybabamcılık	vayvaycılık	vazıhlık
vazifelilik	vazifeşinaslık	vazifesizlik	vazoluk
vecizlik	vefakârlık	vefalılık	vefasızlık
vejetaryenlik	vekilharçlık	vekillik	veliahtlık
velilik	velvelecilik	veresiyecilik	vergicilik
vericilik	verimkârlık	verimlilik	verimsizlik
vesikacılık	vesikalık	vestiyercilik	vesvesecilik
vesveselilik	vesvesesizlik	veterinerlik	vezirlik
veznecilik	veznedarlık	vıcıklık	vırvırcılık
vicdanlılık	vicdansızlık	videoculuk	viranelik
viranlık	virtüözlük	vişnelik	vitaminsizlik
vitrincilik	viyolacılık	voleybolculuk	voyvodalık
vukufsuzluk	vurdumduymazlık	vurgunculuk	vurgunluk
vurgusuzluk	vuruculuk	vuruşkanlık	vuzuhsuzluk
Y			
yabancılık	yabancıllık	yabanilik	yabanıllık
yabanlık	yabansılık	yağcılık	yağdanlık
yağılık	yağışlılık	yağışsızlık	yağlık
yağlılık	yağmacılık	yağmurluk	yağmursuzluk
yağsızlık	yahşilik	Yahudilik	yakalık
yakıcılık	yakınlık	yakınsaklık	yakışıklılık
yakışıksızlık	yakıtçılık	yakmalık	yalakalık
yalancılık	yalayıcılık	yaldızcılık	yalınlık
yalıtkanlık	yalnızcılık	yalnızlık	Yalovalılık
yalpaklık	yaltakçılık	yaltaklık	yalvaçlık

yamacılık	yamaklık	yamalık	yampirilik
yamukluk	yamyamlık	yanardönerlik	yanaşıklık
yanaşlık	yanazlık	yancılık	yandaşlık
yangıncılık	yanıklık	yanıltıcılık	yanıltmacılık
yanıtsızlık	yankesicilik	yanlık	yanlılık
yanlışlık	yanlışsızlık	yansıtıcılık	yansızlık
yanşaklık	yantutmazlık	yapağıcılık	yapakçılık
yapayalnızlık	yapaylık	yapıcılık	yapılabilirlik
yapılılık	yapımcılık	yapıntıcılık	yapısalcılık
yapısallık	yapışıklık	yapışkanlık	yapıştırıcılık
yapsatçılık	yaptırımcılık	Yaradancılık	yaralılık
yaramazlık	yararcılık	yararlık	yararlılık
yararsızlık	yaraşırlık	yaratıcılık	yaratımcılık
yarayışlılık	yarayışsızlık	yarbaylık	yardakçılık
yardımcılık	yardımseverlik	yardımsızlık	yârenlik
yargıcılık	yargıçlık	yarıcılık	yarıklık
yarımlık	yarısaydamlık	yarışçılık	yarışlık
yarışmacılık	yârlik	yarmalık	yasakçılık
yasaklayıcılık	yasaklık	yasaklılık	yasaksızlık
yasallık	yasasızlık	yaslılık	yassılık
yaşanmışlık	yaşarlık	yaşıtlık	yaşlık
yaşlılık	yataklık	yatçılık	yatılılık
yatırımcılık	yatıştırıcılık	yatkınlık	yatmalık
yavanlık	yavaşlık	yaverlik	yavukluluk
yavuzluk	yayalık	yaygaracılık	yaygınlık
yayılımcılık	yayılmacılık	yayımcılık	yayıncılık
yaylacılık	yaymacılık	yayvanlık	yazarlık
yazgıcılık	yazıcılık	yazımcılık	yazıncılık
yazlık	yazlıkçılık	yazmacılık	yazmanlık
yedekçilik	yedeklik	yedialtmışbeşlik	yedilik
yedincilik	yeğinlik	yeğlik	yeğnilik
yeknesaklık	yekparelik	yelkencilik	yemcilik

yemekçilik	yemeklik	yemeksizlik	yemenicilik
yeminlilik	yeminsizlik	yemişçilik	yemişlik
yemlik	yengelik	yenicilik	yeniçerilik
yenileşimlik	yenilik	yenilikçilik	yenilmezlik
yergicilik	yerindelik	yerleşiklik	yerlilik
yermerkezcilik	yersizlik	yeşillik	yeteneklilik
yeteneksizlik	yeterlik	yeterlilik	yetersizlik
yetimlik	yetingenlik	yetişkinlik	yetişmişlik
yetiştiricilik	yetkililik	yetkinlik	yetkisizlik
yetmezlik	yetmişlik	yevmiyecilik	Yezidilik
yezitlik	yığımlık	yıkayıcılık	yıkıcılık
yıkımcılık	yıkkınlık	yıkmacılık	yılancılık
yıldırıcılık	yıldırımlık	yıldırmacılık	yıldızlık
yılgınlık	yılışıklık	yılışkanlık	yılkılık
yıllık	yılmazlık	yıpratıcılık	yırtıcılık
yırtıklık	yırtılmışlık	yırtımcılık	yıvışıklık
yiğitlik	yirmilik	yirmişerlik	yitiklik
yiyicilik	yobazlık	yoğunluk	yoğurtçuluk
yokçuluk	yokluk	yoksulluk	yoksunluk
yoksuzluk	yolculuk	yoldaşlık	yolluk
yolsuzluk	yomsuzluk	yoncalık	yontuculuk
yorgancılık	yorgunluk	yorumculuk	yorumsuzluk
yosmalık	Yozgatlılık	yozlaşıklık	yozluk
yöndeşlik	yönelik	yöneticilik	yönetmelik
yönetmenlik	yönsüzlük	yöntemlilik	yöntemsizlik
yöresellik	yudumluk	yufkacılık	yufkalık
yumruluk	yumurtacılık	yumurtalık	yumuşaklık
yumuşatıcılık	yumuşatmalık	yurtluk	yurtseverlik
yurtsuzluk	yurttaşlık	yuvarlaklık	yücelik
yükçülük	yüklenicilik	yüklük	yüklülük
yükseklik	yüksüzlük	yükümlülük	yüreklilik
yüreksizlik	yürüklük	yürürlük	yürütücülük

yüzbaşılık	yüzbeşlik	yüzdelik	yüzerlik
yüzlük	yüzlülük	yüzsüzlük	yüzücülük
yüzyıllık			
Z			
zabitlik	zadegânlık	zağarlık	zağcılık
zahitlik	zahmetlilik	zahmetsizlik	zalimlik
zamandaşlık	zamansızlık	zamparalık	zamsızlık
zanaatçılık	zanaatkârlık	zangoçluk	zararlılık
zararsızlık	zarfçılık	zariflik	zarurilik
zavallılık	zayıflık	zebunküşlük	zebunluk
zehirlilik	zehirsizlik	zekâlılık	zekâsızlık
zekilik	zeminlik	zendostluk	zenginlik
zennelik	Zerdüştçülük	zerzevatçılık	zevalsizlik
zevcelik	zevklilik	zevksizlik	zevzeklik
zeyreklik	zeytincilik	zeytinlik	zındıklık
zıpçıktılık	zıpırlık	zıpkıncılık	zırcahillik
zırdelilik	zırtapozluk	zıtlık	zibidilik
zidancılık	zilyetlik	zindelik	ziraatçılık
zirzopluk	ziyankârlık	ziyaretçilik	ziyasızlık
zombilik	Zonguldaklılık	zorbalık	zorlayıcılık
zorluk	zorunluk	zorunluluk	zurnacılık
zurnazenlik	züccaciyecilik	züğürtlük	züppelik
zürriyetsizlik			

后　记

土耳其语是一种形态复杂的黏着语，有着数量庞大、功能迥异的词缀。这些词缀如同网络中的一个个节点，构筑起土耳其语结构精巧的语法体系。土耳其语名词化现象追本溯源还是词缀问题。我选择从认知的角度去研究这一现象，缘于对自然语言理解过程的思考，希望找到语言知识的表达方式与现实世界之间的关联。这本书是在我的博士学位论文基础上修改而成的，主要章节和体例基本保持原有的风格。借此书出版之际，我要向那些曾提供无私帮助的人们表示最诚挚的感谢！

感谢我的恩师孙衍峰教授，是他给了我投身学术研究的机会，教会我做学问的方法，传授我受用终身的知识。从他的身上我感受到了"北大人"思想自由、兼容并包的学术精神，也深刻体会着"洛外人"的勤勤恳恳与无私奉献。每当我遇到到困难的时候，他的一句"我相信你"抵过世界上所有美丽的语言。

感谢我的土耳其语恩师沈志兴教授，是他从一个个字母开始将我领进土耳其语的世界，开启我后半生的专业之路。感谢李宗江教授、陈春华教授、唐慧教授和高航教授，他们在我撰写博士学位论文的过程中给予了悉心指导和帮助，提供了许多无比珍贵的意见。

感谢Semiramis，Hamza和Erdem老师在我留学伊斯坦布尔期间对我在生活和学习上的关怀。感谢KK七人组的留学生小伙伴们为我论文资料的收集和运输提供无私的帮助。

感谢我的同窗女博士们，她们在家庭、事业和学业的种种压力之下，依然满怀着对美好生活的向往。我们时常调侃人生，笑谈未来，一起走过的博士之路从来不孤独寂寞。

感谢彭俊，从同窗到同事，从朋友到爱人，18年来，风雨同行。所谓美好，大抵如此。

感谢我的母亲、姐姐和儿子，他们是我努力奋斗、从不懈怠的原始动力。

　　生活中，语言是我们重要的交际工具，而语言学却是非常小众的基础学科。研究语言学的人大都是一边忍受着清苦，一边却能"回也不改其乐"地默默体会着思维与智慧的乐趣。

　　我，愿为其中一员。

丁慧君

2020年1月